Der Zolltarif der Europäischen Union
als Normativakt sui generis

Europäische Hochschulschriften

European University Studies

Publications Universitaires Européennes

Reihe II **Rechtswissenschaft**

Series II Law

Série II Droit

Band/ Volume **6045**

Anna Judith Kaiser

Der Zolltarif der Europäischen Union als Normativakt sui generis

Bedeutung, Normstruktur und Systemdefizite

PETER LANG

Bibliografische Information der Deutschen Nationalbibliothek
Die Deutsche Nationalbibliothek verzeichnet diese Publikation in der Deutschen Nationalbibliografie; detaillierte bibliografische Daten sind im Internet über http://dnb.d-nb.de abrufbar.

Zugl.: Münster (Westf.), Univ., Diss. der Rechtswissenschaftlichen Fakultät, 2018

D 6
ISSN 0531-7312
ISBN 978-3-631-77199-0 (Print)
E-ISBN 978-3-631-78130-2 (E-PDF)
E-ISBN 978-3-631-78131-9 (EPUB)
E-ISBN 978-3-631-78132-6 (MOBI)
DOI 10.3726/b14798

Diese Publikation wurde begutachtet.

www.peterlang.com

Meiner Familie

Vorwort

Die vorliegende Arbeit wurde von der Jursitischen Fakultät der Westfälischen-Wilhelms-Universität zu Münster im Sommersemester 2017 als Dissertation angenommen. Die Arbeit wurde im Mai 2017 abgeschlossen. Die verwandte und zitierte Literatur entspricht diesem Stand (Mai 2017).

Besonders herzlich danke ich meinem Doktorvater Herrn Professor Dr. Hans-Michael Wolffgang für die Betreung meiner Dissertation und die stete Unterstützung während dieser Arbeit. Dieser herzliche Dank gilt ebenso meinem Zweitgutachter Herrn Professor Dr. Hans-Jürgen Bleihauer.

Danken möchte ich darüber hinaus noch einmal all denen, die mich während der Erstellung dieser Arbeit motiviert und bestärkt haben. Mein herzlichster Dank gilt schließlich meiner Familie, ihrer Aufmerksamkeit, Geduld, steten Unterstützung und Liebe. Dies gilt in ganz besonderem Maße für meine Mutter Ulrike, meinen Bruder David Jonas und meinen Verlobten Christian. Ihnen sei diese Arbeit gewidmet.

Inhaltsverzeichnis

Abkürzungsverzeichnis

ABl.	Amtsblatt
Abs.	Absatz
a.E.	am Ende
AEUV	Vertrag über die Arbeitsweise der Europäischen Union (Vertragssystem von Lissabon, 2009)
AO	Abgabenordnung
Art.	Artikel (deutsch) / Article (englisch)
AV	Allgemeine Vorschriften für die Auslegung der Nomenklatur des HS, denen die Allgemeinen Vorschriften für die Auslegung der Kombinierten Nomenklatur entsprechen (hier: vereinheitlichend als AV bezeichnet)
AW-Prax	Zeitschrift für Außenwirtschaft in Recht und Praxis
BdZ	BDZ Deutsche Zoll- und Finanzgewerkschaft (Zeitschrift)
BMF	Bundesministerium der Finanzen
BVerfG	Bundesverfassungsgericht
bzw.	beziehungsweise
CONV	Convention
d.h.	das heißt
ddZ	Der Deutsche Zollbeamte (Zeitschrift)
EAG-Vertrag	Vertrag zur Gründung der Europäischen Atomgemeinschaft
EAG	Europäische Atomgemeinschaft
EGKS	Europäische Gemeinschaft für Kohle und Stahl
EGKS-Vertrag	Vertrag über die Gründung der Europäischen Gemeinschaft für Kohle und Stahl
EG-Vertrag	Vertrag über die Gründung der Europäischen Gemeinschaft
EG	Europäische Gemeinschaft
EnergieStG	Energiesteuergesetz
EU	Europäische Union
EuGH	Europäischer Gerichtshof
EUR	Euro
EuR	Zeitschrift Europarecht
EURATOM	Europäische Atomgemeinschaft
EU-Vertrag	Vertrag über die Europäische Union (Vertragssystem von Maastricht, 1992)
EUV	Vertrag über die Europäische Union (Vertragssystem von Lissabon, 2009)

EWG-Vertrag	Vertrag über die Europäische Wirtschaftsgemeinschaft
EWG	Europäische Wirtschaftsgemeinschaft
f.	folgende
ff.	fortfolgende
FG	Finanzgericht
FGO	Finanzgerichtsordnung
GATT 1947	Allgemeines Zoll- und Handelsabkommen (= General Agreement on Tariffs and Trade), Fassung von 1947 sowie für die Fassung von 1994
GATT 1994	Allgemeines Zoll- und Handelsabkommen (= General Agreement on Tariffs and Trade), Fassung von 1994
gem.	gemäß
Gemeinsamer Zolltarif der EU	Gemeinsamer Zolltarif der Europäischen Union
GG	Grundgesetz für die Bundesrepublik Deutschland
ggf.	gegebenenfalls
GHT	Gewichtshundertteile
GR-Charta	Charta der Grundrechte der Europäischen Union
GZT	Gemeinsamer Zolltarif
Hrsg.	Herausgeber
Hs.	Halbsatz
HS	Harmonisiertes System zur Bezeichnung und Codierung von Waren (abkürzend oftmals auch „Harmonisiertes System" genannt)
HS-Übereinkommen	Internationales Übereinkommen über das Harmonisierte System zur Bezeichnung und Codierung von Waren
ICL-Journal	Vienna Journal on International Constitutional Law
IGH	Internationalen Gerichtshof
i.R.	im Rahmen
i.S.	im Sinne
i.V.m.	in Verbindung mit
lit.	literis
Jh.	Jahrhundert
JZ	JuristenZeitung
KN	Kombinierte Nomenklatur
L	Reihe L „Rechtsvorschriften" des Amtsblattes der Europäischen Union
Lfg.	(Ergänzungs-)Lieferung
Mio.	Millionen
m.w.N.	mit weiteren Nachweisen
MZK	Modernisierter Zollkodex
MZK-DVO	Modernisierter Zollkodex-Durchführungsverordnung
n. Chr.	nach Christus

Nr.	Nummer
o.g.	oben genannte / genannten
para.	paragraph (englisch)
Rn.	Randnummer
Rs.	Rechtssache
S.	Satz
S.	Seite
sog.	sogenannte / sogenannter / sogenanntes
Taric	Integrierten Tarifes der Europäischen Gemeinschaften (= Tarif Intègré des Communautés Européennes)
TEU	Treaty of the European Union (= Vertrag über die Europäische Union (Vertragssystem von Lissabon, 2009))
TFEU	Treaty on the Functioning of the European Union (= Vertrag über die Arbeitsweise der Europäischen Union (Vertragssystem von Lissabon, 2009))
u.a.	unter anderem
UAbs.	Unterabsatz
u.Ä.	und Ähnliches
u.U.	unter Umständen
UStG	Umsatzsteuergesetz
UZK	Unionszollkodex
UZK-DelVO	Delegierte Verordnung (EU) Nr. 2015 / 2446
UZK-DVO	Durchführungsverordnung (EU) Nr. 2015 / 2447
ÜWTO	Übereinkommen über die Errichtung der Welthandelsorganisation (= Agreement Establishing the World Trade Organisation)
v.a.	vor allem
verb. Rs.	verbundene Rechtssachen
vgl.	Vergleiche
VO	Verordnung
VR	Verwaltungsrundschau - Zeitschrift für Verwaltung in Praxis und Wissenschaft
VwVfG	Verwaltungsverfahrensgesetz
WCO	Weltzollorganisation (= World Customs Organization)
WTO	Welthandelsorganisation (= World Trade Organization)
z.B.	zum Beispiel
ZEuS	Zeitschrift für Europarechtliche Studien
ZfZ	Zeitschrift für Zölle und Verbrauchsteuern
zit.	zitiert
ZJS	Zeitschrift für das Juristische Studium
ZK	Zollkodex
ZK-DVO	Zollkodexdurchführungsverordnung

Kapitel 1: Zolltarife und ihre Bedeutung

A. Einleitung

„Darum kann jeder beliebige Inhalt Recht sein."

(Kelsen, *Reine Rechtslehre, S. 201)*

„Die Rechtsnormen sind die „Elementarteilchen" der Rechtsordnung."

(Rüthers / Fischer / Birk, *Rechtstheorie mit Juristischer Methodenlehre, S. 59, Rn. 92)*

Aus einzelnen Rechtsnormen bestehende Normativakte kleiden ihren Inhalt in Worte und teilweise auch Zahlen. Ihre Anwendung ist insbesondere dann schwierig, wenn die hinter den gewählten Wörtern stehende Bedeutung zunächst ermittelt werden muss, um den Inhalt einer jeden Rechtsnorm verstehen zu können oder – mehr noch – die gewählten Wörter den eigentlichen Inhalt sogar verschleiern oder zu Missverständnissen und Widersprüchen innerhalb des Normativaktes führen. Der Gemeinsame Zolltarif der EU stellt insofern keine Ausnahme dar. Dennoch handelt es sich bei dem Gemeinsamen Zolltarif der EU um keinen typischen Normativakt, sondern – wie im Folgenden gezeigt werden soll — um einen ***Normativakt sui generis***.

I. Merkmale eines Zolltarifs

Ein Zolltarif gliedert sich regelmäßig in zwei Elemente, aus deren Zusammenspiel sich die Höhe, in der eine bestimmte Ware bei ihrer Einfuhr (oder - je nach Zolltarif - auch ihrer Aus- bzw. Durchfuhr) mit einem Zoll belastet wird, ergibt; nämlich

(1.) *dem Zolltarifschema*, das in systematischer Form alle erdenklichen Waren des internationalen Warenverkehrs auflistet (sog. Warennomenklatur); und
(2.) *den Zollsätzen*, als Bemessungsfaktoren für den entstehenden Zollbetrag.[1]

1 Vgl. *Bleihauer / Schulte*, in: Witte / Wolffgang, Lehrbuch des Europäischen Zollrechts, S. 421, Rn. 1303f.; *Bleihauer*, in: Hübschmann / Hepp / Spitaler, Kommentar AO / FGO, Band XIV, Art. 20 ZK, Rn. 8; *Bleihauer*, Der Gemeinsame Zolltarif der EU, AW-Prax 5 / 96, 175 (176); *Lux*, in: Regul, Gemeinschaftszollrecht, S. 75; *Friedrich*, in: Schwarz / Wockenfoth, Zollrecht, Band 1 / 1, Art. 20 ZK, Rn. 4.

Die Warennomenklatur soll die einzelnen Waren derart systematisieren, dass die Feststellung ihrer Zuordnung zu einem bestimmten Zollsatz erleichtert und (durch die Einreihung der Ware in die maßgebliche Unterposition der Nomenklatur) die Feststellung des entsprechenden Abgabensatzes ermöglicht wird.[2] Zumeist werden dazu die Waren (mit Worten) beschrieben und in Form einer Codenummer (bestehend aus Zahlen) ausgedrückt, die einem Zollsatz (der durch eine Zahl ausgedrückten Höhe der zu entrichtenden Zollabgaben) zugeordnet wird.[3]

II. Gegenstand und Gang der Untersuchung

1. Gegenstand der Untersuchung

Im Fall des Gemeinsamen Zolltarifs der EU lassen sich beide Elemente der in Art. 56 Abs. 2 UZK enthaltenen Aufzählung zolltariflicher Regelungen entnehmen; nämlich

(1.) die *KN als Zolltarifschema* und
(2.) die *Zollsätze*,

die beide unmittelbar auf der VO (EWG) 2658 / 87[4] basieren.[5] Diese wiederum enthält in Anhang I den aktuellen Zolltarif bestehend aus der KN, die sowohl zolltarifliche als auch außenhandelsstatistische Zwecke miteinander kombiniert, und den entsprechenden Zollsätzen.[6]

---

2 Vgl. *Möller / Schumann / Sibum*, ZollPraxis, S. 66; *Ovie*, Das Europäische Zollrecht, Teil 5, AW-Prax 12 / 2007, 517 (518).

3 *Bleihauer*, in: Hübschmann / Hepp / Spitaler, Kommentar AO / FGO, Band XIV, Art. 20 ZK, Rn. 8.

4 ABl. L 256 vom 7.9.1987, S. 1-675.

5 Vgl. z.B. *Bleihauer / Schulte*, in: Witte / Wolffgang, Lehrbuch des Europäischen Zollrechts, S. 423, Rn. 1308; *Bleihauer*, Der Gemeinsame Zolltarif der EU, AW-Prax, 5 / 96, 175 (177); *Friedrich*, in: Schwarz / Wockenfoth, Zollrecht, Band 1 / 1, Art. 20 ZK, Rn. 7ff.; *Alexander*, in: Witte, Zollkodex, Art. 20 ZK, Rn. 9ff.

6 Vgl. *Bleihauer / Schulte*, in: Witte / Wolffgang, Lehrbuch des Europäischen Zollrechts, S. 423, Rn. 1308; *Bleihauer*, Der Gemeinsame Zolltarif der EU, AW-Prax, 5 / 96, 175 (177); *Ovie / Wolffgang*, in: Wolffgang / Simonsen / Rogmann, AWR-Kommentar, Band II, S. 49, Rn. 197; *Friedrich*, in: Schwarz / Wockenfoth, Zollrecht, Band 1 / 1, Art. 20 ZK, Rn. 8; *Alexander*, in: Witte, Zollkodex, Art. 20 ZK, Rn. 10.

Die KN orientiert sich an der Aufgliederung der Nomenklatur des Rates für die Zusammenarbeit auf dem Gebiet des Zollwesens, die durch das HS ersetzt wurde, und übernimmt dessen Unterteilung in 21 Abschnitte.[7] Allerdings geht sie noch über das HS hinaus und erweitert den sechsstelligen Code der Unterpositionen des HS um zwei zusätzliche Stellen zu einem achtstelligen Code der Unterpositionen der KN.[8] Gem. Art. 12 VO (EG) Nr. 2658 / 87[9] wird jährlich bis zum 31. Oktober in Form einer Verordnung die vollständige Fassung der KN zusammen mit den entsprechenden autonomen und vertragsmäßigen Zollsätzen des Gemeinsamen Zolltarifs der EU von der Kommission im Amtsblatt der EU veröffentlicht, die ab dem 1. Januar des Folgejahres gilt und dazu dient, den Gemeinsamen Zolltarif der EU dauerhaft aktuell zu halten.[10]

2. *Problemstellung*

Die vorliegende Arbeit widmet sich dem Gemeinsamen Zolltarif der EU, seiner Bedeutung, seinen strukturellen Besonderheit als Normativakt und den sich daraus ergebenden Anwendungsschwierigkeiten. **Leitgedanke ist dabei, dass der Gemeinsame Zolltarif der EU ein Normativakt ist, der auch als solcher wahrgenommen und behandelt werden muss!**

Wenngleich der Gemeinsame Zolltarif der EU zwar - nicht zuletzt durch die Unterteilung der KN, als eine seiner maßgeblichen Komponenten, in Positionswortlaute und Anmerkungen - im Vergleich zu (den meisten) anderen Normativakten strukturell eher atypisch erscheinen mag, ist er nichtsdestotrotz ein Normativakt wie alle anderen, in struktureller Hinsicht typischer erscheinenden, rechtlichen Regelungen auch!

Ebenso wie diese ordnen auch die einzelnen Rechtsnormen des Gemeinsamen Zolltarifs der EU - dem sog. Konditionalschema einer Rechtsnorm folgend - eine *quaestio facti* (im Fall des Gemeinsamen Zolltarifs der EU einer bestimmten Position oder Unterposition) einer *quaestio iuris* (im Fall des Gemeinsamen

---

7 Vgl. *Bleihauer / Schulte*, in: Witte / Wolffgang, Lehrbuch des Europäischen Zollrechts, S. 425, Rn. 1310; *Alexander*, in: Witte, Zollkodex, Art. 20 ZK, Rn. 11ff.

8 Vgl. *Ovie / Wolffgang*, in: Wolffgang / Simonsen / Rogmann, AWR-Kommentar, Band II, S. 50, Rn. 199; *Bleihauer*, Der Gemeinsame Zolltarif der EU, AW-Prax 5 / 96, 175 (177); *Bleihauer / Schulte*, in: Witte / Wolffgang, Lehrbuch des Europäischen Zollrechts, S. 424, Rn. 1308; *Alexander*, in: Witte, Zollkodex, Art. 20 ZK, Rn. 13.

9 ABl. L 256 vom 7.9.1987, S. 1-675.

10 Vgl. *Bleihauer / Schulte*, in: Witte / Wolffgang, Lehrbuch des Europäischen Zollrechts, S. 423, Rn. 1308; *Bleihauer*, Der Gemeinsame Zolltarif der EU, AW-Prax 5 / 96, 175 (177).

Zolltarifs der EU der Höhe des Abgabensatzes) zu und - ebenso wie andere, strukturell typischer erscheinende Normativakte - bedarf auch der Umgang mit dem Gemeinsamen Zolltarif der EU (typischer) juristischer Vorgehensweisen (so z.B. der Subsumtion).[11] Warum dies so ist, welche Normstruktur dem Gemeinsamen Zolltarif der EU zu Grunde liegt, aber auch welche systematischen und praktischen Schwierigkeiten mit seiner Einordnung als Regelung mit Rechtscharakter einhergehen können, soll im Folgenden untersucht werden. Die vorliegende Arbeit widmet sich somit dem Gemeinsamen Zolltarif als einem in vielerlei Hinsicht besonderen und in struktureller Hinsicht sogar einzigartigen Normativakt, **einem Normativakt sui generis!**

3. Gang der Untersuchung

Zu diesem Zweck umreißt die vorliegende Arbeit zunächst, **Kapitel 1 B.**, die besondere, weitreichende Bedeutung die einem Zolltarif *in abstracto* und dem Gemeinsamen Zolltarif der EU *in concreto* zukommt, bevor sie in ihren nachfolgenden fünf Kapiteln den Gemeinsamen Zolltarif der EU aus einem rechtlichen Blickwinkel zu analysieren, charakterisieren und strukturell zu erfassen versucht.

Der Schwerpunkt der vorliegenden Untersuchung findet sich in den eher theoretisch geprägten Kapiteln 2 und 3 sowie dem eher praktischen Kapitel 4. So widmet sich das **Kapitel 2** der Analyse der Bestandteile des Gemeinsamen Zolltarifs der EU und seinen Verflechtungen mit anderen Rechtsbereichen, während im folgenden **Kapitel 3** die Darstellung und Analyse der Normstruktur des Gemeinsamen Zolltarifs der EU im Mittelpunkt steht. Hauptthese ist, dass der Gemeinsame Zolltarif der EU sich von anderen, typischer erscheinenden Normativakten in mannigfacher Weise abhebt und daher letztlich als eine Art **Normativakt sui generis** umschrieben werden kann. Das sich anschließende **Kapitel 4** wirft die - sich mit dieser Charakterisierung des Gemeinsamen Zolltarifs der EU aufdrängende - Frage nach möglichen, mit eben dieser Charakterisierung einhergehenden, Gefahren auf und versucht, insbesondere die damit einhergehenden systematischen Schwierigkeiten zu identifizieren.

Kapitel 5 greift diese Schwierigkeiten auf und schlägt Maßnahmen zur Vermeidung vor, um den Umgang mit dem Gemeinsamen Zolltarif der EU als

---

11 Vgl. spezifisch zum Gemeinsamen Zolltarif der EU *Bleihauer / Schulte*, in: Witte / Henke, Fallsammlung Europäisches Zollrecht, S. 289; *Bleihauer / Schulte*, in: Witte / Wolffgang, Lehrbuch des Europäischen Zollrechts, S. 452, Rn. 1354; sowie abstrakt zum Konditionalschema *Rüthers / Fischer / Birk*, Rechtstheorie, S. 78, Rn. 115f.

Normativakt zu erleichtern und eine unionsweit einheitliche Anwendung zu fördern. Im abschließenden **Kapitel 6** werden die in der vorliegenden Untersuchung gefundenen Ergebnisse überblickartig zusammengefasst und Schlussfolgerungen aus ihnen gezogen.

B. Bedeutung von Zolltarifen

Ob aus historischer, wirtschaftlicher oder politischer Sicht - die Bedeutung und Auswirkung eines Zolltarifs sind stets beachtenswert. Dies soll im Folgenden anhand einiger Beispiele verdeutlicht werden.

I. Aus historischer Sicht

Handelsverträge, die die Erhebung von Zöllen oder umgekehrt den Verzicht auf selbige regelten, existierten schon in der **Antike.**[12] So lässt sich nicht nur im antiken Ägypten und Griechenland die Erhebung von Zöllen, sondern im Römischen Reich auch ein erster Zolltarif, der die unterschiedlichen Waren einem jeweiligen Zollsatz zuordnete, nachweisen.[13] Dieser aus dem Jahre 137 n. Chr. stammende Zolltarif der antiken Oasenstadt Palmyra (im heutigen Syrien), den die Stadt Palmyra aufgrund einer Sondererlaubnis des Kaisers Hadrian selbst einziehen durfte, wird (zumindest nach heutigem Erkenntnisstand) als der erste Zolltarif der Welt angesehen.[14]

Nachdem mit dem Niedergang des Römischen Reiches auch das römische Zollsystem verschwand, erlebten Zölle (spätestens) mit dem stetig wachsenden Handel im (späten) **Mittelalter** einen erneuten Aufschwung.[15] Nicht nur Zollhäuschen wurden gebaut und Kontrollstellen an Brücken und Straßen erweitert, sondern ab dem 13. Jahrhundert auch verstärkt wieder (zunächst v.a. lokale) Zolltarife entwickelt, wobei exemplarisch der Zolltarif von Troyes in Frankreich aus dem Jahre 1289 genannt sei, der bereits einer bestimmten Wareneinheit eine bestimmte Zollrate zuordnete.[16] Zudem gelangten seminationale Zollsysteme in den Fokus und versuchten die englischen Könige John (Anfang des 13. Jahrhunderts) und später Edward I. (in der zweiten Hälfte des 13. Jahrhunderts) ein nationales Zollsystem zu etablieren.[17]

---

12 *Herrmann / Weiß / Ohler*, Welthandelsrecht, S. 43f., Rn. 78f.

13 *Asakura*, World History of the Customs and Tariffs, S. 67.

14 *Asakura*, World History of the Customs and Tariffs, S. 68.

15 *Asakura*, World History of the Customs and Tariffs, S. 107, 122; vgl. auch *Herrmann / Weiß / Ohler*, Welthandelsrecht, S. 44, Rn. 80.

16 *Asakura*, World History of the Customs and Tariffs, S. 124, 130 und S. 138f.

17 *Asakura*, World History of the Customs and Tariffs, S. 147f. und S. 151f.

Durch die merkantilistische Politik des Absolutismus, der die Staaten als Wirtschaftseinheiten ansah, kam im **17. und 18. Jahrhundert** der Gedanke eines Grenzzolles auf.[18] Wenngleich zwar im Jahre 1610 mit den berühmten Tudor Books of Rates, die bereits eine gewisse Warennomenklatur enthielten, ein erster wichtiger Schritt in Richtung einer systematischen Warenklassifizierung folgte, scheint eine wirkliche Zolltarifnomenklatur erst recht spät, z.B. in Frankreich ab dem Jahre 1822, eindeutig nachweisbar zu sein.[19]

Mit der Anfang des **19. Jahrhunderts** in England aufkommenden Freihandelsbewegung, die in der Ideologie der klassischen Nationalökonomie mündete, wurde in vielen Ländern die Forderung nach einer Beseitigung der Zollschranken und freiem Handel laut.[20] Preußen schaffte mit seinem neuen Zollgesetz von 1819 Binnenzölle und Einfuhrverbote ab und sah auch bei der Ausfuhr grundsätzlich Zollfreiheit vor.[21] Sukzessive schlossen sich immer mehr deutsche Länder zusammen, bis diese Entwicklung 1834 in der Gründung des Deutschen Zoll- und Handelsvereins gipfelte, dem in den Folgejahren weitere Mitglieder beitraten.[22] Dabei blieben die Staaten zwar politisch unabhängig, unterlagen aber einer einheitlichen Zollgesetzgebung und Zollorganisation.[23]

Nach dem österreichisch-preußischen Krieg wurde der Deutsche Zoll- und Handelsverein reorganisiert und trat 1868 (zeitgleich mit dem einheitlich im gesamten Zollgebiet geltenden Vereinszollgesetz) in Kraft.[24] Als Zolltarif wurde der preußische Zolltarif übernommen.[25] 1902 kam es durch den sog.

---

18 Vgl. *Witte*, in: Witte, Zollkodex, Einführung, Rn. 15; *Wolffgang*, in: Witte / Wolffgang, Lehrbuch des Europäischen Zollrechts, S. 2, Rn. 1.

19 *Asakura*, World History of the Customs and Tariffs, S. 211, 213.

20 *Müller*, Die Zollpolitik der deutschen Bundesstaaten nach dem Wiener Kongreß (1814 / 15) bis zur Gründung des Deutschen Zollvereins (1834), ZfZ 2 / 1991, 59 (59).

21 *Müller*, Die Zollpolitik der deutschen Bundesstaaten nach dem Wiener Kongreß (1814 / 15) bis zur Gründung des Deutschen Zollvereins (1834), ZfZ 2 / 1991, 59 (59).

22 Vgl. *Lasok*, The Trade and Customs Law oft he EU, S. 6; *Müller*, Die Zollpolitik der deutschen Bundes-staaten nach dem Wiener Kongreß (1814 / 15) bis zur Gründung des Deutschen Zollvereins (1834), ZfZ 2 / 1991, 59 (60); *Müller*, Der Deutsche Zollverein (1834 bis 1871), ZfZ 8 / 1991, 268 (268); *Stobbe*, Von der Warenbezeichnung zur Codenummer, Teil 1, ZfZ 12 / 1997, 430 (431).

23 *Müller*, Die Zollpolitik der deutschen Bundesstaaten nach dem Wiener Kongreß (1814 / 15) bis zur Gründung des Deutschen Zollvereins (1834), ZfZ 2 / 1991, 59 (60).

24 *Stobbe*, Von der Warenbezeichnung zur Codenummer, Teil1, ZfZ 12 / 1997, 430 (432).

25 *Bleihauer / Schulte*, in: Witte / Wolffgang, Lehrbuch des Europäischen Zollrechts, S. 422, Rn. 1305.

Bülow-Zolltarif (benannt nach dem damaligen Reichskanzler Graf von Bülow) schließlich zu einem Novum in der Geschichte des Zolls: Erstmals folgte ein Zolltarif nicht mehr dem Enumerationsprinzip, sondern dem Allzollsystem, d.h. jede erdenkbare Ware (derzeit bereits existierend oder auch noch nicht existierend) wurde erfasst.[26]

Anfang des **20. Jahrhunderts** begründete Karl Lamp den Gedanken des Wirtschaftszolls, der bis zu einem gewissen Grad (wenn auch keineswegs vollständig) den Gedanken der Schutzzölle verdrängte.[27] Mit dem Ende des 1. Weltkrieges wurden die Zollsysteme internationaler ausgestaltet.[28] 1927 schließlich wurde auf der Weltwirtschaftskonferenz in Genf eine erste internationale Zolltarifnomenklatur angenommen (sog. Genfer Nomenklatur), die 991 Titel in 86 Kapiteln enthielt und auf der noch heute alle wichtigen Zolltarifnomenklaturen basieren.[29] Nicht zuletzt deshalb wird sie gewürdigt als:

> "[G]*reat contribution to uniform tariff classification and international trade classification worldwide*"[30].

Nach dem **Ende des 2. Weltkrieges** wurden Initiativen ergriffen, um – zugunsten des stetig wachsenden Welthandels - einheitliche Zollregelungen zu etablieren und gemeinsame Märkte zu errichten.[31] So trat u.a. 1947 als multilaterales Vertragswerk zur Reorganisation der internationalen Wirtschaftsbeziehungen das GATT 1947 in Kraft, das die Ausweitung des weltweiten Warenverkehrs bezweckte und zu diesem Ziel den Abbau tarifärer und nichttarifärer Handelsbeschränkungen sowie die Einführung des Prinzips der Meistbegünstigung (Art. I GATT 1947) vorschrieb.[32] Nach weiteren umfassenden Zugeständnissen in zahlreichen Zollrunden wurde das GATT 1947 modifiziert (GATT 1994) und mit dem Ende der Uruguay-Runde und dem Beitritt aller GATT-Mitgliedstaaten

---

26 *Stobbe*, Von der Warenbezeichnung zur Codenummer, Teil 2, ZfZ 1 / 1998, 13 (13); *Bleihauer*, in: Witte / Wolffgang, Lehrbuch des Europäischen Zollrechts, S. 422, Rn. 1305.

27 Vgl. *Ovie / Wolffgang*, in: Wolffgang / Simonsen / Rogmann, AWR-Kommentar, Band II, S. 5, Rn. 6; *Wolffgang*, in: Witte / Wolffgang, Lehrbuch des Europäischen Zollrechts, S. 2, Rn. 1.

28 *Asakura*, World History of the Customs and Tariffs, S. 269.

29 *Asakura*, World History of the Customs and Tariffs, S. 275f.

30 *Asakura*, World History of the Customs and Tariffs, S. 276.

31 *Lasok*, The Trade and Customs Law of the EU, S. 10f.; *Asakura*, World History of the Customs and Tariffs, S. 287.

32 *Ovie / Wolffgang*, in: Wolffgang / Simonsen / Rogmann, AWR-Kommentar, Band II, S. 6, Rn. 9ff.

zur WTO in eine feste organisatorische Struktur überführt.[33] Diese diente nicht zuletzt als Garant dafür, dass jeder einzelne GATT-Mitgliedstaat Vertragspartei aller in der Uruguay-Runde geschlossenen Übereinkommen wurde (sog. Single-Undertaking Approach).[34] Daneben gewann für den weltweiten Handel v.a. die - 1952 mit dem Ziel, durch eine weitest mögliche Vereinheitlichung der Tarifsysteme der Vertragsstaaten das Zollrecht weltweit zu vereinheitlichen, und als Rat für die Zusammenarbeit auf dem Gebiet des Zollwesens (sog. Brüsseler Zollrat) gegründete - WCO an Bedeutung, unter deren Federführung z.B. das Internationale Übereinkommen zur Vereinfachung und Harmonisierung der Zollverfahren geschlossen wurde.[35]

Auf **europäischer Ebene** wurde 1951 in Paris der EGKS-Vertrag geschlossen, der entsprechend seiner Präambel *durch die Errichtung einer wirtschaftlichen Gemeinschaft den ersten Grundstein für eine weitere und vertiefte Gemeinschaft unter den Völkern* legen sollte. 1957 folgten die in Rom zwischen Frankreich, Italien, Belgien, den Niederlanden, Luxemburg und der Bundesrepublik Deutschland geschlossenen sog. Römischen Verträge (bestehend aus dem EWG- und EAG-Vertrag). Durch sie wurde nicht nur die EAG, sondern auch die EWG gegründet, die die Schaffung eines einheitlichen Wirtschaftsraums intendierte. Den ersten Schritt zu dessen Verwirklichung stellten die Zollunion sowie der mit der VO (EWG) Nr. 950 / 68[36] über die zolltarifliche und statistische Nomenklatur sowie den Gemeinsamen Zolltarif in Kraft getretene Gemeinsame Zolltarif der Europäischen Gemeinschaft dar.[37] Dabei bildete dieser seine Zolltarifsätze aus dem einfachen Mittel der in den einzelnen Zollgebieten der Gemeinschaft angewandten Zollsätze und erleichterte damit auch seine Akzeptanz durch die anderen GATT-Mitgliedstaaten, da das Gesamtvolumen ihrer Einfuhren somit keiner höheren Zollbelastung unterlag als zuvor.[38] Als Zolltarifschema diente das

33 *Ovie / Wolffgang*, in: Wolffgang / Simonsen / Rogmann, AWR-Kommentar, Band II, S. 6f., Rn. 13ff.; vgl. auch *Herrmann / Weiß / Ohler*, Welthandelsrecht, S. 59ff., Rn. 104ff.

34 *Ovie / Wolffgang*, in: Wolffgang / Simonsen / Rogmann, AWR-Kommentar, Band II, S. 7, Rn. 14; vgl. auch *Herrmann / Weiß / Ohler*, Welthandelsrecht, S. 60, Rn. 106.

35 *Witte*, in: Witte, Zollkodex, Einführung, Rn. 10; vgl. auch *Ovie / Wolffgang*, in: Wolffgang / Simonsen / Rogmann, AWR-Kommentar, Band II, S. 8, Rn. 19.

36 ABl. L 172 vom 22.7.1968, S. 1-402.

37 *Bleihauer / Schulte*, in: Witte / Wolffgang, Lehrbuch des Europäischen Zollrechts, S. 422, Rn. 1306.

38 Vgl. *Vaulont*, Die Zollunion der EWG, S. 27; *Weerth*, 50 Jahre EWG, 40 Jahre EWG-Zollunion / Zolltarifunion, ZfZ 7 / 2008, 178 (180).

von der Studiengruppe für die Europäische Zollunion erarbeitete Brüsseler Zolltarifschema.[39]

Für die Errichtung einer Zollunion war jedoch neben der Abschaffung der Binnenzölle und der Errichtung eines gemeinsamen Außenzolltarifs auch eine Vereinheitlichung des Zollrechts vonnöten.[40] Dessen wirkliche Vereinheitlichung (abgesehen von einigen weiterhin bestehenden, ergänzenden nationalen Regelungen) allerdings erst in der Verwirklichung des Binnenmarktes und der 1994 erfolgenden Anwendung des durch die VO (EWG) Nr. 2913 / 92[41] zur Festlegung des Zollkodex der Gemeinschaften erlassenen ZK als

„zentrale Rechtsnorm des Europäischen Zollrechts“[42]

sowie der durch die VO (EWG) Nr. 2454 / 93[43] eingeführten ZK-DVO gesehen werden kann.[44] Kurz zuvor trat die VO (EG) Nr. 2658 / 87[45] über die zolltarifliche und statistische Nomenklatur und den Gemeinsamen Zolltarif in Kraft, deren Anhang I die KN, die wiederum auf dem HS basierte, enthielt und als Zolltarifschema fungierte.[46] Das HS wurde in den folgenden Jahren immer wieder modifiziert und neugefasst – zuletzt mit Wirkung zum 1. Januar 2017.[47]

1993 trat der EU-Vertrag (Vertragssystem von Maastricht) in Kraft, durch den die EWG in die EG überführt und die EU als übergeordneter Rahmen errichtet wurde. 1999 folgte der Vertrag von Amsterdam zur Änderung des Vertrags über die EU, der Verträge zur Gründung der EG sowie einiger damit

---

39 Vgl. *Bleihauer / Schulte*, in: Witte / Wolffgang, Lehrbuch des Europäischen Zollrechts, S. 422, Rn. 1306; *Stobbe*, Von der Warenbezeichnung zur Codenummer, Teil 2, ZfZ 1 / 1998, 13 (14).

40 Vgl. *Wolffgang*, in: Witte / Wolffgang, Lehrbuch des Europäischen Zollrechts, S. 12, Rn. 16; *Weerth*, 50 Jahre EWG, 40 Jahre EWG-Zollunion / Zolltarifunion, ZfZ 7 / 2008, 178 (181).

41 ABl. L 302 vom 19.10.1992, S. 1-50.

42 *Kunas*, Der Zoll in Europa, in: Bongartz, Europa im Wandel, S. 1 (6).

43 ABl. L 253 vom 11.10.1993, S. 1-766.

44 Vgl. *Ovie / Wolffgang*, in: Wolffgang / Simonsen / Rogmann, AWR-Kommentar, Band II, S. 4, Rn. 2 und S. 11, Rn. 31f.; *Weerth*, 50 Jahre EWG, 40 Jahre EWG-Zollunion / Zolltarifunion, ZfZ 7 / 2008, 178 (181); *Witte*, in: Witte, Zollkodex, Einführung, Rn. 1.

45 ABl. L 256 vom 7.9.1987, S. 1-675.

46 *Ovie / Wolffgang*, in: Wolffgang / Simonsen / Rogmann, AWR-Kommentar, Band II, S. 49f., Rn. 197.

47 Vgl. *Bleihauer / Schulte*, in: Witte / Wolffgang, Lehrbuch des Europäischen Zollrechts, S. 423, Rn. 1307; *Alexander*, in: Witte, Zollkodex, Art. 20 ZK, Rn. 12.

zusammenhängender Rechtsakte (Vertragssystem von Amsterdam) und 2003 der Vertrag von Nizza zur Änderung dieser Verträge (Vertragssystem von Nizza).

Mit der VO (EG) Nr. 450 / 2008[48] zur Festlegung des MZK sollten die Zollverfahren und Zollverwaltungsabläufe vereinheitlicht werden.[49] Der MZK trat zwar formal 2008 in Kraft, war jedoch nur bzgl. der in Art. 188 MZK niedergelegten Ermächtigungsgrundlagen zur Schaffung einer Durchführungsverordnung (der MZK-DVO) und der in Art. 30 Abs. 1 MZK niedergelegten Gebühren- und Kostenregelungen anwendbar.[50] Die Arbeit daran wurden eingestellt und stattdessen der Erlass des UZK beschlossen, nachdem **2009** der EUV und AEUV nach dem Vertragssystem von Lissabon in Kraft traten, denen zur Folge die neu gegründete EU Rechtsnachfolgerin der EG, Art. 1 Abs. 3 EUV a.E., und eine Differenzierung zwischen delegierten Rechtsakten und Durchführungsrechtsakten, Art. 289ff. AEUV, notwendig wurde.[51] Der UZK trat im **Mai 2016** in Kraft.[52] Neben ihm gelten die UZK-DelVO[53] und UZK-DVO[54], welche die ZK-DVO ersetzen.

II. Aus wirtschaftlicher Sicht

Auch aus wirtschaftlicher Sicht - wie sein Einwirkungs- und Beeinflussungspotential auf den internationalen Handelsverkehr verdeutlicht – ist ein Zolltarif bedeutsam.

1. Einfluss auf den internationalen Handelsverkehr

Die im Einzelnen hoch komplexen Einwirkungs- und Beeinflussungseffekte von Zöllen auf den internationalen Handel lassen sich stark vereinfacht zu folgender Doppelwirkung von Zöllen auf den internationalen Handel zusammenfassen: Zölle wirken einerseits als Handelshemmnisse für den Außenhandel und

48 ABl. L 145 vom 4.6.2008, S. 1–64.

49 *Witte*, in: Witte, Zollkodex, Einführung, Rn. 23.

50 *Witte*, in: Witte, Zollkodex, Vor Art. 1 ZK, Rn. 25; *Zeilinger*, Der Unionszollkodex, ZfZ 6 / 2013, 141 (142).

51 *Zeilinger*, Der Unionszollkodex, ZfZ 6 / 2013, 141 (142f.).

52 Vgl. *Lux*, Einführung in den Zollkodex der Union (UZK) – Teil I, ZfZ 7 / 2014, 178 (178).

53 Delegierte Verordnung (EU) Nr. 2015 / 2446, ABl. L 343 vom 29.12.2015, S. 1-557.

54 Durchführungsverordnung (EU) Nr. 2015 / 2447, ABl L 343 vom 29.12.2015, S. 558-893.

andererseits als protektionistische Instrumente zugunsten der Binnenwirtschaft und zulasten unerwünschter Konkurrenz.[55]

Aus Sicht ausländischer Produzenten und Unternehmen wirken Zölle handelshemmend, da sie die ausländischen Produkte verteuern, ihren Kauf unattraktiver machen und somit letztlich den Verkauf erschweren. Durch die Erhebung von Zöllen für ein Produkt verändert sich das Verhältnis zwischen dem Weltmarktpreis und dem Inlandspreis dieses Produktes zu Gunsten seines Inlandspreises, was zu einer Bevorteilung der im Inland gegenüber der im Ausland hergestellten Produkten und damit wiederum zu erschwerten Handelsbedingungen für Letztere führt.[56] Aus Sicht inländischer Produzenten und Unternehmen hingegen können Zölle als protektionistische Instrumente zum Schutz der Binnenwirtschaft vor unerwünschter Konkurrenz eingesetzt werden, so z.B. zum Schutz einer (noch) jungen und (noch) nicht international wettbewerbsfähigen Industrie (sog. infant industry).[57]

Ob und in welcher Höhe eine Ware mit Zöllen belastet wird beantwortet der jeweils anzuwendende Zolltarif, im Fall des Warenhandels zwischen einem EU-Mitgliedstaat und einem Drittland der Gemeinsame Zolltarif der EU.[58] Abhängig von den Vorgaben des anzuwendenden Zolltarifs können die skizzierten Einwirkungs- und Beeinflussungseffekte auf den internationalen Handel - für den Fall, dass sich eine besonders hohe Zollbelastung für ein bestimmtes Produkt ergeben sollte - stärker, oder, für den Fall, dass sich eine besonders geringe Zollbelastung für ein bestimmtes Produkt ergeben sollte, schwächer ausfallen. Durch die im Zolltarif gewählten Zollsätze lassen sich also diese Effekte gezielt in die eine oder in die andere Richtung lenken.

2. Vorteil einer internationalen wirtschaftlichen Zusammenarbeit

Planen Staaten diese Einwirkungs- und Beeinflussungseffekte auf ihren Handel untereinander gezielt zu kontrollieren, zu steuern oder zu vermeiden, bietet es sich an, wirtschaftlich enger zusammenzuarbeiten und Vereinbarungen zu

---

55 Vgl. *Wolffgang*, in: Witte / Wolffgang, Lehrbuch des Europäischen Zollrechts, S. 2ff., Rn. 2ff.; *Herrmann / Weiß / Ohler*, Welthandelsrecht, S. 16f., Rn. 27.

56 *Herrmann / Weiß / Ohler*, Welthandelsrecht, S. 17, Rn. 27.

57 *Herrmann / Weiß / Ohler*, Welthandelsrecht, S. 19, Rn. 29.

58 Vgl. *Bleihauer / Schulte*, in: Witte / Wolffgang, Lehrbuch des Europäischen Zollrechts, S. 421, Rn. 1303; *Bleihauer*, in: Hübschmann / Hepp / Spitaler, Kommentar AO / FGO, Band XIV, Art. 20 ZK, Rn. 8f.; *Lux*, in: Regul, Gemeinschaftszollrecht, S. 75; *Friedrich*, in: Schwarz / Wockenfoth, Zollrecht, Band 1 / 1, Art. 20 ZK, Rn. 4; *Ovie / Wolffgang*, in: Wolffgang / Simonsen / Rogmann, AWR-Kommentar, Band II, S. 49, Rn. 195.

treffen, in denen sie für ihren Handel untereinander die einzelnen Modalitäten der Erhebung von Zöllen oder sogar den Verzicht auf selbige regeln.[59] Streben die Staaten eine darüber hinausgehende, verstärkte internationale wirtschaftliche Zusammenarbeit an, besteht zudem die Möglichkeit ihres wirtschaftlichen Zusammenschlusses.[60] Ein solcher ist, nach seiner Intensität gestaffelt, in Form einer Präferenzzone, Freihandelszone, Zollunion, eines Gemeinsamen Marktes, einer Wirtschafts- und Währungsunion oder vollständigen wirtschaftlichen Integration denkbar.[61]

Von einer **Präferenzzone** (als erster Stufe eines wirtschaftlichen Zusammenschlusses) spricht man, wenn sich die beteiligten Länder wechselseitig besondere Handelsvorzüge zugestehen und Zölle zwischen ihnen ganz oder teilweise abbauen.[62]

Von einer **Freihandelszone** (als zweiter Stufe eines wirtschaftlichen Zusammenschlusses) oder einer **Zollunion** (als dritter Stufe) spricht man bei grundsätzlich komparablen Ausgangsbedingungen.[63] Während in einer Freihandelszone aber nur durch die Beseitigung existierender Handelshemmnisse der freie Handel zwischen den beteiligten Staaten gesichert wird, nach außen den beteiligten Staaten hingegen die Möglichkeit zu eigenen protektionistischen Maßnahmen bleibt, wird in einer Zollunion auch das außenpolitische Handeln der beteiligten Staaten durch einen gemeinsamen Außenzoll harmonisiert und so ein einheitliches Wirtschaftsgebiet mit größerer Außenwirkung geschaffen.[64] Dies schließt den Umstand mit ein, dass – im Gegensatz zur Freihandelszone, bei der die beteiligten Staaten weiterhin ihren eigenen Zolltarif anwenden – die beteiligten Staaten einer Zollunion einen gemeinsamen Zolltarif entwickeln und diesen einheitlich im Handelsverkehr mit Drittstaaten anwenden.[65]

---

59 *Lux / Sack*, in: Dauses, Handbuch des EU-Wirtschaftsrechts, Band I, C. II., Rn. 3.

60 *Lux / Sack*, in: Dauses, Handbuch des EU-Wirtschaftsrechts, Band I, C. II., Rn. 1.

61 *Stange*, Zollunion versus Gemeinsamer Markt, S. 10.

62 Vgl. *Blank / Clausen / Wacker*, Internationale ökonomische Integration, S. 32; *Stange*, Zollunion versus Gemeinsamer Markt, S. 10, Fußnote 8.

63 *Lux / Sack*, in: Dauses, Handbuch des EU-Wirtschaftsrechts, Band I, C. II., Rn. 4.

64 Vgl. *Blank / Clausen / Wacker*, Internationale ökonomische Integration, S. 32f., S. 88; *Lux / Sack*, in: Dauses, Handbuch des EU-Wirtschaftsrechts, Band I, C. II., Rn. 4ff.; zur Zollunion vgl. auch *Dieckheuer*, Internationale Wirtschaftsbeziehungen, S. 205f.; sowie *Vaulont*, Die Zollunion der EU, S. 9.

65 *Herrmann / Michl*, Grundzüge des europäischen Außenwirtschaftsrechts, ZEuS 1 / 2008, 81 (86f., 94); *Lux*, in: Regul, Gemeinschaftszollrecht, S. 158.

Von der vierten Stufe des wirtschaftlichen Zusammenschlusses, einem **Gemeinsamen Markt**, spricht man, wenn - anders als bei einer Zollunion - nicht nur der Waren- und Dienstleistungsverkehr liberalisiert worden ist, sondern eine völlige Liberalisierung der Produktionsfaktoren (also auch in Form des freien Kapitalverkehrs, der Arbeitnehmerfreizügigkeit und der Niederlassungsfreiheit) erzielt worden ist.[66]

Eine **Wirtschafts- und Währungsunion** als fünfte Stufe ist erreicht, wenn - über den Gemeinsamen Markt hinaus - die nationalen Politiken (inklusive der Währungspolitik) weitgehend angeglichen oder sogar vereinheitlicht worden sind.[67] Eine noch stärkere Vereinheitlichung wäre nur durch **vollständige wirtschaftliche Integration** der beteiligten Staaten zu erzielen, wobei diese auf ihre eigene wirtschaftspolitische Souveränität verzichten müssten.[68]

Auch die EU hat dieses Einwirkungs- und Beeinflussungspotential auf den internationalen Handel erkannt und versucht durch weitest mögliche wirtschaftliche Integration ihrer Mitgliedstaaten zu steuern. So ist die EU nicht nur seit 1968 eine Zollunion, die einen einheitlichen Zolltarif gegenüber Drittländern anwendet (vgl. u.a. Art. 28 Abs. 1 AEUV), sondern - insbesondere aufgrund der Gewährleistung aus den Grundfreiheiten, der gemeinsamen Wettbewerbspolitik und der Vereinheitlichung der nationalen Rechtssysteme - auch ein Gemeinsamer Markt und - durch die Koordination nationaler wirtschaftspolitischer Interessen und die Einführung des Euro - eine einheitliche Wirtschafts- und Währungsunion, vgl. Art. 2 EUV.[69]

III. Aus politischer Sicht

Mit der wirtschaftlichen Bedeutung eines Zolltarifs eng verknüpft ist die politische Bedeutung, die der Erhebung von Zöllen oder dem Verzicht darauf

---

66 Vgl. *Blank / Clausen / Wacker*, Internationale ökonomische Integration, S. 33; *Dieckheuer*, Internationale Wirtschaftsbeziehungen, S. 216; *Stange*, Zollunion versus Gemeinsamer Markt, S. 10.

67 *Blank / Clausen / Wacker*, Internationale ökonomische Integration, S. 33f.; vgl. ergänzend auch *Stange*, Zollunion versus Gemeinsamer Markt, S. 10.

68 *Stange*, Zollunion versus Gemeinsamer Markt, S. 10.

69 Vgl. *Blank / Clausen / Wacker*, Internationale ökonomische Integration, S. 33f., 118; *Herrmann / Michl*, Grundzüge des europäischen Außenwirtschaftsrechts, ZEuS 1 / 2008, 81 (86f., 94); vgl. auch *Dieckheuer*, Internationale Wirtschaftsbeziehungen, S. 216, 230; *Nienhaus*, Geschichte, Institutionen und Strategien der Europäischen Union, in: Klemmer, Handbuch Europäische Wirtschaftspolitik, S. 98f., 126f.; *Wolffgang*, in: Schulze / Zuleeg / Kadelbach, Europarecht, S. 2031, Rn. 15.

zukommt. So ist die Entscheidung für oder gegen die Erhebung von Zöllen nicht nur eine rein wirtschaftliche, sondern immer auch eine politische, bei der oftmals z.B. handels- oder finanzpolitische Faktoren eine Rolle spielen. Die sich hieraus ergebende Verzahnung der einzelnen Politikbereiche der EU zeigt deutlich, wie stark sich diese wechselseitig beeinflussen und welch tragende Rolle dabei der Zollunion zukommt.[70] Die bereits eingangs erwähnte Bezeichnung der Zollsätze eines Zolltarifs als

„zollpolitische Komponente"[71]

erweist sich in diesem Kontext als besonders treffend.

Deutlich wird dies im Besonderen am **Beispiel der Zollunion und der Gemeinsamen Handelspolitik**: Die in den Art. 206, 207 AEUV als Teilbereich des auswärtigen Handelns der EU geregelte Gemeinsame Handelspolitik der EU beschäftigt sich mit dem Außenhandel der EU als Pendant zum Handel innerhalb der EU.[72] Während der Binnenmarkt und die Zollunion den Rahmen für den Handel zwischen den EU-Mitgliedstaaten untereinander abstecken, gibt die Gemeinsame Handelspolitik den EU-Mitgliedstaaten einen Rahmen für ihren Handel mit Drittstaaten vor.[73]

Dies spiegelt sich auch in Art. 206, 207 AEUV wieder, die die Zollunion als Fundament und integralen Bestandteil der Gemeinsamen Handelspolitik der EU-Mitgliedstaaten ansehen und damit keinen Zweifel daran lassen, dass die Zollunion notwendige Voraussetzung für die Durchsetzung der handelspolitischen Ziele der EU ist. So können z.B. auf Grundlage des Art. 207 Abs. 1 AEUV die mit Drittstaaten vereinbarten Zolltarife des Gemeinsamen Zolltarifs der EU zu handelspolitischen Zwecken vertraglich geändert oder durch bestimmte Schutzklauseln in den Ein- und Ausfuhrregelungen der Markt in der EU vor sich aus dem Handel mit Drittstaaten ergebenden Störungen bewahrt werden.[74]

---

70 Vgl. *Wolffgang*, in: Schulze / Zuleeg / Kadelbach, Europarecht, S. 2030f., Rn. 10ff., der einige Verzahnungen mit anderen Politikbereichen (u.a. der gemeinsamen Agrar- und Fischereipolitik und der gemeinsamen Außen- und Sicherheitspolitik) aufzeigt.

71 *Friedrich*, in: Schwarz / Wockenfoth, Zollrecht, Band 1 / 1, Art. 20 ZK, Rn. 4.

72 Vgl. *Khan*, in: Geiger / Khan / Kotzur, EUV / AEUV, Kommentar, Art. 207 AEUV, Rn. 2; *Arnold / Meindl*, in: Dauses, Handbuch des EU-Wirtschaftsrecht, Band II, K. I., Rn. 1.

73 Vgl. *Lux / Sack*, in: Dauses, Handbuch des EU-Wirtschaftsrechts, Band I, C. II., Rn. 6; *Arnold*, in: Dauses, Handbuch des EU-Wirtschaftsrecht, Band II, K. I., Rn. 1.

74 *Khan*, in: Geiger / Khan / Kotzur, EUV / AEUV, Kommentar, Art. 207 AEUV, Rn. 30 und Rn. 40.

Weerth hebt hervor, nach Art. XXIII GATT bestehe auch heute noch die Möglichkeit, Retorsions- und Strafzölle einzuführen, z.B. dadurch, dass bereits gewährte Vergünstigungen gegenüber anderen Vertragsparteien ausgesetzt werden, wenn diese die ausgehandelten Begünstigungen nicht erfüllten.[75] Aus seiner Sicht bergen auch heute noch gesetzliche Einreihungsregelungen Missbrauchspotenzial (für protektionistische Maßnahmen) und dienen dazu, politische Interessen durchzusetzen.[76]

Ein weiteres **Beispiel** für die Bedeutung eines Zolltarifs aus politischer Sicht stellt die Verzahnung der **Zollunion und der Finanzpolitik** dar: Nachdem sich die ehemalige EG noch aus Finanzbeiträgen ihrer Mitgliedstaaten finanzierte, erfolgt die Finanzierung zwecks Erreichung der Ziele der EU und Durchsetzung ihrer Politik nunmehr weitgehend durch Eigenmittel, Art. 311 UAbs. 1 AEUV, die gem. Art. 311 UAbs. 2 AEUV für die Finanzierung des Haushaltes der EU genutzt werden und zu denen auch Einnahmen aus Zöllen des Gemeinsamen Zolltarifs der EU zählen.[77] Damit dienen die Zolleinnahmen nicht nur der Durchsetzung der finanziellen Interessen der EU, sondern sichern auch die finanzielle Unabhängigkeit der EU von ihren Mitgliedstaaten.[78]

---

75 *Weerth*, Einheitliche Anwendung des Gemeinsamen Zolltarifs beim Zugang zum Europäischen Binnenmarkt?, S. 31.

76 *Weerth*, Einheitliche Anwendung des Gemeinsamen Zolltarifs beim Zugang zum Europäischen Binnenmarkt?, S. 334.

77 Vgl. *Khan*, in: Geiger / Khan / Kotzur, EUV / AEUV, Kommentar, Art. 311 AEUV, Rn. 3f.; *Lux / Sack*, in: Dauses, Handbuch des EU-Wirtschaftsrechts, Band I, C. II., Rn. 8.

78 Vgl. *Lux / Sack*, in: Dauses, Handbuch des EU-Wirtschaftsrechts, Band I, C. II., Rn. 8.

Kapitel 2: Der Gemeinsame Zolltarif der EU

Neben der Bedeutung eines Zolltarifs aus historischer, wirtschaftlicher und politischer Sicht kommt dem Gemeinsamen Zolltarif der EU die größte Bedeutung als Normativakt zu. Im Folgenden werden daher die Bestandteile und einzelnen Rechtsnormen des Gemeinsamen Zolltarifs der EU untersucht und seine vielfältigen Verflechtungen mit anderen Rechtsbereichen dargestellt.

A. Der Gemeinsame Zolltarif der EU aus rechtlicher Sicht

I. Begriffliche Zuordnung

Nach Art. 28 Abs. 1 AEUV umfasst die EU eine Zollunion, die wiederum einen gemeinsamen Zolltarif gegenüber dritten Ländern beinhaltet, dessen Zollsätze nach Art. 31 AEUV vom Rat auf Vorschlag der Kommission festgelegt und unter den Voraussetzungen von Art. 43 i.V.m. Art. 207 AEUV geändert werden.[79] Näheres bestimmen Art. 56 Abs. 2 UZK und die VO (EG) Nr. 2658 / 87[80], auf die Art. 56 Abs. 2 lit. a) UZK verweist.

Vergleicht man den Wortlaut des Art. 56 UZK und der VO (EG) Nr. 2658 / 87[81], fällt auf, dass letztere nur vom *Gemeinsamen Zolltarif* spricht. Bis zum Außerkrafttreten des EGKS-Vertrag (am 24. Juli 2002) war eine begriffliche Unterscheidung zwischen dem *Gemeinsamen Zolltarif* (i.S. der VO (EG) Nr. 2658 / 87[82]) und dem *Zolltarif der Europäischen Gemeinschaften* (i.S. der Vorgängernorm des Art. 56 UZK, Art. 20 Abs. 3 ZK) nicht nur sprachlich, sondern insoweit auch inhaltlich relevant, als dem *Zolltarif der Europäischen Gemeinschaften* (i.S. des Art. 20 Abs. 3 ZK) - zum Zweck eines einheitlichen Zollrechts - alle Waren der EWG bzw. später der EG und EGKS, dem *Gemeinsamen Zolltarif* i.S. der VO (EWG) 2658 / 87[83] hingegen nur Waren der EWG bzw. später der EG unterfielen.[84]

Nach Außerkrafttreten des EGKS-Vertrages wurde diese Differenzierung obsolet, da die KN für alle Waren galt und die Tragweite der Begriffe *Zolltarif*

79 *Alexander*, in Witte: Zollkodex, Art. 20 Rn. 1f.
80 ABl. L 256 vom 7.9.1987, S. 1-675.
81 ABl. L 256 vom 7.9.1987, S. 1-675.
82 ABl. L 256 vom 7.9.1987, S. 1-675.
83 ABl. L 256 vom 7.9.1987, S. 1-675.
84 *Lux*, in: Dorsch, Zollrecht, Kommentar, Art. 20 ZK, Rn. 15.

der Europäischen Gemeinschaften (i.S. des Art. 20 Abs. 3 ZK) und *Gemeinsamer Zolltarif* (i.S. der VO (EWG) 2658 / 87[85]) gleich war.[86] Für EAG-Waren galt ab dem Vertragssystem von Amsterdam die VO (EWG) 2658 / 87[87], die diese als *EURATOM* kennzeichnete, da der EAG-Vertrag — nach Aufhebung von Art. 94 und 95 EAG-Vertrag — keine gesonderten zolltariflichen Regelungen mehr vorsah und insoweit nach Art. 305 Abs. 2 EG-Vertrag in der Fassung von Amsterdam dessen Bestimmungen galten.[88]

Da mit dem Inkrafttreten des Vertragssystems von Lissabon (am 1. Dezember 2013) gemäß Art. 1 UAbs. 3 S. 3 EUV die EU als Rechtsnachfolgerin an die Stelle der EG trat, musste auch die in Art. 20 Abs. 3 ZK gewählte Bezeichnung des Zolltarifs als *Zolltarif der Europäischen Gemeinschaft* in *Zolltarif der Europäischen Union* umgedeutet und sachlogisch vom *Gemeinsamen Zolltarif der EU* gesprochen werden, vgl. Art. 28 AEUV. Diesen Begriff verwendet auch Art. 56 UZK. Folglich soll in der vorliegenden Arbeit vereinheitlichend immer vom ***Gemeinsamen Zolltarif der EU*** gesprochen werden.

II. Umfang und Inhalt

Nachfolgend soll zunächst der Umfang und Inhalt des Normativaktes „Gemeinsamer Zolltarifs der EU" untersucht und damit zugleich das Zusammenspiel von Art. 28 Abs. 1, 31 AEUV, der VO (EWG) Nr. 2668 / 87[89] und Art. 56 Abs. 2 ZK geklärt werden.

1. Grundelemente des Gemeinsamen Zolltarifs der EU

Wie bereits dargestellt richtet sich die Frage, ob und in welcher Höhe eine bestimmte Ware bei ihrer Einfuhr (bzw. je nach Zolltarif ggf. auch Aus- oder Durchfuhr) mit Zöllen belastet wird, nach dem Zusammenspiel zweier Grundelemente; nämlich

(1.) dem *Zolltarifschema*,
das alle erdenklichen Waren des internationalen Warenverkehrs systematisiert (sog. Warennomenklatur); und

85 ABl. L 256 vom 7.9.1987, S. 1-675.
86 *Lux*, in: Dorsch, Zollrecht, Kommentar, Art. 20 ZK, Rn. 18.
87 ABl. L 256 vom 7.9.1987, S. 1-675.
88 *Alexander*, in Witte, Zollkodex, Art. 20 Rn. 2.
89 ABl. L 256 vom 7.9.1987, S. 1-675.

(2.) den *Zollsätzen*,
die als Bemessungsfaktoren für den entstehenden Zollbetrag fungieren.[90]

Die Warennomenklatur dient dabei der Systematisierung der Waren, sodass die Feststellung ihrer Zuordnung zu einem bestimmten Zollsatz erleichtert und durch diese Einreihung der jeweiligen Ware in die maßgebliche Unterposition der Nomenklatur die Feststellung des entsprechenden Abgabensatzes ermöglicht wird.[91] Im Fall des Gemeinsamen Zolltarifs der EU lassen sich beide Grundelemente Art. 56 Abs. 2 UZK entnehmen. Dieser lautet wie folgt:

Der Gemeinsame Zolltarif umfasst alle folgenden Elemente:

a) die Kombinierte Nomenklatur nach der Verordnung (EWG) Nr. 2658 / 87,
b) jede andere Nomenklatur, die ganz oder teilweise auf der Kombinierten Nomenklatur beruht oder weitere Unterteilungen für diese vorsieht, und die durch Unionsvorschriften zu bestimmten Bereichen im Hinblick auf die Anwendung zolltariflicher Maßnahmen im Warenverkehr erstellt wurde,
c) die vertraglichen und autonomen Zölle auf die von der Kombinierten Nomenklatur erfassten Waren,
d) die in Übereinkünften der Union mit bestimmten Ländern oder Gebieten außerhalb des Zollgebiets der Union oder Gruppen solcher Länder und Gebiete enthaltenen Zollpräferenzmaßnahmen,
e) einseitig von der Union festgelegte Zollpräferenzmaßnahmen für bestimmte Länder oder Gebiete außerhalb des Zollgebiets der Union oder für Gruppen solcher Länder und Gebiete,
f) autonome Maßnahmen zur Senkung oder Befreiung von Zöllen auf bestimmte Waren,
g) die zolltariflichen Abgabenbegünstigen aufgrund der Beschaffenheit oder Endverwendung bestimmter Waren nach den unter den Buchstaben c) bis f) sowie h) aufgeführten Maßnahmen,
h) sonstigen zolltarifrechtliche Maßnahmen nach landwirtschaftlichen, gewerblichen oder sonstigen Unionsvorschriften.

Demnach ergibt sich die Höhe, mit der eine Ware nach dem Gemeinsamen Zolltarif der EU bei ihrer Einfuhr mit einem Zoll belastet wird, aus

---

90 Vgl. *Bleihauer*, in: Hübschmann / Hepp / Spitaler, Kommentar AO / FGO, Band XIV, Art. 20 ZK, Rn. 8; *Bleihauer*, Der Gemeinsame Zolltarif der EU, 5 / 96, 175 (176f.); *Lux*, in: Regul, Gemeinschaftszollrecht, S. 75; *Friedrich*, in: Schwarz / Wockenfoth, Zollrecht, Band 1 / 1, Art. 20 ZK, Rn. 4.

91 Vgl. *Möller / Schumann / Sibum*, ZollPraxis, S. 66; *Ovie*, Das Europäische Zollrecht, Teil 5, AW-Prax 12 / 2007, 517 (518).

(1.) der *KN* als Zolltarifschema und
(2.) den *Zollsätzen*.[92]

a. KN i.S. des Art. 56 Abs. 2 lit. a) UZK

Die KN (als Warennomenklatur) systematisiert Waren und ermöglicht ihre Einreihung.[93]

aa. Zusammensetzung und Aufbau der KN

Gemäß Art. 2 Abs. 1 VO (EG) Nr. 2658 / 87[94] umfasst die KN

> *a) die Nomenklatur des Harmonisierten Systems;*
> *b) die gemeinschaftlichen Unterteilungen dieser Nomenklatur, genannt „Unterpositionen KN", wenn ihnen ein Zollsatz zugeordnet ist;*
> *c) die Einführenden Vorschriften, die Zusätzlichen Anmerkungen zu den Abschnitten und Kapiteln und die Fußnoten, die sich auf die Unterpositionen KN beziehen.*

(1.) Nomenklatur des HS

Die Nomenklatur des HS ist i.R. eines völkerrechtlichen Abkommens vereinbart worden und stellt ein - in Abschnitte, Kapitel, Positionen und Unterpositionen unterteiltes - Warenverzeichnis dar.[95] Sie ist im Anhang des HS-Übereinkommens enthalten und stellt nach Art. 2 des HS-Übereinkommens einen integrierenden Bestandteil dieses Übereinkommens dar.

Vertragsparteien können nach Art. 11 des HS-Übereinkommens sowohl die Mitgliedstaaten des Rates, Zoll- und Wirtschaftsunionen als auch anderen Staaten sein. Diese verpflichten sich nach Art. 3 Abs. 1 des HS-Übereinkommens ihre Tarif- und Statistiknomenklaturen in Einklang mit der Nomenklatur des HS auszugestalten und die Positions- und Unterpositionsnummern des HS zu verwenden.[96]

---

92 Vgl. *Ovie / Wolffgang*, in: Wolffgang / Simonsen / Rogmann, AWR-Kommentar, Band II, S. 49, Rn. 195f.; *Bleihauer*, Der Gemeinsame Zolltarif der EU, AW-Prax, 5 / 96 175 (176f.); *Alexander*, in: Witte, Zollkodex, Art. 20 ZK, Rn. 10, 60.

93 Vgl. *Möller / Schumann / Sibum*, ZollPraxis, S. 66; *Ovie*, Das Europäische Zollrecht, Teil 5, AW-Prax 12 / 2007, 517 (518).

94 ABl. L 256 vom 7.9.1987, S. 1-675.

95 *Alexander*, in: Witte, Zollkodex, Art. 20 ZK, Rn. 11.

96 *Hermann*, in: Grabitz / Hilf / Nettesheim, Das Recht der EU, Band I, Art. 31 AEUV, Rn. 13.

(2.) Unterpositionen KN

Der Aufbau der KN folgt dem der Nomenklatur des HS und unterteilt die Waren in die Abschnitte, in die auch diese die Waren unterteilt.[97] Anders als das HS geht die KN aber über einen sechsstelligen Code der Unterpositionen hinaus und erweitert diesen um zwei zusätzliche Stellen - die Unterpositionen KN - zu einem achtstelligen Code der Unterpositionen.[98] Eine Codenummer ist damit wie folgt aufgebaut: Den Ziffern 1 bis 4 ist die Position, Ziffern 1 bis 6 die Unterposition des HS und den Ziffern 7 und 8 die Unterpositionen der KN zu entnehmen, vgl. Art. 3 Abs. 1 VO (EG) Nr. 2658 / 87[99].[100]

(3.) Einführende Vorschriften, Zusätzliche Anmerkungen und Fußnoten

Nach Art. 2 Abs. 1 lit. c) VO (EG) Nr. 2658 / 87[101] umfasst die KN neben den Einführenden Vorschriften, Zusätzliche Anmerkungen zu den Abschnitten und Kapiteln und Fußnoten, die sich auf die Unterpositionen KN beziehen.

Anhang I, Teil I ***Einführende Vorschriften****, Titel I A.* der VO (EG) Nr. 2658 / 87[102] enthält die Allgemeinen Vorschriften für die Auslegung der Kombinierten Nomenklatur, die auf das HS zurückgehen, den Allgemeinen Vorschriften für die Auslegung der Nomenklatur des HS (AV) entsprechen und rechtsverbindlich sind.[103] Anhang I, Teil I *Einführende Vorschriften, Titel I B.* der VO (EWG) Nr. 2658 / 87[104] enthält allgemeine Vorschriften über Zollsätze. In Anhang I, Teil I *Einführende Vorschriften, Titel I C.* der VO (EG) Nr. 2658 / 87[105] sind gemeinsame allgemeine Vorschriften über die Nomenklatur und die Zollsätze zu finden.

---

97 Vgl. *Bleihauer / Schulte*, in: Witte / Wolffgang, Lehrbuch des Europäischen Zollrechts, S. 424, Rn. 1308; *Ovie / Wolffgang*, in: Wolffgang / Simonsen / Rogmann, AWR-Kommentar, Band II, S. 49f., Rn. 197ff.; *Alexander*, in: Witte, Zollkodex, Art. 20 ZK, Rn. 13.

98 Vgl. *Ovie / Wolffgang*, in: Wolffgang / Simonsen / Rogmann, AWR-Kommentar, Band II, S. 50, Rn. 198f.; *Bleihauer*, Der Gemeinsame Zolltarif der EU, AW-Prax 5 / 96, 175 (177); *Bleihauer / Schulte*, in: Witte / Wolffgang, Lehrbuch des Europäischen Zollrechts, S. 424, Rn. 1308; *Alexander*, in: Witte, Zollkodex, Art. 20 ZK, Rn. 13.

99 ABl. L 256 vom 7.9.1987, S. 1-675.

100 Vgl. *Landry / Harings*, in: Kilian / Heussen, Computerrechts-Handbuch, 1. Abschnitt Teil 8, Rn. 37; *Alexander*, in: Witte, Zollkodex, Art. 20 ZK, Rn. 13.

101 ABl. L 256 vom 7.9.1987, S. 1-675.

102 ABl. L 256 vom 7.9.1987, S. 1-675.

103 *Alexander*, in: Witte, Zollkodex, Art. 20 ZK, Rn. 16; vgl. auch *Bleihauer / Schulte*, in: Witte / Wolffgang, Lehrbuch des Europäischen Zollrechts, S. 430, Rn. 1318.

104 ABl. L 256 vom 7.9.1987, S. 1-675.

105 ABl. L 256 vom 7.9.1987, S. 1-675.

Anhang I, Teil I *Einführende Vorschriften, Titel II* der VO (EG) Nr. 2658 / 87[106] enthält besondere Bestimmungen für Waren für bestimmte Arten von Wasserfahrzeugen und für Bohr- oder Förderplattformen (A.), zivile Luftfahrzeuge und zivile Luftfahrzeuge bestimmte Waren (B.), sowie pharmazeutische Erzeugnisse (C.). Zudem werden Regelungen getroffen, in welchen Fällen zum pauschalen Zollsatz verzollt wird (D.) und wie mit Behältnissen und Verpackungen zu verfahren ist (E.). Zudem trifft Anhang I, Teil I *Einführende Vorschriften*, Titel II der VO (EG) Nr. 2658 / 87[107] Regelungen, nach denen unter bestimmten Voraussetzungen eine zolltarifliche Abgabenbegünstigung aufgrund der Beschaffenheit der Ware gewährt wird (F.).

Besondere Bedeutung kommen den in Anhang I, Teil I, Titel I A. der VO (EG) Nr. 2658 / 87[108] enthaltenen AV zu, die, zum Zwecke der einheitlichen Anwendung der auf dem HS basierenden Codenummern, Regeln für den Umgang mit dem Gemeinsamen Zolltarif vorgeben:[109] **AV 1** erklärt für die Einreihung den Wortlaut der Positionen und Anmerkungen zu den Abschnitten und Kapiteln für maßgeblich.[110] Positionslaute und Anmerkungen stehen dabei gleichrangig nebeneinander.[111] Dadurch soll gewährleistet werden, dass - trotz der allein wenig aussagekräftigen Überschriften zu den Abschnitten und Kapiteln - jede nur denkbare Ware erfasst werden kann.[112] Zu diesem Zweck beschreiben Positionswortlaute oftmals die Waren, während Anmerkungen zu den Positionen und Unterpositionen insbesondere die Zugehörigkeit einer bestimmten Ware zu einem Nomenklaturbereich explizit ausschließen bzw. gerade anordnen (sog. Ausweisungs- bzw. Zuweisungsanmerkungen).[113] Ergänzend können Anmerkungen Legaldefinitionen und Einreihungsanweisungen enthalten.[114]

---

106 ABl. L 256 vom 7.9.1987, S. 1-675.

107 ABl. L 256 vom 7.9.1987, S. 1-675.

108 ABl. L 256 vom 7.9.1987, S. 1-675.

109 *Bleihauer*, Der Gemeinsame Zolltarif der EU, AW-Prax 5 / 96, 175 (178).

110 AV 1 lautet: *Die Überschriften der Abschnitte, Kapitel und Teilkapitel sind nur Hinweise. Maßgebend für die Einreihung sind der Wortlaut der Positionen und der Anmerkungen zu den Abschnitten oder Kapiteln und – soweit in den Positionen oder in den Anmerkungen zu den Abschnitten oder Kapiteln nichts anderes bestimmt ist – die nachstehenden Vorschriften.*

111 *Bleihauer*, in: Hübschmann / Hepp / Spitaler, Kommentar AO / FGO, Band XIV, Art. 20 ZK, Rn. 31.

112 *Bleihauer*, in: Hübschmann / Hepp / Spitaler, Kommentar AO / FGO, Band XIV, Art. 20 ZK, Rn. 28; *Alexander*, in: Witte, Zollkodex, Art. 20 ZK, Rn. 17.

113 *Bleihauer*, in: Hübschmann / Hepp / Spitaler, Kommentar AO / FGO, Band XIV, Art. 20 ZK, Rn. 31.

114 *Gellert*, Zolltarifrecht, S. 13f.

AV 2a) trifft Regelungen für unvollständige oder unfertige Waren und ordnet an, dass diese unter bestimmten Umständen in die Position einzureihen sind, unter die sie auch im vollständigen oder fertigen Zustand einzureihen wären.[115] Da die Positionswortlaute grundsätzlich von fertigen oder vollständigen Waren ausgehen, wäre diese Einreihung ansonsten nicht möglich.[116] Auch führt dies dazu, dass in den oftmals schwierigen Abgrenzungsfällen zwischen unvollständigen Waren und Teilen von Waren eine Einreihung als Teile von Waren als subsidiär anzusehen ist.[117]

Nach **AV 2b)** ist eine Ware, die teilweise aus einem bestimmten Stoff besteht, in diejenige Position einzureihen, in die sie auch einzureihen wäre, wenn die Ware ausschließlich aus diesem Stoff bestünde.[118] AV 2b) erweitert - insofern ähnlich AV 2a) - den Wortlaut der Positionen, die grundsätzlich von vollständig aus einem Stoff bestehenden Waren ausgehen und in die diese Ware ansonsten nicht eingereiht werden könnte.[119]

AV 3 ist zu beachten, wenn eine Ware unter zwei oder mehr Positionen subsumierbar ist.[120] Im Fall einer solcher Positionskonkurrenz darf nicht die Position

---

115 AV 2a) lautet: *Jede Anführung einer Ware in einer Position gilt auch für die unvollständige oder unfertige Ware, wenn sie im vorliegenden Zustand die wesentlichen Beschaffenheitsmerkmale der vollständigen oder fertigen Ware hat. Sie gilt auch für eine vollständige oder fertige oder nach den vorstehenden Bestimmungen dieser Vorschrift als solche geltende Ware, wenn diese zerlegt oder noch nicht zusammengesetzt gestellt wird.*

116 *Bleihauer*, in: Hübschmann / Hepp / Spitaler, Kommentar AO / FGO, Band XIV, Art. 20 ZK, Rn. 32.

117 Vgl. *Alexander*, in: Witte, Zollkodex, Art. 20 ZK, Rn. 20.

118 AV 2b) lautet: *Jede Anführung eines Stoffs in einer Position gilt für diesen Stoff sowohl in reinem Zustand als auch gemischt oder in Verbindung mit anderen Stoffen. Jede Anführung von Waren aus einem bestimmten Stoff gilt für Waren, die ganz oder teilweise aus diesem Stoff bestehen. Solche gemischten oder zusammengesetzten Waren werden nach den Grundsätzen der Vorschrift 3 eingereiht.*

119 *Bleihauer*, in: Hübschmann / Hepp / Spitaler, Kommentar AO / FGO, Band XIV, Art. 20 ZK, Rn. 38.

120 AV 3 lautet: *Kommen für die Einreihung von Waren bei der Anwendung der Vorschrift 2b) oder in irgend einem anderen Fall zwei oder mehr Positionen in Betracht, so wird wie folgt verfahren:*

a) Die Position mit der genaueren Warenbezeichnung geht den Positionen mit allgemeiner Warenbezeichnung vor. Zwei oder mehr Positionen, von denen sich jede nur auf einen Teil der in einer gemischten oder zusammengesetzten Ware enthaltenen Stoffe oder nur auf einen oder mehrere Bestandteile einer für den Einzelverkauf aufgemachten Warenzusammenstellung bezieht, werden im Hinblick auf diese Waren als gleich genau betrachtet, selbst wenn eine von ihnen eine genauere oder vollständige Warenbezeichnung enthält.

mit dem günstigeren Zollsatz gewählt werden, sondern muss in der von AV 3 als zwingend vorgegebenen Reihenfolge verfahren und das richtige Einreihungsergebnis ermittelt werden.[121]

So ist AV 3a) vor AV 3b) und AV 3b) vor AV 3c) anzuwenden.[122] Sollte nicht feststellbar sein, welche Position die Position mit der genaueren Warenbeschreibung darstellt (**AV 3a)**), ist bei Mischungen oder Waren mit verschiedenen Stoffen und Bestandteilen der Stoff oder Bestandteil für die Einreihung maßgeblich, welcher der Ware ihren wesentlichen Charakter verleiht (**AV 3b)**).[123] Kann auch ein solcher Stoff oder Bestandteil nicht festgestellt werden, ist die Ware in die zuletzt genannte der gleichermaßen in Betracht kommenden Position einzureihen (**AV 3c)**).[124]

AV 4 sieht Regelungen für den Fall vor, dass trotz der Anwendung der AV 1 bis AV 3 für eine Ware noch kein Einreihungsergebnis ermittelt werden konnte.[125] AV 4 ist demnach subsidiär anwendbar und soll insbesondere gewährleisten, dass auch solche Waren, die derzeit (noch) nicht existieren, einer Position zugeordnet werden können.[126]

AV 5 befasst sich mit Behältnissen (**AV 5a)**) und Verpackungen (**AV 5b)**).[127] AV 5 ist neben anderen AV anzuwenden und ermöglicht eine einheitliche

---

b) Mischungen, Waren, die aus verschiedenen Stoffen oder Bestandteilen bestehen und für den Einzelverkauf aufgemachte Warenzusammenstellungen, die nach der Vorschrift 3 a) nicht eingereiht werden können, werden nach dem Stoff oder Bestandteil eingereiht, der ihnen den wesentlichen Charakter verleiht, wenn dieser Stoff oder Bestandteil ermittelt werden kann.

c) Ist die Einreihung nach den Vorschriften 3 a) und 3 b) nicht möglich, wird die Ware der von den gleichermaßen in Betracht kommenden Positionen in dieser Nomenklatur zuletzt genannten Position zugewiesen.

121 *Bleihauer*, in: Hübschmann / Hepp / Spitaler, Kommentar AO / FGO, Band XIV, Art. 20 ZK, Rn. 41.

122 *Bleihauer*, in: Hübschmann / Hepp / Spitaler, Kommentar AO / FGO, Band XIV, Art. 20 ZK, Rn. 43 und Rn. 53.

123 Vgl. *Bleihauer*, in: Hübschmann / Hepp / Spitaler, Kommentar AO / FGO, Band XIV, Art. 20 ZK, Rn. 43f.

124 Vgl. *Bleihauer*, in: Hübschmann / Hepp / Spitaler, Kommentar AO / FGO, Band XIV, Art. 20 ZK, Rn. 53.

125 AV 4 lautet: *Waren, die nach den vorstehenden Vorschriften nicht eingereiht werden können, werden in die Position der Waren eingereiht, denen sie am ähnlichsten sind.*

126 Vgl. *Bleihauer*, in: Hübschmann / Hepp / Spitaler, Kommentar AO / FGO, Band XIV, Art. 20 ZK, Rn. 54.

127 AV 5 lautet: *Zusätzlich zu den vorstehenden Vorschriften gilt für die nachstehend aufgeführten Waren folgendes:*

Erfassung einer Ware samt ihrer Umschließung.[128] AV 5 trägt damit wirtschaftlichen Erwägungen Rechnung und ermöglicht es, eine Ware und ihre Umschließung mit demselben Zollsatz zu belasten.[129] Aufgrund dessen ist AV 5 stets erst nach der Einreihung der (in Behältnissen gelagerten oder verpackten) Ware anzuwenden.[130]

AV 6 schließlich erklärt für die Einreihung von Waren in Unterpositionen deren Wortlaut für maßgebend.[131] Wie AV 1 betont AV 6 dadurch die Bedeutung des Wortlautes und der Anmerkungen (hier: der Unterpositionen).[132]

Der Gemeinsame Zolltarif der EU enthält sowohl Anmerkungen zu den Abschnitten und Kapiteln als auch weitere **Zusätzliche Anmerkungen**. Während die Anmerkungen insbesondere Ausweisungen und Zuweisungen, d.h. Regelungen enthalten, die eine Ware einem Kapitel oder einer Position der KN zuordnen bzw. ausschließen, sehen die Zusätzlichen Anmerkungen ergänzende Konkretisierungen dahingehend vor, welche Ware unter eine bestimmte

---

a) Behältnisse für Fotoapparate, Musikinstrumente, Waffen, Zeichengeräte, Schmuck und ähnliche Behältnisse, die zur Aufnahme einer bestimmten Ware oder Warenzusammenstellung besonders gestaltet oder hergerichtet und zum dauernden Gebrauch geeignet sind, werden wie die Waren eingereiht, für die sie bestimmt sind, wenn sie mit diesen Waren gestellt und üblicherweise zusammen mit ihnen verkauft werden. Diese Allgemeine Vorschrift wird nicht angewendet auf Behältnisse, die dem Ganzen seinen wesentlichen Charakter verleihen.

b) Vorbehaltlich der vorstehenden Allgemeinen Vorschrift 5 a) werden Verpackungen wie die darin enthaltenen Waren eingereiht, wenn sie zur Verpackung dieser Waren üblich sind. Diese allgemeine Vorschrift gilt nicht verbindlich für Verpackungen, die eindeutig zur mehrfachen Verwendung geeignet sind.

128 *Bleihauer*, in: Hübschmann / Hepp / Spitaler, Kommentar AO / FGO, Band XIV, Art. 20 ZK, Rn. 55.

129 *Bleihauer*, in: Hübschmann / Hepp / Spitaler, Kommentar AO / FGO, Band XIV, Art. 20 ZK, Rn. 55.

130 *Gellert*, Zolltarifrecht, S. 26.

131 AV 6 lautet: *Maßgebend für die Einreihung von Waren in die Unterpositionen einer Position sind der Wortlaut dieser Unterpositionen, die Anmerkungen zu den Unterpositionen und – sinngemäß – die vorstehenden Vorschriften (AV 1-5). Einander vergleichbar sind dabei nur Unterpositionen der gleichen Gliederungsstufe. Soweit nichts anderes bestimmt ist, gelten bei Anwendung dieser Vorschrift auch die Anmerkungen zu den Abschnitten und Kapiteln.*

132 Vgl. *Bleihauer*, in: Hübschmann / Hepp / Spitaler, Kommentar AO / FGO, Band XIV, Art. 20 ZK, Rn. 59.

(Unter-)Position einzureihen ist und welche nicht.[133] Sowohl die Anmerkungen zu den Abschnitten und Kapiteln als auch die Zusätzlichen Anmerkungen sind rechtlich verbindlich.[134] Sie unterscheiden sich allerdings dadurch, dass Anmerkungen (zu Kapiteln oder Unterpositionen) ihren Ursprung im HS (und damit im Völkerrecht) haben, während Zusätzliche Anmerkungen ihren Ursprung in sekundärem Unionsrecht haben.[135]

Die **Fußnoten** enthalten neben Quellenangaben (z.B. der Veröffentlichung einer zitierten Verordnung im Amtsblatt) oder der Angabe eines Zollsatzes zu unterschiedlichen Zeitpunkten auch inhaltliche Aussagen (z.B. zum Alkoholgehalt einer Ware oder anderen stofflichen Merkmalen).

bb. Besonderheit der KN

Neben zolltariflichen dient die KN auch statistischen Zwecken. Diese Verknüpfung wird in den Erwägungsgründen zur VO (EG) Nr. 2658 / 87[136] herausgestellt:

> *„Die Erhebung und der Austausch statistischer Angaben über den Außenhandel der Gemeinschaft können am besten durch die Verwendung einer Kombinierten Nomenklatur erreicht werden, die gleichzeitig den zolltariflichen und statistischen Anforderungen gerecht wird und die an die Stelle der gegenwärtigen zolltariflichen und statistischen Nomenklaturen tritt.“*[137]

Dazu listet die KN alle erdenklichen Waren unabhängig davon auf, ob diese bereits existieren oder nicht. Die Waren werden oftmals nach Stoffen, z.B. Holz, Metall, (sog. Stoffkapitel) bzw. nach ihrer Zweckbestimmung, z.B. zur Verwendung für…, (sog. Zweckkapitel) aufgeteilt und dem Grad ihrer Verarbeitung nach systematisiert (sog. Produktionsprinzip), seltener nur nach anderen Faktoren, z.B. der Art der Herstellung der Ware.[138] So steht eine Ware in ihrem Rohzustand im Aufbau vor ihrem bearbeiteten Produkt.[139]

---

133 Vgl. *Alexander*, in: Witte, Zollkodex, Art. 20 ZK, Rn. 33; *Landry / Harings*, in: Kilian / Heussen, Computerrechts-Handbuch, 1. Abschnitt, Teil 8, Rn. 41; *Bleihauer*, in: Hübschmann / Hepp / Spitaler, Kommentar AO / FGO, Band XIV, Art. 20 ZK, Rn. 31.

134 Vgl. *Alexander*, in: Witte, Zollkodex, Art. 20 ZK, Rn. 33; *Lux / Sack* in: Dauses, Handbuch des EU-Wirtschaftsrecht, Band I, C.II., Rn. 52.

135 *Weerth*, Einheitliche Anwendung des Gemeinsamen Zolltarifs beim Zugang zum Europäischen Binnenmarkt?, S. 145.

136 ABl. L 256 vom 7.9.1987, S. 1-675.

137 VO (EG) Nr. 2658 / 87, ABl. L 256 vom 7.9.1987, S. 1-675, Erwägungsgründe.

138 *Wolffgang*, in: Schulze / Zuleeg / Kadelbach, Europarecht, S. 2051, Rn. 112

139 *Wolffgang*, in: Schulze / Zuleeg / Kadelbach, Europarecht, S. 2051, Rn. 112.

Pauschaliert gilt demnach folgender Grundsatz: Je weiter verarbeitet eine Ware ist, desto höher Kapitel und Position.[140]

b. Zollmaßnahmen i.S. des Art. 56 Abs. 2 lit. c) bis lit. h) UZK

Zweites Element des Gemeinsamen Zolltarifs der EU bilden die Zollsätze. Gem. Art. 56 Abs. 2 lit. c) bis lit. h) UZK kommen u.a. Drittlandszollsätze, Präferenzzollsätze, Zollaussetzungen oder Zollermäßigungen in Betracht.[141]

Unter **Drittlandszollsätzen i.S. des Art. 56 Abs. 2 lit. c) UZK** (auch Regelzollsätze genannt) versteht man solche Zollsätze, die allen Drittstaaten gewährt werden.[142] Diese sind im Fall des Gemeinsamen Zolltarifs der EU der Regelfall.[143]

Präferenzzollsätze hingegen sind Zollsätze, die niedriger als der Drittlandszollsatz sind und nur für Einfuhren aus bestimmten Staaten oder Staatengruppen gewährt werden.[144] Sie stellen insofern eine Ausnahme des in Art. I Abs. 2 bis 4 GATT 1994 geregelten Meistbegünstigungsprinzips dar und können den Zollsatz einer Ware bis auf null reduzieren.[145] Art 56 Abs. 2 UZK unterscheidet zwischen vertraglichen (lit. d)) und autonomen Präferenzzollsätzen (lit. e)). Vertragliche Präferenzzollsätze sind solche, die ihre Grundlage in völkerrechtlichen Abkommen zwischen der EU und bestimmten Staaten oder Staatengruppen haben.[146] Autonome Präferenzzollsätze hingegen sind solche, die auf von der EU im UZK festgelegten Regelungen basieren.[147]

Nach Art. 56 Abs. 2 lit. f) UZK sind zudem **autonome** Aussetzungsmaßnahmen umfasst, mit denen (bei der Einfuhr bestimmter Waren) Zollsätze

---

140 *Bleihauer*, in: Hübschmann / Hepp / Spitaler, Kommentar AO / FGO, Band XIV, Art. 20 ZK, Rn. 25.

141 *Ovie / Wolffgang*, in: Wolffgang / Simonsen / Rogmann, AWR-Kommentar, Band II, S. 52, Rn. 207; *Wolffgang*, in: Schulze / Zuleeg / Kadelbach, Europarecht, S. 2053, Rn. 118.

142 *Alexander*, in: Witte, Zollkodex, Art. 20 ZK, Rn. 60.

143 *Wolffgang*, in: Schulze / Zuleeg / Kadelbach, Europarecht, S. 2053, Rn. 118.

144 *Bleihauer*, in: Hübschmann / Hepp / Spitaler, Kommentar AO / FGO, Band XIV, Art. 20 ZK, Rn. 67; vgl. dazu auch *Wolffgang*, in: Witte / Wolffgang, Lehrbuch des Europäischen Zollrechts, S. 498, Rn. 1422.

145 *Bleihauer*, in: Hübschmann / Hepp / Spitaler, Kommentar AO / FGO, Band XIV, Art. 20 ZK, Rn. 67; vgl. dazu auch *Ovie / Wolffgang*, in: Wolffgang / Simonsen / Rogmann, AWR-Kommentar, Band II, S. 52, Rn. 208ff.; *Wolffgang*, in: Schulze / Zuleeg / Kadelbach, Europarecht, S. 2053, Rn. 118.

146 Vgl. *Wolffgang*, in: Schulze / Zuleeg / Kadelbach, Europarecht, S. 2053, Rn. 119; *Ovie / Wolffgang*, in: Wolffgang / Simonsen / Rogmann, AWR-Kommentar, Band II, S. 52, Rn. 209.

147 Vgl. *Wolffgang*, in: Schulze / Zuleeg / Kadelbach, Europarecht, S. 2053, Rn. 119; *Ovie / Wolffgang*, in: Wolffgang / Simonsen / Rogmann, AWR-Kommentar, Band II, S. 52, Rn. 209.

herabgesetzt oder ausgesetzt werden. Darunter sind - auf Grundlage von Art. 31 AEUV gewährte und durch Verordnung i.S. des Art. 288 Abs. 3 AEUV eingeräumte - zeitlich befristete, jedoch mengenmäßig nicht begrenzte Zollvergünstigungen zu verstehen, die für bestimmte Waren in Abweichung vom Regelzoll gewährt werden (Zollaussetzungen).[148]

Auch **Zollkontingente**, bei denen eine mengenmäßige Beschränkung der begünstigen Einfuhren besteht, sind — wie sich im Umkehrschluss aus Art. 56 Abs. 4 UZK ergibt — erfasst.[149]

Art. 56 Abs. 2 lit. h) UZK nennt **sonstige**, in anderen Gemeinschaftsregelungen vorgesehene, **zolltarifrechtliche Maßnahmen** als Bestandteile des Gemeinsamen Zolltarifs der EU. Dies sind insbesondere Antidumping-, Ausgleichs-, Retorsions- sowie Schutz- und Notstandszölle.[150] Sie finden ihre Rechtsgrundlage in Art. 31 AEUV und können als Verordnung, Zollabkommen oder andere Maßnahme der gemeinsamen Handelspolitik - mit Ausnahme von Richtlinien - erlassen werden.[151]

c. *Verweisung des Art. 56 Abs. 2 UZK*

Zwar lassen sich die Elemente des Normativaktes „Gemeinsamen Zolltarifs der EU" der Aufzählung in Art. 56 Abs. 2 UZK entnehmen, die zolltarifrechtlichen Regelungen selbst enthält Art. 56 Abs. 2 UZK jedoch nicht.[152] So beruhen die KN und Regelzollsätze auf der VO (EG) Nr. 2658 / 87[153], während vertragliche Zollpräferenzen ihre Rechtsgrundlage in völkerrechtlichen Abkommen und autonome Präferenzen in eigenen Rechtsakten, oftmals Verordnungen, haben.[154]

Art. 1 Abs. 1 VO (EG) Nr. 2658 / 87[155] sieht die Einführung der KN, als Warennomenklatur, vor, die gem. Art. 1 Abs. 2 VO (EG) Nr. 2658 / 87[156] die Nomenklatur

148 Vgl. *Bleihauer*, in: Hübschmann / Hepp / Spitaler, Kommentar AO / FGO, Band XIV, Art. 20 ZK, Rn. 69; *Friedrich*, in: Schwarz / Wockenfoth, Zollrecht, Band 1 / 1, Art. 20 ZK, Rn. 87ff.; *Lux*, in: Dorsch, Zollrecht, Kommentar, Art. 20 ZK, Rn. 32.

149 *Lux*, in: Dorsch, Zollrecht, Kommentar, Art. 20 ZK, Rn. 32.

150 *Alexander*, in Witte, ZK, Art. 20, Rn. 80; *Lux*, in: Dorsch, Zollrecht, Kommentar, Art. 20 ZK, Rn. 33.

151 Vgl. *Herrmann*, in: Grabitz / Hilf / Nettesheim, Das Recht der Europäischen Union, Band I, Art. 31 AEUV, Rn. 1.

152 *Alexander*, in: Witte, Zollkodex, Kommentar, Art. 20 ZK, Rn. 6.

153 ABl. L 256 vom 7.9.1987, S. 1-675.

154 Vgl. *Bleihauer*, in: Hübschmann / Hepp / Spitaler, Kommentar AO / FGO, Band XIV, Art. 20 ZK, Rn. 67f.; *Friedrich*, in: Schwarz / Wockenfoth, Zollrecht, Band 1 / 1, Art. 20 ZK, Rn. 79ff.

155 ABl. L 256 vom 7.9.1987, S. 1-675.

156 ABl. L 256 vom 7.9.1987, S. 1-675.

des HS samt weiterer Unterpositionen sowie einführende Vorschriften und Anmerkungen umfassen soll. Gemäß Art. 1 Abs. 3 VO (EG) Nr. 2658 / 87[157] ist die KN im Anhang I dieser VO zu finden. Sie ist - ebenso wie der UZK - als Verordnung i.S. des Art. 288 AEUV unmittelbar in den Mitgliedstaaten geltendes Recht.

Allerdings verbindet Art. 56 Abs. 2 UZK nur die Regelungen des UZK mit den außerhalb des UZK geregelten zolltariflichen Rechtsakten, ohne selbst Rechtsgrundlage der Regelungen zu sein.[158] Der Auflistung in Art. 56 Abs. 2 UZK kommt allein rechtsbekundende Wirkung zu.[159]

Auf diese Weise wird die Aktualität des UZK garantiert, ohne dass in Folge jährlicher Änderungen der KN oder Zollsätze eine Anpassung des UZK notwendig ist bzw. sein Umfang erweitert wird.[160] Dies führt zu der für die Praxis wesentlichen Konsequenz, dass eine Anpassung der KN und Zollsätze an technische und politische Veränderungen, ohne eine Neufassung des UZK, sondern (lediglich) i.R. der jährlichen Veröffentlichung zum 1. Januar des Folgejahres, möglich bleibt.

2. Andere Nomenklaturen i.S. des Art. 56 Abs. 2 lit. b) UZK als weiteres Element des Gemeinsamen Zolltarifs der EU

Neben der KN gehören nach Art. 56 Abs. 2 lit. b) UZK weitere Nomenklaturen zum Gemeinsamen Zolltarif der EU. Mit der Aufhebung des Art. 4 VO (EG) Nr. 2658 / 87[161] durch die VO (EG) Nr. 254 / 2000[162] ist - ausweislich des Erwägungsgrunds 9 der VO (EG) Nr. 254 / 2000[163] - die in Art. 4 der VO (EWG)

157 ABl. L 256 vom 7.9.1987, S. 1-675.

158 Vgl. *Lux*, in: Dorsch, Zollrecht, Kommentar, Art. 20 ZK, Rn. 1; *Wolffgang*, in: Schulze / Zuleeg / Kadelbach, Europarecht, S. 2051, Rn. 111.

159 *Alexander*, in: Witte, Zollkodex, Kommentar, Art. 20 ZK, Rn. 9; auf den *Hoffacker*, Voraussetzungen und Rechtswirkungen der Auskunftsansprüche im Zollrecht, S. 21 verweist.

160 *Lux*, in: Dorsch, Zollrecht, Kommentar, Art. 20 ZK, Rn. 1.

161 ABl. L 256 vom 7.9.1987, S. 1-675.

162 ABl. L 28 vom 3.2.2000, S. 16–18.

163 ABl. L 28 vom 3.2.2000, S. 16–18; Erwägungsgrund 9 lautet: „*Der Zolltarif der Europäischen Gemeinschaften wird in Art. 20 Abs. 3 der VO (EWG) Nr. 2913 / 92 des Rates vom 12. Oktober 1992 zur Festlegung des Zollkodex der Gemeinschaften definiert. Folglich ist es nicht mehr erforderlich, den Gemeinsamen Zolltarif in der vorliegenden Verordnung zu definieren. Die Anwendung der Kombinierten Nomenklatur auf die Außenhandelsstatistik ist bereits in Artikel 1 der VO (EG) Nr. 2658 / 87 und in Artikel 8 der Verordnung (EG) Nr. 1172 / 95 des Rates vom 22. Mai 1995 über die Statistiken des Warenverkehrs mit Drittländern festgelegt worden. Art. 4 der Verordnung (EWG) Nr. 2658 / 87 kann deshalb aufgehoben werden.*“

Nr. 2658 / 87[164] enthaltene eigene Definition des Gemeinsamen Zolltarifs obsolet und die in Art. 56 Abs. 2 UZK enthaltene Auflistung maßgebend. Dies hat zur Folge, dass der Umfang und Inhalt des Gemeinsamen Zolltarifs der EU (allein) durch die in Art. 56 Abs. 2 UZK deklaratorisch aufgeführten Rechtsakte bestimmt wird.[165]

a. Voraussetzungen

Welche Voraussetzungen eine Nomenklatur erfüllen muss, um als *andere Nomenklatur* i.S. des Art. 56 Abs. 2 lit. b) UZK klassifiziert werden zu können, ergibt sich unmittelbar aus Art. 56 Abs. 2 lit. b) UZK. Demnach gehört zum Gemeinsamen Zolltarif der EU auch

> *„jede andere Nomenklatur, die ganz oder teilweise auf der Kombinierten Nomenklatur beruht oder weitere Unterteilungen für diese vorsieht, und die durch Unionsvorschriften zu bestimmten Bereichen im Hinblick auf die Anwendung zolltariflicher Maßnahmen im Warenverkehr erstellt wurde.“*[166]

Aus dieser Feststellung lässt sich entnehmen, dass eine Nomenklatur kumulativ nachfolgende drei Voraussetzungen erfüllen muss, um als *andere Nomenklatur* i.S. des Art. 56 Abs. 2 lit. b) UZK klassifiziert werden zu können:

Sie muss

(1.) jedenfalls teilweise auf der KN beruhen,
(2.) durch eine besondere Unionsvorschrift erlassen worden sein und
(3.) zolltariflichen Zwecken dienen.[167]

b. Der Taric als andere Nomenklatur *i.S. des Art. 56 Abs. 2 lit. b) UZK?*

Besonders relevant ist die Frage, ob es sich bei dem Taric um eine *andere Nomenklatur* i.S. des Art. 56 Abs. 2 lit. b) UZK handelt.

Wie der Gemeinsame Zolltarif der EU selbst bedarf auch die Bezeichnung *Integrierter Tarif der Europäischen Gemeinschaften* seit dem Inkrafttreten des Vertragssystems von Lissabon einer Umdeutung in *Integrierter Tarif der Europäischen Union*. Er stellt eine weitere Verfeinerung der KN und damit eine systematisch geordnete Warenliste dar.[168] Die achtstellige Codenummer wird um eine Ziffer 9 und 10 ergänzt, die den Taric enthalten und bei der Einfuhr aus

164 ABl. L 256 vom 7.9.1987, S. 1-675.
165 Vgl. *Lyons*, EC Customs Law, S. 131.
166 Art. 56 Abs. 2 lit. b UZK.
167 Vgl. *Alexander*, in: Witte, Zollkodex, Kommentar, Art. 20 ZK, Rn. 59.
168 Vgl. *Bleihauer*, Der Gemeinsame Zolltarif der EU, AW-Prax 5 / 96, 175 (177).

Drittländern anzugeben sind.[169] Ausweislich des Vorwortes der VO (EWG) Nr. 2658 / 87[170] wurde er notwendig, um auch warenbezogene unionsrechtliche Maßnahmen wie z.B. Antidumpingzölle oder bestimmte Zollpräferenzen erfassen zu können.[171]

> *„Bestimmte besondere Gemeinschaftsregelungen können im Rahmen der Kombinierten Nomenklatur nicht behandelt werden; es ist deshalb erforderlich, zusätzliche gemeinschaftliche Unterteilungen zu schaffen und diese in einen Integrierten Tarif der Europäischen Gemeinschaften (Taric) aufzunehmen. Die reibungslose Verwaltung des Taric erfordert ein System, das für eine unverzügliche Aktualisierung geeignet ist. Es ist deshalb erforderlich, dass die Kommission ermächtigt wird, den Taric zu verwalten.“*[172]

Dem Ziel, einen Überblick über sämtliche bei der Ein- und Ausfuhr in bzw. aus der EU vorgesehenen Maßnahmen zu vermitteln, entsprechend informiert der Taric nicht nur über die bereits oben dargestellten tarifären Maßnahmen wie Zollsätze, Zollpräferenzen oder Zollkontingente, sondern auch über nichttarifäre Maßnahmen wie Ausfuhrerstattungen oder mengenmäßige Beschränkungen bei der Ein- und Ausfuhr, die auf Art. 207 AEUV basieren.[173] Als informelle elektronisch zugängliche Datenbank wird er gem. Art. 2 VO (EG) Nr. 2658 / 87[174] von der Kommission verwaltet und kann jederzeit aktualisiert werden.[175]

Während dem Taric nach allen **in der einschlägigen Literatur vertretenen Ansichten** eine besondere praktische Bedeutung für die Anwendung des Gemeinsamen Zolltarifs der EU zu Teil wird, wird die davon zu trennende Frage, ob er auch aus rechtlicher Sicht als Bestandteil des Gemeinsamen Zolltarifs der EU anzusehen ist, (wohl mehrheitlich) verneint.

So geht *Friedrich* davon aus, dass der Taric nicht zum Gemeinsamen Zolltarif der EU gehöre, sondern vielmehr eine

---

169 Vgl. *Landry / Harings*, in: Kilian / Heussen, Computerrechts-Handbuch, 1. Abschnitt, Teil 8, Rn. 37; *Alexander*, in: Witte, Zollkodex, Art. 20 ZK, Rn. 14.

170 ABl. L 256 vom 7.9.1987, S. 1-675.

171 *Bleihauer*, Der Gemeinsame Zolltarif der EU, AW-Prax 5 / 96, 175 (177).

172 Erwägungsgründe der VO (EG) Nr. 2658 / 87, ABl. L 256 vom 7.9.1987, S. 1-675.

173 Vgl. *Lux / Sack*: in Dauses, Handbuch des EU-Wirtschaftsrecht, Band I, C.II., Rn. 35; *Herrmann*, in: Grabitz / Hilf / Nettesheim, Das Recht der Europäischen Union, Band I, Art. 31 AEUV, Rn. 3.

174 ABl. L 256 vom 7.9.1987, S. 1-675.

175 Vgl. *Alexander*, in: Witte, Zollkodex, Art. 20 ZK, Rn. 14; *Ovie / Wolffgang*, in: Wolffgang / Simonsen / Rogmann, AWR-Kommentar, Band II, S. 50, Rn. 200.

> „*informelle Auflistung aller zolltariflichen und anderen Maßnahmen auf der Basis der KN*“[176]

darstelle, der - entgegen des missverständlichen Wortlauts des Art. 4 Abs. 1 der VO (EG) Nr. 2658 / 87 - keine Rechtsnormqualität zukomme.[177] In eine ähnliche Richtung tendiert *Herrmann*, nach dessen Ansicht die Regelungen des Taric keine Rechtsakte sind, sondern mit Hilfe einer Datenbank über Rechtsakte informieren sollen.[178] Auch nach Ansicht von *Alexander* und *Bleihauer* stellt der Taric selbst keinen Rechtsakt dar.[179]

Lyons hebt hervor, dass

> „[a]*lthough published by the Commission, the TARIC is a practical document which does not itself have a legal status*“[180].

Lux und *Lux / Sack* differenzieren zwischen dem Taric und den in ihm enthaltenen zolltariflichen Maßnahmen, wobei sie letztere als Bestandteil des Gemeinsamen Zolltarifs der EU ansehen.[181] Nach Ansicht von *Lux* ist zwar der Taric selbst nicht als „andere Nomenklaturen“ anzusehen, wohl aber die im Taric enthaltenen und aus zolltariflichen Gründen geschaffenen Nomenklaturen.[182]

Im Licht o.g. **Voraussetzungen der Klassifizierung einer Nomenklatur als *andere Nomenklatur* i.S. des Art. 56 Abs. 2 lit. b) UZK** müsste der Taric, um als solche angesehen werden zu können,

(1.) jedenfalls teilweise auf der KN beruhen,
(2.) durch eine besondere Gemeinschaftsvorschrift (heute: Unionsvorschrift) erlassen worden sein und
(3.) zolltariflichen Zwecken dienen.[183]

Die erste Voraussetzung ist zu bejahen. Der Taric **beruht jedenfalls teilweise auf der KN**. Nach Art. 3 Abs. 3 S. 1 VO (EG) Nr. 2658 / 87[184] erweitert er die

---

176 *Friedrich*, in: Schwarz / Wockenfoth, Zollrecht, Band 1 / 1, Art. 20 ZK, Rn. 11.

177 *Friedrich*, in: Schwarz / Wockenfoth, Zollrecht, Band 1 / 1, Art. 20 ZK, Rn. 11.

178 *Herrmann*, in: Grabitz / Hilf / Nettesheim, Das Recht der Europäischen Union, Band I, Art. 31 AEUV, Rn. 14.

179 *Alexander*, in: Witte, Zollkodex, Art. 20, Rn. 59; *Bleihauer*, in: Hübschmann / Hepp / Spitaler, Kommentar AO / FGO, Band XIV, Art. 20 ZK, Rn. 61.

180 *Lyons*, EC Customs Law, S. 145.

181 *Lux / Sack* in: Dauses, Handbuch des EU-Wirtschaftsrecht, Band I, C.II., Rn. 35; *Lux*, in: Dorsch, Zollrecht, Kommentar, Art. 20 ZK, Rn. 25.

182 *Lux*, in: Dorsch, Zollrecht, Kommentar, Art. 20 ZK, Rn. 25.

183 Vgl. *Alexander*, in: Witte, Zollkodex, Art. 20 ZK, Rn. 59.

184 ABl. L 256 vom 7.9.1987, S. 1-675.

achtstellige Codierung der KN um eine neunte und zehnte Ziffer.[185] Er übernimmt Aufbau und Struktur der KN und ergänzt die Codenummer der KN zu den sog. Taric-Codenummer, die nach Art. 5 Abs. 2 VO (EG) Nr. 2658 / 87[186] bei der Einfuhr von Waren anzuwenden sind. In Ausnahmefällen ist nach Art. 3 Abs. 4 VO (EG) Nr. 2658 / 87[187] sogar eine weitere Verfeinerung in einen zusätzlichen vierstelligen Taric-Code möglich.[188] Mithilfe dieser erweiterten Aufgliederung der KN soll der Gemeinsame Zolltarif der EU in seinem nach Art. 28 Abs. 1 AEUV beschriebenen Umfang erfasst und die bei der Einfuhr relevanten zolltariflichen Maßnahmen zum Zwecke erleichterter Anwendung zusammenfassend dargestellt werden.[189]

Auch die dritte - zwecks vereinfachter Darstellung hier vorgezogene - Voraussetzung ist gegeben. Neben weiteren, z.B. statistischen Maßnahmen, **dient** der Taric insbesondere **zolltariflichen Maßnahmen.**[190] Er umfasst nach Art. 2 VO (EG) Nr. 2658 / 87[191] (lit. a)) die zusätzlichen gemeinschaftlichen Unterteilungen (die *Unterpositionen Taric* genannt werden und zur Bezeichnung von Waren, die den in Anhang II der VO (EG) Nr. 2658 / 87[192] aufgeführten besonderen gemeinschaftlichen Maßnahmen unterliegen, notwendig sind), (lit. b)) die anwendbaren Zollsätze und anderen Abgaben, (lit. c)) die Taric-Codenummer und (lit. d)) alle anderen Angaben.

Fraglich ist indes, ob der Taric **durch eine besondere Unionsvorschrift erlassen** worden ist. Versteht man dies i.S. eines gesonderten Rechtsaktes der EU (z.B. einer Verordnung i.S. des Art. 288 Abs. 2 AUEV oder Richtlinie i.S. des Art. 288 Abs. 3 AEUV), fehlt es an der Voraussetzung, da der Taric - als elektronische Datenbank - die zolltarifliche Maßnahmen der Union zu informatorischen

---

185 *Bleihauer / Schulte*, in: Witte / Wolffgang, Lehrbuch des Europäischen Zollrechts, S. 424, Rn. 1309; *Bleihauer*, in: Hübschmann / Hepp / Spitaler, Kommentar AO / FGO, Band XIV, Art. 20 ZK, Rn. 61.

186 ABl. L 256 vom 7.9.1987, S. 1-675.

187 ABl. L 256 vom 7.9.1987, S. 1-675.

188 Vgl. *Bleihauer*, in: Hübschmann / Hepp / Spitaler, Kommentar AO / FGO, Band XIV, Art. 20 ZK, Rn. 62.

189 *Alexander*, in: Witte, Zollkodex, Art. 20 ZK, Rn. 14; *Lux*, in: Dorsch, Zollrecht, Kommentar, Art. 20 ZK, Rn. 12f.

190 *Lux*, in: Dorsch, Zollrecht, Kommentar, Art. 20 ZK, Rn. 12f.

191 ABl. L 256 vom 7.9.1987, S. 1-675.

192 ABl. L 256 vom 7.9.1987, S. 1-675.

Zwecken zwar bündelt, jedoch nicht ihre eigentliche Rechtsgrundlage darstellt.[193] Er fungiert nach Art. 5 Abs. 1 der VO (EG) Nr. 2658 / 87[194]

> *als Grundlage für die Anwendung der Gemeinschaftsmaßnahmen in Bezug auf die Einfuhren.*

Da er diese (nur) in einem einheitlichen System zusammenführt, ist er ein Mittel der Anwendung der in Form von Rechtsakten ergangenen zolltariflichen Maßnahmen, nicht jedoch selbst als Rechtsakt.[195] Wenngleich neben (dem aufgehobenen) Art. 4 VO (EG) Nr. 2658 / 87[196] auch die folgende, ähnliche Formulierung in den Erwägungsgründen der VO (EG) Nr. 2658 / 87[197]

> *Bestandteil des Gemeinsamen Zolltarifs* [...] [sei] *nicht nur die vertragsmäßigen und autonomen Zollsätze und die sonstigen Abgaben, die im Anhang I zu dieser Verordnung auf der Grundlage der Kombinierten Nomenklatur festgelegt werden, sondern auch die sonstigen zolltariflichen Maßnahmen, die im Taric und in anderen Gemeinschaftsregelungen enthalten sind*

auf den ersten Blick nahezulegen scheint, der Taric sei eine *Gemeinschaftsregelung* und damit als Rechtsakt zu klassifizieren, so bleibt doch entscheidend, dass - im Lichte des Art. 5 Abs. 1 VO (EG) Nr. 2658 / 87[198] - der Taric das Mittel zur Anwendung der Gemeinschaftsmaßnahmen sein soll.[199] Daher ist der oben

193 Vgl. *Bleihauer*, in: Hübschmann / Hepp / Spitaler, Kommentar AO / FGO, Band XIV, Art. 20 ZK, Rn. 61.

194 Art 4 der VO (EG) Nr. 2658 / 87, ABl. L 256 vom 7.9.1987, S. 1-675, Art. 4 Abs. 1, der lautet: „*Die Kombinierte Nomenklatur zusammen mit den Zollsätzen, den anderen Abgaben und den in TARIC oder anderen Gemeinschaftsregelungen enthaltenen zolltariflichen Maßnahmen bilden den in Artikel 9 des EWG-Vertrags genannten Gemeinsamen Zolltarif, der bei der Einfuhr von Waren in die Gemeinschaft anzuwenden ist.*“

195 Vgl. *Alexander*, in: Witte, Zollkodex, Art. 20 ZK, Rn. 14, 59; *Herrmann*, in: Grabitz / Hilf / Nettesheim, Das Recht der Europäischen Union, Band I, Art. 31 AEUV, Rn. 14; *Bleihauer*, in: Hübschmann / Hepp / Spitaler, Kommentar AO / FGO, Band XIV, Art. 20 ZK, Rn. 61; *Jäger*, Revisionsrechtliche Besonderheiten bei Entscheidungen in Zolltarifsachen, ZfZ 9 / 2008, 240 (240).

196 Art 4 der VO (EG) Nr. 2658 / 87, ABl. L 256 vom 7.9.1987, S. 1-675, Art. 4 Abs. 1, der lautet: „*Die Kombinierte Nomenklatur zusammen mit den Zollsätzen, den anderen Abgaben und den in TARIC oder anderen Gemeinschaftsregelungen enthaltenen zolltariflichen Maßnahmen bilden den in Artikel 9 des EWG-Vertrags genannten Gemeinsamen Zolltarif, der bei der Einfuhr von Waren in die Gemeinschaft anzuwenden ist.*“

197 ABl. L 256 vom 7.9.1987, S. 1-675.

198 ABl. L 256 vom 7.9.1987, S. 1-675.

199 Vgl. *Friedrich*, in: Schwarz / Wockenfoth, Zollrecht, Band 1 / 1, Art. 20 ZK, Rn. 11.

zitierte Erwägungsgrund (und mit ihm auch der aufgehobene Art. 4 VO (EG) Nr. 2658 / 87[200]) sinngemäß eher als *im Taric und in diversen Gemeinschaftsregelungen* zu lesen.

Der Taric ist damit nicht als *andere Nomenklatur* i.S. des Art. 56 Abs. 2 lit. b) UZK anzusehen und stellt aus rechtlicher Sicht - unabhängig von seiner aus praktischer Sicht enormen Bedeutung für den Umgang mit dem Gemeinsamen Zolltarif der EU - auch keinen Bestandteil des Gemeinsamen Zolltarifs der EU dar.

B. Verflechtungen des Gemeinsamen Zolltarifs der EU

I. Verflechtungen mit dem allgemeinen Zollrecht

1. Der Gemeinsame Zolltarif der EU als „Dreh- und Angelpunkt"

Neben der VO (EG) Nr. 2658 / 87[201], die sich mit dem Gemeinsamen Zolltarif der EU beschäftigt, sowie einigen nationalen Regelungen der einzelnen Mitgliedstaaten der EU basiert das Zollrecht der EU maßgeblich auf dem Zusammenspiel dreier - insbesondere auf Grundlage von Art. 33, 114 und 207 AEUV erlassenen - Verordnungen, die als solche in den EU-Mitgliedstaaten unmittelbare Geltung entfalten, nämlich

(1.) dem UZK,
(2.) der UZK-DelVO und
(3.) der UZK-DVO.[202]

Während der UZK in 9 Titel - die sich thematisch wiederum in solche mit verfahrensrechtlichen (Titel IV bis VIII), mit abgabenrechtlichen (Titel II und III) und mit allgemeinen Regelungen (Titel I und IX) gliedern lassen - eher allgemeiner gehaltene, grundlegende Regelungen enthält, ergänzen die detaillierten Bestimmungen der UZK-DelVO und der UZK-DVO die Regelungen des UZK.[203]

200 ABl. L 256 vom 7.9.1987, S. 1-675.

201 ABl. L 256 vom 7.9.1987, S. 1-675.

202 Vgl. *Ovie*, Das Europäische Zollrecht, Teil 5, AW-Prax 12 / 2007, 517 (522); *Herrmann / Michl*, Grundzüge des europäischen Außenwirtschaftsrechts, ZEUS 1 / 2008, 81 (100); *Dierksmeier*, EG-Zollrecht im Konflikt mit dem Recht der WTO, S. 20; *Wolffgang*, in: Witte / Wolffgang, Lehrbuch des Europäischen Zollrechts, S. 13ff., Rn. 17ff.

203 Vgl. *Wolffgang*, in: Schulze / Zuleeg / Kadelbach, Europarecht, S. 2032, Rn. 19f.; *Wolffgang*, in: Witte / Wolffgang, Lehrbuch des Europäischen Zollrechts, S. 13ff., Rn. 17ff.; *Herrmann / Michl*, Grundzüge des europäischen Außenwirtschaftsrechts, ZEuS 1 / 2008, 81 (100).

Abgabenrechtliche Regelungen des UZK sind solche, die sich mit den Fragen der Entstehung, Erhebung, des Erlöschens, Erlasses und der Erstattung von Ein- und Ausfuhrabgaben im internationalen Warenverkehr befassen.[204] Dazu zählen auch diejenigen Regelungen, die sich mit der Zuordnung einer Ware zu einer (Unter-)Position des Zolltarifs, der sog. Einreihung, befassen, deren „Dreh- und Angelpunkt" wiederum der Gemeinsame Zolltarif der EU ist.[205]

Die enorme rechtliche Bedeutung, die ihm damit zu Teil wird, beschränkt sich jedoch nicht allein auf das Zolltarifrecht, sondern erstreckt sich auch auf diverse weitere Rechtsbereiche, in denen der Gemeinsame Zolltarif der EU und besonders die KN des Gemeinsamen Zolltarifs zum Einsatz kommen. So spielt die KN z.B. bei der Überprüfung möglicher Ein- oder Ausfuhrbeschränkungen eine Rolle.[206]

2. *Spannungsverhältnis zwischen Eigenständigkeit und Abhängigkeit*

Wie dargestellt verweist der UZK zwar auf zolltarifrechtliche Regelungen, trifft aber keine selbständigen zolltarifrechtlichen Regelungen.[207] Das sich daraus ergebende Spannungsverhältnis zwischen Eigenständigkeit und Abhängigkeit des in gesonderten Rechtsakten geregelten Zolltarifrechts zum im UZK geregelten Zollrecht bietet Raum für die Frage, ob das Zolltarifrecht als eigenständiges Rechtsgebiet oder als Teilbereich des Zollrechts angesehen werden muss.

Wenngleich die zolltarifrechtlichen und zollrechtlichen Regelungen zwar auf unter-schiedlichen unionsrechtlichen Rechtsakten basieren, sind sie dennoch sowohl in formeller Hinsicht als auch in materieller Hinsicht (z.B. dadurch, dass das Zolltarifrecht Antwort auf die Frage gibt, in welcher Höhe; das Zollrecht darauf, wie zu verzollen ist), eng miteinander verbunden.[208] So integriert Art. 56 Abs. 2 UZK einerseits die in seiner Auflistung enthaltenen zolltarifrechtlichen Regelungen mittels Verweisung in den UZK und verbindet zollrechtliche und zolltarifrechtliche Regelungen in formeller Hinsicht, während Art. 56 Abs. 1 UZK andererseits seinem Wortlaut nach ihre Verknüpfung in materieller Hinsicht herstellt, indem er anordnet, dass sich die gesetzlich geschuldeten Abgaben

---

204 Vgl. *Wolffgang*, in: Schulze / Zuleeg / Kadelbach, Europarecht, S. 2049, Rn. 100.

205 Vgl. *Bleihauer*, Der Gemeinsame Zolltarif der EU, AW-Prax 5 / 96, 175 (175); *Bleihauer*, in: Hübschmann / Hepp / Spitaler, Kommentar AO / FGO, Band XIV, Art. 20 ZK, Rn. 15; *Friedrich*, in: Schwarz / Wockenfoth, Zollrecht, Band 1 / 1, Art. 20 ZK, Rn. 21.

206 *Lux*, in: Dorsch, Zollrecht, Kommentar, Art. 20 ZK, Rn. 210.

207 *Dierksmeier*, EG-Zollrecht im Konflikt mit dem Recht der WTO, S. 15.

208 Vgl. *Lux*, in: Dorsch, Zollrecht, Kommentar, Art. 20 ZK, Rn. 2f.

bei Entstehen einer Zollschuld auf den Zolltarif der Europäischen Gemeinschaft zu stützen haben.[209]

Die Regelung des Zolltarifrechts außerhalb des UZK scheint weniger einer absichtlichen Trennung oder Differenzierung des Zollrechts und des Zolltarifrechts als vielmehr der enormen Anzahl zolltarifrechtlich relevanter Regelungen, dem Wunsch nach mehr Übersichtlichkeit und rechtlicher Klarheit sowie dem Bedürfnis einer ständigen Änderung, Anpassung und Aktualisierung der zolltarifrechtlich relevanten Regelungen an aktuelle Gegebenheiten und Entwicklungen geschuldet zu sein.[210] Ebenfalls ist zu berücksichtigen, dass zum Zeitpunkt des Erlasses des ZK noch zwischen dem *Zolltarif der Europäischen Gemeinschaft* (i.S. des damaligen Art. 20 ZK) und dem *Gemeinsamen Zolltarif* (i.S. der Regelungen der VO (EWG) 2658 / 87[211]) differenziert und erst durch die Verweisung in Art. 20 ZK (heute: Art. 56 UZK) auf die gesamte KN auch der vom EGKS-Vertrag umfasste Warenbereich „Kohle und Stahl" integriert wurde.[212]

Zudem wird durch die in Art. 56 Abs. 2 UZK vorgenommene Verweisung auf die zolltarifrechtlich relevanten Regelungen ein Bezug zwischen diesen und den im ZK enthaltenen Regelungen hergestellt und so auch deren materiellrechtliche Abhängigkeit von-einander verdeutlicht.[213] So formuliert *Hoffacker* treffend:

> *„Die aufgezeigte enge materiellrechtliche Verstrickung von Zollrecht und Zolltarifrecht macht diese beiden Rechtsmaterien zu einer unauflösbaren Einheit. Deshalb werden die tariflichen Regelungen durch Bezugnahme im Zollkodex in das Zollrecht eingebunden und bilden auch rechtssystematisch eine Komponente des Zollrechts."*[214]

Im Ergebnis bleibt daher festzuhalten, dass das Zolltarifrecht — wenngleich nicht unmittelbar im UZK geregelt — dennoch nicht als eigenständiges Rechtsgebiet, sondern vielmehr als ein Teilbereich des Zollrechts angesehen werden muss, der in vielfacher Hinsicht eng mit dem übrigen Zollrecht verbunden ist.

---

209 *Lux*, in: Dorsch, Zollrecht, Kommentar, Art. 20 ZK, Rn. 2f.

210 Vgl. *Lux*, in: Dorsch, Zollrecht, Kommentar, Art. 20 ZK, Rn. 1; auf den *Hoffacker*, Voraussetzungen und Rechtswirkungen der Auskunftsansprüche im Zollrecht, S. 22 verweist; sowie *Bleihauer*, in: Hübschmann / Hepp / Spitaler, Kommentar AO / FGO, Band XIV, Art. 20 ZK, Rn. 4.

211 ABl. L 256 vom 7.9.1987, S. 1-675.

212 *Bleihauer*, in: Hübschmann / Hepp / Spitaler, Kommentar AO / FGO, Band XIV, Art. 20 ZK, Rn. 4.

213 *Bleihauer*, in: Hübschmann / Hepp / Spitaler, Kommentar zur AO und FGO, Art. 20 ZK, Rn. 5.

214 *Hoffacker*, Voraussetzungen und Rechtswirkungen der Auskunftsansprüche im Zollrecht, S. 22.

II. Verflechtungen mit anderen Bereichen

Die Codierungen der KN sind nicht nur auf europäischer Ebene einer leichteren Warenbenennung (z.B. auf dem Gebiet der Außenhandelsstatistik oder im Bereich des Agrarmarktes) förderlich, sondern werden auch auf nationaler Ebene zur genauen Bezeichnung von Waren verwendet.[215] Im Besonderen im Außenwirtschaftsrecht, im Marktordnungsrecht oder i.R. der Außenhandelsstatistik spielt der einheitliche Warenkatalog der KN mittlerweile eine große Rolle.[216] Auch nutzt § 1 Abs. 2 EnergieStG an die KN, um die, dem **EnergieStG** unterfallenden, Energieerzeugnisse zu definieren. Das European Customs Inventory of Chemical Substances (**ECICS**), eine von der Generaldirektion Steuern und Zollunion der Europäischen Kommission verwaltete kostenloste Datenbank, listet chemische Substanzen mit ihrer jeweiligen achtstelligen Codierung der KN auf.[217] Da das ECICS mit dem TARIC verknüpft ist, erleichtert es so die Abfrage tarifärer und nicht-tarifärer Maßnahmen bei der Ein- und Ausfuhr der chemischen Substanzen.

Prominentes und zugleich sehr praxisrelevantes Beispiel ist die Verknüpfung des **Umsatzsteuerrechts** mit dem Zollrecht und insbesondere dem Zolltarif. § 21 Abs. 2 Hs. 1 UStG erklärt grundsätzlich die Vorschriften für Zölle sinngemäß für die Einfuhrumsatzsteuer für anwendbar. Die Bundesfinanzbehörden sind für die Verwaltung der Einfuhrumsatzsteuer zuständig, wobei die örtliche Zuständigkeit bei den (Haupt-)Zollämter liegt, Art. 108 GG, § 1 Zollverwaltungsgesetz. Hintergrund dieser Verknüpfung ist es sicherzustellen, dass alle bei der Einfuhr zu erhebenden Abgaben (einheitlich) von einer Behörde festgesetzt werden können.[218]

Zudem können z.B. zollrechtliche Belege als Nachweis der Steuerfreiheit einer Ausfuhrlieferung i.S. des § 4 Nr. 1 lit. a) i.V.m. § 6 UStG dienen, die der Einfuhrumsatzsteuerschuldner nach den zollrechtlichen Regelungen (Art. 77 Abs. 3 UAbs. 1 UZK) ermittelt oder hinsichtlich der Frage der Bemessungsgrundlage der Erhebung einer Einfuhrumsatzsteuer auf das Zollrecht zurückgegriffen werden. So ist u.a. nach § 11 Abs. 1 UStG der Zollwert der in Rede stehenden Ware

215 *Bleihauer*, in: Hübschmann / Hepp / Spitaler, Kommentar AO / FGO, Band XIV, Art. 20 ZK, Rn. 18.

216 *Bleihauer / Schulte*, in: Witte / Wolffgang, Lehrbuch des Europäischen Zollrechts, S. 420, Rn. 1301.

217 Verfügbar auf: https://ec.europa.eu/taxation_customs/online-services/eu-customs-inventory-chemical-substances_de (letzter Abruf: 30.4.2017).

218 Vgl. BFH, Urteil vom 23.9.2009, Az. VII R 44 / 08, BStBl II 2010, 334, Rn. 14.

für die Ermittlung der Bemessungsgrundlage der Erhebung der Einfuhrumsatzsteuer eben dieser Ware maßgeblich.

Des Weiteren knüpft § 12 UStG i.V.m. Anlage 2 des UStG für die Anwendbarkeit des ermäßigten Steuersatzes an den Zolltarif an. Die Steuerermäßigung (d.h. die Anwendbarkeit des ermäßigten Steuersatzes i.H.v. 7 % des Entgeltes (als Bemessungsgrundlage, vgl. § 10 Abs. 1 S. 1, 2 UStG)) greift nur hinsichtlich solcher Waren, die in Anlage 1 des UStG genannt und einer bestimmten Position, Unterposition bzw. Codenummer zuzuordnen sind.

Ist die in Rede stehende Ware hingegen in eine andere Position, Unterposition bzw. Codenummer einzureihen als diejenige, die in Anlage 2 des UStG ausdrücklich genannt ist, erfolgt eine Versteuerung zum Regelsteuersatz i.H.v. 19 % des Entgeltes. Beispielhaft sei hier Sondennahrung erwähnt, die, sollte sie unter die Position 2202 einzureihen sein, nach § 12 Abs. 1 UStG mit dem Regelsteuersatz von 19 % zu versteuern wäre, während sie als Lebensmittelzubereitung (unter die Position 2106 eingereiht) nach § 12 Abs. 2 Nr. 1 UStG i.V.m. Nr. 33 der Anlage 2 des UStG zu einem ermäßigten Steuersatzes von 7 % zu versteuern wäre.[219] Von praktischer Relevanz sind daher insbesondere unverbindliche Zolltarifauskunft für Umsatzsteuerzwecke, die als Instrument eingesetzt werden, um einen unverbindlichen Hinweis der deutschen Zollbehörden zu erlangen, welche Position, Unterposition bzw. Codenummer voraussichtlich angewendet werden würde, aus der sich dann der entsprechende Umsatzsteuersatz ergebe.[220]

Auch die Frage der Anwendbarkeit der sog. Reverse-Charge-Regelung (d.h. die Umkehr der Steuerschuldnerschaft und damit die Steuerschuldnerschaft des (unternehmerischen Leistungsempfängers) ist nach § 13b Abs. 2 Nr. 11 i.V.m. Anlage 4 des UStG unter Verwendung der Zolltarifnummern zu beantworten. Demnach findet das sog. Reverse-Charge-Verfahren nur bei solchen Metalllieferungen Anwendung, die in der in Anhang 4 UStG enthaltenen Liste (inklusive der entsprechenden Zolltarifnummer) explizit genannt werden. Ist die in Rede stehende Ware hingegen in eine andere Position, Unterposition bzw. Codenummer

219 Vgl. EuGH, Urteil vom 30.4.2014, Rs. C-267 / 13 (Nutricia), elektronische Sammlung (ECLI:EU:C:2014:277); BFH, Urteil vom 30.3.2010, Az. VII R 35 / 09, BStBl II 2011, 74; FG Kassel, Urteil vom 25.11.2010 - Az. 7 K 3205 / 08, BeckRS 2014, 13554.

220 Vgl. *Die Zollverwaltung - Jahresstatistik 2015*, verfügbar unter: http://www.bundesfinanzministerium.de/Content/DE/Downloads/Broschueren_Bestellservice/2016-04-11-zollverwaltung-jahresstatistik-2015.pdf?__blob=publicationFile&v3 (letzter Abruf: 30.4.2017).

einzureihen als diejenige, die in Anlage 4 des UStG ausdrücklich genannt ist, bleibt es bei einer Steuerschuldnerschaft des leistenden Unternehmers. Auch hinsichtlich dieser Fälle kann bei Zweifeln eine unverbindliche Zolltarifauskunft für Umsatzsteuerzwecke bei dem für das Unternehmen zuständigen Hauptzollamt beantragt werden.

Kapitel 3: Normstruktur des Gemeinsamen Zolltarifs der EU

Neben der besonderen historischen, wirtschaftlichen, politischen und rechtlichen Bedeutung weist der Gemeinsame Zolltarif der EU auch eine besondere Normstruktur auf. Aufgabe des dritten Kapitels der vorliegenden Arbeit ist es, diese Normstruktur eingehender zu untersuchen. So sollen unter **A.** mittels vergleichender Darstellung Gemeinsamkeiten und Unterschiede zwischen der Normstruktur der Rechtsnormen des Gemeinsamen Zolltarifs der EU und der Normstruktur der Rechtsnormen eines typisch(er) erscheinenden Normativaktes herausgearbeitet werden. Anschließend wird unter **B.** zu klären sein, ob der Gemeinsame Zolltarif der EU nicht (auch) in einem einheitlichen Rechtsakt erlassen werden könne (und solle); und – falls dem so ist – in der Form welchen Rechtsaktes dies erfolgen müsse. Abschließend soll unter **C.** ein Resümee zur Normstruktur des Gemeinsamen Zolltarifs der EU gezogen werden.

A. Vergleichende Darstellung einer typisch erscheinenden Rechtsnorm und der Rechtsnormen des Gemeinsamen Zolltarifs der EU

I. Normstruktur

1. Darstellung der Struktur einer typisch erscheinenden Rechtsnorm

Grundsätzlich stellen Rechtsnormen mittels Rechtssätzen klar, welche rechtlichen Konsequenzen eine bestimmte tatsächliche Gegebenheit hervorruft.[221] Eine Rechtsnorm ist ein in Worte gefasstes

221 Die Differenzierung zwischen einem „Rechtssatz" und einer „Rechtsnorm" wird in der Literatur nicht einheitlich vorgenommen. So setzt z.B. *Larenz*, Methodenlehre der Rechtswissenschaft, S. 250 diese beiden Begriffe bewusst gleich, indem er argumentiert, eine Rechtsnorm könne sprachlich nur durch einen Satz zum Ausdruck kommen. *Kelsen* hingegen sieht eine Unterscheidung zwischen Rechtssätzen und Rechtsnormen für erforderlich an und sieht nur erstere als *„hypothetische Urteile, die aussagen, dass im Sinne einer – nationalen oder internationalen – der Rechtserkenntnis gegebenen Rechtsordnung unter gewissen von dieser Rechtsordnung bestimmten Bedingungen gewisse von dieser Rechtsordnung bestimmte Folgen eintreten sollen"* (*Kelsen*, Reine Rechtslehre, S. 73).

„Steuerungsinstrument und Prüfungsmaßstab menschlichen Handelns“[222]

und typischerweise durch einen - mit Paragraphen und Artikeln eingeleiteten - in Worte gefassten Rechtssatz klarstellt, welche rechtlichen Konsequenzen bestimmte tatsächliche Gegebenheiten hervorrufen.[223]

a. Abgrenzung zu anderen Normen

Im Unterschied zur sozialen Norm ist eine Rechtsnorm gerichtlich durchsetzbar und anders als eine Moralnorm autoritativ von anderen und jederzeit unmittelbar veränderbar vorgegeben.[224] Sie verkörpert in Form einer

„verbindlichen Verhaltensanforderung oder eines verbindlichen Beurteilungsmaßstabes“[225]

eine Entscheidung des Normgebers, wie eine bestimmte Situation zu lösen ist.[226] Wem die Kompetenz zum Erlass einer bestimmten Rechtsnorm zusteht, wird wiederum durch Rechtsnormen, sog. Ermächtigungsnormen, geregelt.[227]

b. Merkmale einer Rechtsnorm

In ihrer Grundstruktur richtet sich eine Rechtsnorm an einen abstrakt-generellen Adressatenkreis, dem sie ein bestimmtes Verhalten bzw. bestimmte Voraussetzungen als Bedingung für eine bestimmte Folge verbindlich vorschreibt.[228]

aa. Adressatenkreis

Rechtsnormen sind abstrakt-generelle Regelungen.[229] Anders als z.B. Verwaltungsakte i.S. des § 35 VwVfG gelten Rechtsnormen für eine unbestimmte Zahl von Fällen und einen unbestimmten Adressatenkreis.[230] Zum Adressatenkreis einer Rechtsnorm können dabei sowohl natürliche und juristische Personen als auch Gerichte und Behörden gehören.[231] Ein Verwaltungsakt i.S. des § 35 VwVfG

---

222 *Rüthers / Fischer / Birk*, Rechtstheorie, S. 60, Rn. 94.
223 *Rüthers / Fischer / Birk*, Rechtstheorie, S. 59, Rn. 92.
224 *Rüthers / Fischer / Birk*, Rechtstheorie, S. 63f., Rn. 98ff.
225 *Larenz*, Methodenlehre der Rechtswissenschaft, S. 250.
226 Vgl. weitergehend auch *Müller / Christensen*, Juristische Methodik, Band I, S, 231f., Rn. 219 ff.
227 *Röhl / Röhl*, Allgemeine Rechtslehre, S. 202.
228 *Rüthers / Fischer / Birk*, Rechtstheorie, S. 81ff., Rn. 120ff.; vgl. auch *Larenz*, Methodenlehre der Rechtswissenschaft, S. 250.
229 *Muthorst*, Grundlagen der Rechtswissenschaft, S. 56, Rn. 4.
230 *Stelkens / Bonk / Sachs*, VwVfG, § 35, Rn. 208.
231 *Rüthers / Fischer / Birk*, Rechtstheorie, S. 82, Rn. 121.

hingegen, als Beispiel für eine Behördenentscheidung und Gegenstück einer Rechtsnorm, stellt eine konkret-individuelle Regelungen dar.[232] Dieser richtet sich an einen (zumindest) bestimmbaren Adressatenkreis und sehen Regelungen für einen Einzelfall vor.[233]

bb. Geltungsanordnung

Eine Rechtsnorm ordnet eine bestimmte Rechtsfolge an, für die sie Geltung beansprucht.[234] Sie enthält demnach eine sog. *Geltungsanordnung*.[235] Handelt es sich bei dieser Anordnung um ein Verbot, Gebot oder eine Erlaubnis, wird diese auch als *Sollensanordnung* bezeichnet.[236]

cc. Tatbestand und Rechtsfolge

Der Tatbestand einer Rechtsnorm legt die spezifischen Voraussetzungen fest, die erfüllt sein müssen, damit eine bestimmte Rechtsfolge eintritt.[237] Diese wiederum kann insbesondere in einer Sanktion, einer Aufforderung oder Anordnung bestehen.[238] Rechtsnormen, die sich in einen Tatbestand und eine Rechtsfolge gliedern lassen, werden vollständige Rechtsnormen genannt, während lediglich ergänzende Normen, denen diese Gliederung fehlt, als unvollständige Rechtsnormen bezeichnet werden.[239]

Der Aufbau einer Rechtsnorm, also die Zuordnung ihres Tatbestandes zur Rechtsfolge, folgt häufig entweder dem sog. Konditionalschema, das bestimmten tatsächlichen Voraussetzungen (Tatbestand der Rechtsnorm, *quaestio facti*) eine konkrete Rechtsfolge (*quaestio iuris*) zuordnet, oder dem sog. Finalschema, das

---

232 *Heß*, Grundrechtskonkurrenzen, S. 18; *Stelkens / Bonk / Sachs*, VwVfG, § 35, Rn. 208.

233 *Stelkens / Bonk / Sachs*, VwVfG, § 35, Rn. 206ff.

234 *Rüthers / Fischer / Birk*, Rechtstheorie, S. 83, Rn. 123; *Larenz*, Methodenlehre der Rechtswissenschaft, S. 251f.

235 *Larenz*, Methodenlehre der Rechtswissenschaft, S. 253.

236 *Rüthers / Fischer / Birk*, Rechtstheorie, S. 83, Rn. 123; *Larenz*, Methodenlehre der Rechtswissenschaft, S. 253 spricht hingegen einheitlich nur von einer sog. Geltungsanordnung.

237 *Rüthers / Fischer / Birk*, Rechtstheorie, S. 82f., Rn. 122; *Larenz*, Methodenlehre der Rechtswissenschaft, S. 251f.; *Heß*, Grundrechtskonkurrenzen, S. 19; *Muthorst*, Grundlagen der Rechtswissenschaft, S. 70, Rn. 29.

238 *Rüthers / Fischer / Birk*, Rechtstheorie, S. 83f., Rn. 125ff.; vgl. auch *Zippelius*, Juristische Methodenlehre, S. 23.

239 Vgl. *Zippelius*, Juristische Methodenlehre, S. 25; *Heß*, Grundrechtskonkurrenzen, S. 19.

zu einem bestimmten Verhalten (in Form einer Handlung oder eines Unterlassens) verpflichtet.[240]

Das **Konditionalschema** ordnet bestimmten tatsächlichen Voraussetzungen, die den Tatbestand der Rechtsnorm (*quaestio facti*) bilden, eine konkrete Rechtsfolge (*quaestio iuris*) zu.[241] Tatbestand und Rechtsfolge einer Rechtsnorm stehen also in einer Art „*Bedingungszusammenhang*"[242].

Ob ein tatsächlich gegebener Lebenssachverhalt unter den Tatbestand einer Rechtsnorm fällt, muss durch Subsumtion ermittelt werden, wobei jede einzelne Voraussetzung der Rechtsnorm, also jedes einzelne Tatbestandsmerkmal, mit dem in Frage stehenden Lebenssachverhalt abzugleichen ist.[243] Wenn alle Tatbestandsmerkmale einer Rechtsnorm durch den in Frage stehenden tatsächlich gegebenen Lebenssachverhalt erfüllt sind, tritt die von der Rechtsnorm angeordnete Rechtsfolge ein.[244] Sollte ein tatsächlich gegebener Lebenssachverhalt nicht ohne Weiteres unter den Tatbestand einer Rechtsnorm subsumierbar sein, weil der Umfang der Tatbestandsmerkmale der Norm unklar ist und insofern einer Präzisierung bedürfte, gilt es, die einzelnen Tatbestandsmerkmale der Norm zuvor auszulegen und dann denn Lebenssachverhalt unter den Tatbestand der Norm zu subsumieren.[245]

Beim **Finalschema** hingegen wird - oftmals in imperativen Sätzen formuliert - dem Adressaten der Rechtsnorm ein bestimmtes Handeln oder Unterlassen angeordnet.[246] Rechtsnormen, die dem Finalschema folgen, enthalten also eine Sollensanordnung in Form von Geboten oder Verboten.[247] Ob eine tatsächlich existierende Person als Adressat dem Gebot oder Verbot einer Rechtsnorm unterfällt, ist auch beim Finalschema durch Subsumtion des tatsächlich gegebenen Lebenssachverhaltes unter die Tatbestandsmerkmale der Rechtsnorm (ggf. mittels zuvor durchgeführter Auslegung) zu ermitteln.

---

240 *Rüthers / Fischer / Birk*, Rechtstheorie, S. 60, Rn. 94 und S. 76f., Rn. 111ff.; *Heß*, Grundrechtskonkurrenzen, S. 19.

241 *Heß*, Grundrechtskonkurrenzen, S. 19; *Rüthers / Fischer / Birk*, Rechtstheorie, S. 78, Rn. 115.

242 *Heß*, Grundrechtskonkurrenzen, S. 19.

243 Vgl. *Zippelius*, Juristische Methodenlehre, S. 27.

244 *Rüthers / Fischer / Birk*, Rechtstheorie, S. 78, Rn. 115.

245 *Zippelius*, Juristische Methodenlehre, S. 80ff.

246 *Rüthers / Fischer / Birk*, Rechtstheorie, S. 76, Rn. 112.

247 *Rüthers / Fischer / Birk*, Rechtstheorie, S. 76, Rn. 112.

dd. Sprachliche Formulierung

Ein zentrales Element einer Rechtsnorm ist die Sprache, durch die der Inhalt einer Rechtsnorm mittels gezielt gewählter Wörter dem Rechtsanwender als Rechtssatz übermittelt wird.[248] Erst durch ihre Einkleidung in Worte werden die Absichten des Normgebers fixiert und gewährleisten auf diese Weise Rechtssicherheit.[249]

Larenz formuliert:

> *„Die Regel des Rechts hat die sprachliche Form eines Satzes, des „Rechtssatzes"!"*[250].

Zippelius beschreibt:

> *„Gesetze fassen rechtliche Vorstellungen in Worte. Erst die Einkleidung in Worte macht solche Vorstellungen mitteilbar und gibt ihnen eine feste Gestalt, die auch im Interesse der Rechtssicherheit liegt."*[251]
> *„Der Buchstabe des Gesetzes wurde zum Symbol des Rechts"*[252]

formuliert schließlich *Röhl* und bringt damit pointiert zum Ausdruck, dass in einem - typisch erscheinenden Rechtssatz Buchstaben anstelle von Bildern oder anstelle von Zahlen dominierend sind.[253]

Muthorst stellt zwar fest, dass

> *„Normen an Sprache gebunden"*[254] sind, wenn auch nicht nur an die
> *„gesprochene oder geschriebene Sprache (also ein System aus Laut- oder Schriftzeichen), sondern auch alle anderen Handlungen und Produkte, die Botschaften transportieren können, also etwa Gesten und Gebärden oder Bilder"*[255].

Jedoch zeichnet sich die weit überwiegende Mehrheit der Normen durch mit Artikeln oder Paragraphen eingeleiteten Wörtern in Form von Sätzen aus; egal ob auf internationaler Ebene (z.B. in völkerrechtlichen Abkommen), auf

---

248 *Röhl*, Das Recht der visuellen Zeitenwende, JZ 7 / 2003, 339 (340ff.).

249 *Zippelius*, Juristische Methodenlehre, S. 15; *Larenz*, Methodenlehre der Rechtswissenschaft, S. 251.

250 *Larenz*, Methodenlehre der Rechtswissenschaft, S. 250 unter Verweis darauf, dass der Ausdruck „Rechtssatz" gleichbedeutend mit dem Ausdruck „Rechtsnorm" gebraucht werde.

251 *Zippelius*, Juristische Methodenlehre, S. 15.

252 *Röhl*, Das Recht nach der visuellen Zeitenwende, JZ 7 / 2003, 339 (340).

253 Siehe ergänzend hinsichtlich der Bilder im Sachsenspiegel *Röhl*, Das Recht nach der visuellen Zeitenwende, JZ 7 / 2003, 339 (340).

254 *Muthorst*, Grundlagen der Rechtswissenschaft, S. 60, Rn. 11.

255 *Muthorst*, Grundlagen der Rechtswissenschaft, S. 60, Rn. 11.

europäischer Ebene (z.B. in Verordnungen oder Richtlinien) oder auf nationaler Ebene (z.B. in Gesetzen).

Die Art und Weise der gewählten sprachlichen Formulierung bestimmen dabei den Grad der Abstraktion einer Rechtsnorm. Die Aufgabe eines jeden Anwenders einer Rechtsnorm besteht daher darin, den in dem Rechtssatz gewählten Worten einen konkreten Bedeutungsinhalt zuzuordnen.[256]

Je abstrakter dabei eine Formulierung gewählt ist, desto schwieriger erscheint es, den Inhalt der Rechtsnorm zu verstehen. So kritisiert *Lötscher*,

> *„Gesetze gelten notorisch als schwer verständlich"*[257]

und macht dafür gerade deren Semantik und Syntax verantwortlich.[258]

2. Gemeinsamer Zolltarif der EU

Auch der Gemeinsame Zolltarif der EU stellt einen Normativakt bestehend aus vielen einzelnen Rechtsnormen dar. Diese Rechtsnormen wiederum kennen zwar einerseits keine Artikel oder Paragraphenzeichen, sondern nur Positionswortlaute und Anmerkungen, folgen andererseits aber - wie im Folgenden zu zeigen sein wird - ebenfalls dem Konditionalschema, ordnen also einer *quaestio facti* eine *quaestio iuris* zu und bedürfen ebenso des Umgangs mit besonderen juristischen Vorgehensweisen (z.B. der Subsumtion).[259]

a. Abgrenzung zu anderen Normen

Die Rechtsnormen des Gemeinsamen Zolltarifs der EU sind - wie jede andere Rechtsnorm - im Unterschied zur sozialen Norm gerichtlich durchsetzbar und - anders als eine Moralnorm - autoritativ und jederzeit unmittelbar veränderbar vorgegeben.[260] Der Gemeinsame Zolltarif der EU verkörpert die (auch politisch motivierte) Entscheidung, ob und in welcher Höhe einer Ware bei ihrer Einfuhr in die EU mit einem Zollsatz belastet werden soll.

---

256 *Zippelius*, Juristische Methodenlehre, S. 16.

257 *Lötscher*, Gesetze als Texte: Wie wird Recht in Textstrukturen gebracht?, in: Lerch, Die Sprache des Rechts, Band 3, Recht vermitteln, S. 183.

258 *Lötscher*, Gesetze als Texte: Wie wird Recht in Textstrukturen gebracht?, in: Lerch, Die Sprache des Rechts, Band 3, Recht vermitteln, S. 183.

259 Vgl. zum Gemeinsamen Zolltarif der EU *Bleihauer / Schulte*, in: Witte / Henke, Fallsammlung Europäisches Zollrecht, S. 289; *Bleihauer / Schulte*, in: Witte / Wolffgang, Lehrbuch des Europäischen Zollrechts, S. 452, Rn. 1353; sowie abstrakt zum Konditionalschema *Rüthers / Fischer / Birk*, Rechtstheorie, S. 78, Rn. 115f.

260 *Rüthers / Fischer / Birk*, Rechtstheorie, S. 63f., Rn. 98ff.

b. Merkmale einer Rechtsnorm

Die Rechtsnormen des Gemeinsamen Zolltarifs der EU folgen der Grundstruktur einer jeden Rechtsnorm und richten sich an einen abstrakt-generellen Adressatenkreis, dem ein bestimmtes Verhalten als Bedingung für eine bestimmte Folge verbindlich vorgeschrieben wird.[261]

aa. Adressatenkreis

Anwender und damit Adressat des Normativaktes „Gemeinsamer Zolltarif der EU" sind die jeweiligen Zollbehörden der Mitgliedstaaten der EU.[262] Gegenüber dem Zollschuldner manifestieren sich die von den Zollbehörden der Mitgliedstaaten der EU getroffenen Einreihungsentscheidungen z.B. durch die buchmäßige Erfassung der Einfuhrabgaben oder deren Mitteilung.[263]

Mittelbar entfaltet der Gemeinsame Zolltarif der EU auch Auswirkungen für den Zollschuldner i.S.d. Art. 5 Nr. 19 UZK. Dies kann sowohl eine natürliche und juristische Personen als auch eine Personenvereinigung sein, die ohne eigene Rechtspersönlichkeit zu besitzen im Rechtsverkehr - soweit nach geltendem (nationalem) Recht vorgesehen - wirksam auftreten kann, vgl. Art. 5 Nr. 19 UZK.[264] Der Zollschuldner wendet den Gemeinsamen Zolltarif der EU zwar nicht selbst an, ist jedoch von dem Einreihungsergebnis, nämlich der Feststellung der zutreffenden Codenummer, betroffen.

bb. Tatbestand und Rechtsfolge

In ihrer Struktur folgen die Rechtsnormen des Gemeinsamen Zolltarifs der EU dem Konditionalschema und ordnen einer *quaestio facti* (nämlich im Fall des Gemeinsamen Zolltarifs der EU einer bestimmten Position oder Unterposition und den entsprechenden Anmerkungen) eine *quaestio iuris* (im Fall des Gemeinsamen Zolltarifs der EU die Höhe des Abgabensatzes) zu.[265] Den Tatbestand bilden die Positionen oder Unterpositionen des Gemeinsamen Zolltarifs

---

261 Vgl. *Rüthers / Fischer / Birk*, Rechtstheorie, S. 81ff., Rn. 120ff.; sowie auch *Larenz*, Methodenlehre der Rechtswissenschaft, S. 250.

262 *Alexander*, in: Witte, Zollkodex, Art. 20, Rn. 37.

263 *Alexander*, in: Witte, Zollkodex, Art. 20, Rn. 106.

264 *Ovie*, Das Europäische Zollrecht, Teil 1, AW-Prax 8 / 2007, 343 (348).

265 Vgl. *Bleihauer / Schulte*, in: Witte / Henke, Fallsammlung Europäisches Zollrecht, S. 289; *Bleihauer / Schulte*, in: Witte / Wolffgang, Lehrbuch des Europäischen Zollrechts, S. 452, Rn. 1353; vgl. abstrakt zum Konditionalschema *Rüthers / Fischer*, Rechtstheorie, S. 76, Rn. 115f.

der EU.[266] Die jeweiligen Tatbestandsmerkmale ergeben sich aus der zu jeder Codenummer gehörenden individuellen Warenbeschreibung, dem Wortlaut der Position und den jeweiligen Anmerkungen zu den Positionen sowie den Anmerkungen zu den Abschnitten und Kapiteln, die selbst Rechtsqualität aufweisen.[267]

Eine Besonderheit besteht insofern als dass die Warenbeschreibung selten auf den umgangssprachlichen Begriff für die Ware abstellt, sondern häufiger auf ihre stoffliche Beschaffenheit, ihre Einsatzmöglichkeiten oder Funktion oder andere besondere Eigenschaften.[268] Die Frage, ob ein tatsächlich gegebener Lebenssachverhalt unter den Tatbestand einer Rechtsnorm des Gemeinsamen Zolltarifs der EU fällt, ist die Frage danach, ob eine tatsächlich existierende Ware, die ein- oder ausgeführt werden soll, in eine bestimmte Position bzw. Unterposition des Gemeinsamen Zolltarifs der EU eingereiht werden kann.[269]

Erst wenn diese Tatbestandsvoraussetzungen erfüllt sind tritt die Rechtsfolge ein, die im Fall einer Rechtsnorm des Gemeinsamen Zolltarifs der EU den der jeweiligen Codenummer zugeordneten Zollsatz darstellt.[270] Die Rechtsfolge besteht also lediglich in der Höhe des Zollsatzes, nicht aber in der Entstehung einer konkreten Zollschuld, die sich wiederum (erst) aus dem Zusammenspiel des Zolltarifs mit den Entstehungstatbeständen und weiteren Faktoren, wie z.B. im Fall von Wertzöllen, dem Zollwert, ergibt.[271] Auch weitere Maßnahmen,

---

266 Vgl. *Bleihauer / Schulte*, in: Witte / Henke, Fallsammlung Europäisches Zollrecht, S. 289; *Bleihauer / Schulte*, in: Witte / Wolffgang, Lehrbuch des Europäischen Zollrechts, S. 452, Rn. 1353; *Bleihauer*, Der Gemeinsame Zolltarif der EU, AW-Prax 5 / 96, 175 (178).

267 Vgl. *Bleihauer / Schulte*, in: Witte / Wolffgang, Lehrbuch des Europäischen Zollrechts, S. 452, Rn. 1353; *Bleihauer*, in: Hübschmann / Hepp / Spitaler, Kommentar AO / FGO, Band XIV, Art. 20 ZK, Rn. 76; *Bleihauer / Schulte*, in Witte / Henke, Fallsammlung Europäisches Zollrecht, S. 289; EuGH, Urteil vom 12.7.2012, Rs. C-291 / 11 (TNT Freight Management (Amsterdam)), elektronische Sammlung (ECLI:EU:C:2012:459), Rn. 31.

268 Vgl. *Hülsmeier*, Erkenntnisprobleme bei der zolltariflichen Einreihung einer Ware – zugleich eine Anmerkung zum Urteil des Bundesfinanzhofs vom 18.12.2001, ZfZ 10 / 2002, 326 (330).

269 *Bleihauer / Schulte*, in: Witte / Wolffgang, Lehrbuch des Europäischen Zollrechts, S. 452, Rn. 1353.

270 *Bleihauer / Schulte*, in: Witte / Wolffgang, Lehrbuch des Europäischen Zollrechts, S. 452, Rn. 1353; *Bleihauer*, in: Hübschmann / Hepp / Spitaler, Kommentar AO / FGO, Band XIV, Art. 20 ZK, Rn. 76.

271 *Bleihauer*, in: Hübschmann / Hepp / Spitaler, Kommentar AO / FGO, Band XIV, Art. 20 ZK, Rn. 15.

die mit dem Zolltarif in Zusammenhang stehen, aber ebenfalls auf anderen Vorschriften beruhen (z.B. Verbote und Beschränkungen), gehören daher nicht zur Rechtsfolge.[272]

cc. Konditionalschema

Auch die Rechtsnormen des Gemeinsamen Zolltarifs der EU folgen dem Konditionalschema. *Wenn* eine Ware in eine bestimmte Position bzw. Unterposition des Gemeinsamen Zolltarifs der EU eingereiht werden kann, *dann* führt dies zu einer bestimmten Zollsatzhöhe.[273] Wie *Röhl / Röhl* richtig feststellen, fungieren innerhalb des Konditionalschemas die Tatbestandsmerkmale als

> „*Auslöser für die Entscheidung*"[274] und sind „*verhältnismäßig einfach und objektiv zu ermitteln*"[275].

Im Fall des Gemeinsamen Zolltarifs der EU ist dies im Hinblick auf die unionsweit einheitliche Anwendung des Gemeinsamen Zolltarifs der EU von besonderer Relevanz. Daher wird die Entscheidung, wie hoch der Zollsatz für eine bestimmte Ware sein soll, durch den Unionsrechtsgeber im Wege einer allgemein gültigen Verordnung unionsweit einheitlich getroffen, vgl. Art. 288 UAbs. 2 AEUV. Insofern wird verbindlich, unmittelbar und einheitlich vorgegeben, welche Ware welchem Zollsatz unterliegen soll.

II. Rechtsanwendung

1. Typisch erscheinende Rechtsnorm

Wie erwähnt, ist es Aufgabe eines jeden Anwenders einer Rechtsnorm, den in dem Rechtssatz gewählten Worten einen konkreten Bedeutungsinhalt zuzuordnen.[276]

---

272 *Bleihauer / Schule,* in: Witte / Wolffgang, Lehrbuch des Europäischen Zollrechts, S. 452, Rn. 1353.

273 Vgl. *Bleihauer,* in: Witte / Wolffgang, Lehrbuch des Europäischen Zollrechts, S. 452, Rn. 1353; *Bleihauer*, in: Hübschmann / Hepp / Spitaler, Kommentar AO / FGO, Band XIV, Art. 20 ZK, Rn. 76.

274 *Röhl / Röhl,* Allgemeine Rechtslehre, S. 245.

275 *Röhl / Röhl,* Allgemeine Rechtslehre, S. 245.

276 *Zippelius,* Juristische Methodenlehre, S. 16.

a. *Anwendung durch Definition und Subsumtion*

Dazu muss der in Frage stehende Sachverhalt mit den Tatbestandsvoraussetzungen der Rechtsnorm in Zusammenhang gebracht und in zwei Schritten überprüft werden, ob diese durch den vorliegenden Sachverhalt erfüllt werden; nämlich durch

(1.) die Definition der Tatbestandsvoraussetzungen und
(2.) die Überprüfung des vorliegenden Sachverhaltes im Lichte der Voraussetzungen (*Subsumtion*).[277]

Definition meint dabei die Bedeutung der verwendeten Begriffe zu klären und Subsumtion den

> „*Sachverhalt als individuell-konkrete Verwirklichung* [...] [unter die] *generell-abstrakt formulierten rechtlich relevanten Umstände*“[278]

des Tatbestandes zuzuordnen.[279] Erst wenn alle Tatbestandsvoraussetzungen auf diese Weise definiert und der in Frage stehende Sachverhalt unter die Tatbestandsvoraussetzungen der Norm subsumiert worden sind kann abschließend festgestellt werden, dass die durch die Rechtsnorm angeordnete Rechtsfolge eintritt.[280]

Während der relevante Zeitpunkt der Subsumtion grundsätzlich der Zeitpunkt der Verwirklichung des in Frage stehenden Sachverhaltes ist, ist für die Frage der Auslegung der Zeitpunkt des Rechtsnormerlasses maßgeblich.[281] Zippelius verweist diesbezüglich darauf, Rechtsnormen seien stets

> „*mit Bezug auf die vorhandene Lebenswirklichkeit zu konkretisieren; d.h. der Sachverhalt in seiner spezifischen Gestalt und die Frage seiner Subsumierbarkeit geben den Anstoß dazu, den Bedeutungsumfang einer Rechtsnorm im Hinblick auf diesen Sachverhalt zu erwägen und zu präzisieren* [...]“[282].

---

277 *Muthorst*, Grundlagen der Rechtswissenschaft, S. 92f., Rn. 10f., S. 94, Rn. 12 und zusammenfassend S. 103, Rn. 29.

278 *Muthorst*, Grundlagen der Rechtswissenschaft, S. 93, Rn. 11.

279 Vgl. *Muthorst*, Grundlagen der Rechtswissenschaft, S. 92f., Rn. 11; *Rüthers / Fischer / Birk*, Rechtstheorie, S. 82, Rn. 122.

280 *Zippelius*, Juristische Methodenlehre, S. 27f.; *Rüthers / Fischer / Birk*, Rechtstheorie, S. 82f., Rn. 122.

281 *Zippelius*, Juristische Methodenlehre, S. 16.

282 *Zippelius*, Juristische Methodenlehre, S. 20.

b. *Hilfsweise im Wege der Auslegung*

Sollte eine Subsumtion nicht zweifelsfrei möglich sein, d.h. die Definition einer bestimmten Tatbestandsvoraussetzung nicht *einer* bestimmten Bedeutung zuzuordnen, sondern „*mehrdeutig*“[283] sein, bedarf die Tatbestandsvoraussetzung der Auslegung.[284] In diesem Fall ist anhand argumentativer Auseinandersetzung mit dem Wortlaut, der Systematik, dem historischen Kontext und dem Sinn und Zweck (*telos*) der Norm zu entscheiden, welche Bedeutung diese Tatbestandsvoraussetzung hat.[285]

Von besonderer Relevanz ist das Argument des Wortlautes der Norm. Es ist Ausgangspunkt und Grenze der Auslegung zugleich.[286] Eine Auslegung muss vom Wortlaut der Rechtsnorm ausgehen, darf aber nicht über ihn hinausgehen.[287]

Das Argument des Wortlauts der Norm wird durch weitere, gleichrangige Auslegungskriterien ergänzt.[288] Die Systematik der Rechtsnorm betrachtet eine Rechtsnorm in ihrem

> „*größeren Textzusammenhang*“[289] bzw.
> dem „*Gesamtzusammenhang des Gesetzes*“[290].

Dabei wird insbesondere der Aufbau und Kontext der Norm untersucht um Widersprüche zu vermeiden.[291] Mittels der Einbindung einer Norm in ihren historischen Kontext soll sichergestellt werden, dass die Umstände der Normerlassung berücksichtigt werden, z.B. in Form von Äußerungen im Rahmen des Normgebungsverfahrens.[292] Die Untersuchung des Sinns und Zwecks einer

283 *Zippelius*, Juristische Methodenlehre, S. 16.

284 Vgl. *Zippelius*, Juristische Methodenlehre, S. 16.

285 Vgl. *Muthorst*, Grundlagen der Rechtswissenschaft, S. 113, Rn. 17 und S. 105 Rn. 2.

286 *Muthorst*, Grundlagen der Rechtswissenschaft, S. 109, Rn. 10; *Honsell*, in: Staudinger, BGB, Buch 1, Einleitung zum BGB, Rn. 141.

287 *Muthorst*, Grundlagen der Rechtswissenschaft, S. 109, Rn. 9f. und S. 114 Rn. 20.; *Honsell*, in: Staudinger, BGB, Buch 1, Einleitung zum BGB, Rn. 141.

288 *Muthorst*, Grundlagen der Rechtswissenschaft, S. 108, Rn. 8 und S. 113, Rn. 17; *Honsell*, in: Staudinger, BGB, Buch 1, Einleitung zum BGB, Rn. 153.

289 Muthorst, Grundlagen der Rechtswissenschaft, S. 110, Rn. 12.

290 *Honsell*, in: Staudinger, BGB, Buch 1, Einleitung zum BGB, Rn. 143.

291 *Honsell*, in: Staudinger, BGB, Buch 1, Einleitung zum BGB, Rn. 144f.

292 *Bydlinski / Bydlinski*, Grundzüge der juristischen Methodenlehre, S. 35; *Honsell*, in: Staudinger, BGB, Buch 1, Einleitung zum BGB, Rn. 136.

Norm fragt schließlich danach, zu welchem Ziel eine Rechtsnorm erlassen worden ist.[293]

Diese auf *von Savigny* zurückgehenden Kriterien werden nicht nur zur Auslegung nationaler Rechtsnormen, sondern auch zur Auslegung unionsrechtlicher Normen herangezogen.[294] Gleichfalls sind sie dann von Nutzen, wenn mehrere, nicht kumulativ anwendbare Rechtsnormen im konkreten Fall einschlägig sein können und fraglich ist, welche Norm im Ergebnis zur Anwendung kommen soll.[295]

2. Gemeinsamer Zolltarif der EU

a. Anwendung durch (zolltarifliche) Einreihung

Die Anwendung der Rechtsnormen des Gemeinsamen Zolltarifs der EU erfolgt im Wege der Subsumtion des jeweiligen Sachverhaltes unter den Tatbestand.[296] Die Antwort auf die Frage, ob eine tatsächlich existierende Ware in eine Unterposition der KN eingereiht werden kann, muss durch Subsumtion schrittweise ermittelt werden.[297] Im Fall des Gemeinsamen Zolltarifs der EU ist dieser Subsumtionsvorgang in Art. 57 Abs. 1 UZK geregelt, der wie folgt lautet:

> *„Für die Anwendung des Gemeinsamen Zolltarifs gilt als zolltarifliche Einreihung von Waren die Bestimmung der Unterposition oder der weiteren Unterteilung der Kombinierten Nomenklatur, der diese Waren zugewiesen werden.“*[298]

Einreihung ist folglich die Zuordnung einer Ware zu einer Unterposition, wobei es zu überprüfen gilt, ob eine

> *„Ware mit ihren differenzierten Merkmalen unter die jeweiligen Wortlaute einer Pos. oder UPos. zu fassen“*[299]

---

293 *Bydlinski / Bydlinski*, Grundzüge der juristischen Methodenlehre, S. 41; *Honsell*, in: Staudinger, BGB, Buch 1, Einleitung zum BGB, Rn. 149.

294 Vgl. *Muthorst*, Grundlagen der Rechtswissenschaft, S. 108, Rn. 7.

295 *Heß*, Grundrechtskonkurrenzen, S. 41.

296 *Bleihauer*, Der Gemeinsame Zolltarif der EU, AW-Prax 5 / 96, 175 (178).

297 Vgl. *Bleihauer*, Der Gemeinsame Zolltarif der EU, AW-Prax 5 / 96, 175 (178); *Bleihauer / Schulte,* in: Witte / Wolffgang, Lehrbuch des Europäischen Zollrechts, S. 452, Rn. 1354; *Bleihauer*, in: Hübschmann / Hepp / Spitaler, Kommentar AO / FGO, Band XIV, Art. 20 ZK, Rn. 76; *Bleihauer*, „Marginalien“ zur Zolltarifrechtsausbildung, ddZ 7-8 / 2002, F41 (F41).

298 Art. 57 Abs. 1 UZK

299 *Bleihauer*, in: Hübschmann / Hepp / Spitaler, Kommentar AO / FGO, Band XIV, Art. 20 ZK, Rn. 79.

ist um so die für die in Frage stehende Ware zutreffende Unterposition exakt zu ermitteln.[300] Erst durch diese Zuordnung der in Frage stehenden Ware zu einer Unterposition ergibt sich als Rechtsfolge der Zollsatz, mit dem die Ware belastet wird.[301] Der Rückschluss von einem Zollsatz auf eine Position ist hingegen unzulässig, da er dem **Einreihungsvorgang als Subsumtionsvorgang** zuwider liefe.[302]

Ebenso ist bei mehreren in Betracht kommenden Unterpositionen keine alternative Anwendung der Unterpositionen denkbar, da auch hierdurch missachtet würde, dass es sich bei der Einreihung um einen klassischen Subsumtionsvorgang handelt.[303] Dies wird in der Formulierung des Art. 57 Art. 1 UZK betont, indem für die Definition des Begriffs der Einreihung auf den Vorgang und nicht (wie noch in Art. 20 Abs. 6 ZK) auf das Subsumtionsergebnis abstellt wird.[304] Maßgeblicher Zeitpunkt der Einreihung ist der Zeitpunkt der Zollschuldentstehung, vgl. Art. 77 Abs. 2 UZK und Art. 79 Abs. 2 UZK.[305] Maßgebliches Kriterium der Einreihung ist die objektive Beschaffenheit einer Ware, d.h. ihre

> *„objektiven Merkmale und Eigenschaften […], wie sie im Wortlaut der KN-Positionen und der Anmerkungen zu den Abschnitten oder Kapiteln festgelegt sind“*[306]

zu diesem Zeitpunkt.[307]

Der EuGH präzisierte diese Vorgabe u.a. mit Urteil vom 12. Dezember 1996, Rs. C-38 / 95 (Ministero delle Finanze / Foods Import) wie folgt:

> *„Im übrigen setzt das Erfordernis, daß das Vorliegen der objektiven Merkmale und Eigenschaften der Waren im Zeitpunkt der Zollabfertigung nachgeprüft werden kann (Urteil vom 8. Februar 1990 in der Rechtsache C-233 / 88, van de Kolk, Slg. 1990, I-265, Randnr. 12), nicht voraus, daß die Unterschiede zwischen den Waren offensichtlich sind. Bestimmte Merkmale einer Ware können nur mikroskopisch (Urteil vom 17. März 1983 in der Rechtssache 175 / 82, Dinter, Slg. 1983, 969) oder mit sensorischen Analysemethoden feststellbar sein (Urteil van de Kolk, a.a.O.). Im übrigen kann die Einordnung einer Ware von der Art und Weise ihrer Herstellung oder von der geographischen Herkunft einiger ihrer*

300 Vgl. *Bleihauer*, in: Hübschmann / Hepp / Spitaler, Kommentar AO / FGO, Band XIV, Art. 20 ZK, Rn. 76ff.

301 *Friedrich*, in Schwarz / Wockenfoth, Zollrecht, Art. 20 ZK, Rn. 21.

302 *Friedrich*, in Schwarz / Wockenfoth, Zollrecht, Art. 20 ZK, Rn. 21.

303 *Friedrich*, in Schwarz / Wockenfoth, Zollrecht, Art. 20 ZK, Rn. 21.

304 *Lux*, Einführung in den Zollkodex der Union (UZK) – Teil I, ZfZ 7 / 2014, 178 (189).

305 *Alexander*, in: Witte, Zollkodex, Art. 20 ZK, Rn. 41.

306 Anstelle vieler EuGH, Urteil vom 6.9.2013, Rs. C-524 / 11 (Lowlands Design Holding), elektronische Sammlung (ECLI:EU:C:2012:558), Rz. 23 m.w.N.

307 Vgl. *Alexander*, in: Witte, Zollkodex, Art. 20 ZK, Rn. 41.

> *Bestandteile abhängen, die nicht notwendig offensichtlich sind (Urteil vom 25- März 1989 in der Rechtssache 40 / 88, Weber, Slg. 1989, 1395).*"[308]

Dadurch soll einerseits einer erleichterten Einreihung und andererseits einer besseren Kontrollmöglichkeit und somit letztlich der Rechtssicherheit Rechnung getragen werden.[309]

aa. Differenzierung zwischen tatsächlichen und rechtlichen Aspekten

Anders als eine typisch erscheinende Rechtsnorm nutzen die Rechtsnormen des Gemeinsamen Zolltarifs der EU zur Bezeichnung einer Ware selten umgangssprachliche Begriffe, sondern bedienen sich häufiger einer Reihe von Umschreibungen der objektiven Merkmale und Eigenschaften der Ware.[310] Dadurch machen die Rechtsnormen des Gemeinsamen Zolltarifs der EU, anders als eine typisch erscheinende Rechtsnorm, die (oftmals) eine direkte Subsumtion ermöglicht, zunächst eine tatsächliche Untersuchung, d.h. eine warenkundliche Bewertung der in Frage stehenden Ware erforderlich.[311]

Um dieser Besonderheit gerecht zu werden schlägt *Hülsmeier* vor, in zwei Schritten zu verfahren und zwischen Tat- und Rechtsfrage, d.h. objektiver Warenbeschreibung und Subsumtion zu differenzieren.[312] *Buerstedde / Gelse* halten entgegen, auf diese Weise werde

> „*der aktive und pragmatische Charakter des Rechtsprechens unterbelichtet*"[313] und damit der „*veränderbare Verwendungsweisen eines Begriffes*"[314]

nicht genügend Rechnung getragen.

---

308 EuGH, Urteil vom 12.12.1996, Rs. C-38 / 95 (Ministero dello Finanze / Foods Import), Slg. 1996, I-6543, Rn. 17.

309 *Alexander*, in: Witte, Zollkodex, Art. 20 ZK, Rn. 41.

310 Vgl. *Hülsmeier*, Erkenntnisprobleme bei der zolltariflichen Einreihung einer Ware – zugleich eine Anmerkung zum Urteil des Bundesfinanzhofs vom 18.12.2001, ZfZ 10 / 2002, 326 (330); *Alexander*, in: Witte, Zollkodex, Art. 20 ZK, Rn. 41.

311 *Bleihauer*, in: Hübschmann / Hepp / Spitaler, Kommentar AO / FGO, Band XIV, Art. 20 ZK, Rn. 79.

312 *Hülsmeier*, Erkenntnisprobleme bei der zolltariflichen Einreihung einer Ware – zugleich eine Anmerkung zum Urteil des Bundesfinanzhofs vom 18.12.2001, ZfZ 10 / 2002, 326 (326).

313 *Buerstedde / Gelse*, Überraschungen – Anmerkungen zum BFH-Urteil vom 18.12.2001 zur zolltariflichen Einreihung von Überraschungseier-Figuren und der Besprechung von Rudolf Hülsmeier in: ZfZ 2002 Nr. 10, ZfZ 9 / 2003, 298 (304).

314 *Buerstedde / Gelse*, Überraschungen – Anmerkungen zum BFH-Urteil vom 18.12.2001 zur zolltariflichen Einreihung von Überraschungseier-Figuren und der Besprechung von Rudolf Hülsmeier in: ZfZ 2002 Nr. 10, ZfZ 9 / 2003, 298 (304).

Letzteren ist zuzugeben, dass die warenkundliche Bewertung in tatsächlicher Hinsicht dadurch erschwert wird, dass die Eigenschaften und Merkmale nicht auf den ersten Blick feststellbar sein müssen.[315] So orientieren sich die Eigenschaften und Merkmale, die eine Position als Tatbestandsmerkmale nennt, selten am Herstellungsverfahren, öfter hingegen an ihrer stofflichen Beschaffenheit und ihrer Funktion.[316] Eine klare Trennung zwischen der warenkundlichen Bewertung in tatsächlicher Hinsicht und der Subsumtion unter einer bestimmte Position kann daher in der Praxis schwierig sein.[317] Der *EuGH* stellte diesbezüglich jedoch bereits mit Urteil vom 16. Dezember 1976, Rs. 38 / 76 (Industriemetall LUMA GmbH / Hauptzollamt Duisburg) fest:

> „*Wenn der Zolltarif auch in bestimmten Fällen auf die Art und Weise der Herstellung oder den Verwendungszweck der Ware abstellt, so greift er doch in der Regel im Interesse der Rechtssicherheit und leichteren Nachprüfbarkeit vorzugsweise auf Einordnungskriterien zurück, die auf den objektiven Beschaffenheitsmerkmalen und Eigenschaften des Erzeugnisses beruhen, deren Vorliegen im Zeitpunkt der Verzollung nachgeprüft werden kann.*“[318]

In Anbetracht dessen erscheint es umso zwingender die warenkundliche Beurteilung von der eigentlichen Subsumtion zu trennen, um dem Charakter der Einreihung als Subsumtionsvorgang Rechnung zu tragen und die Grundsätze juristischer Methodik zu wahren.[319] Die warenkundliche Bewertung soll zwar die Subsumtion unter eine Position oder Unterposition ermöglichen, darf diese jedoch keinesfalls ersetzen.[320]

Insofern spricht für die von *Hülsmeier* vorgeschlagene Vorgehensweise, dass so eine Vermischung tatsächlicher und rechtlicher Aspekte vermieden wird. Die Frage, welche objektiven Merkmale eine Ware aufweist (als tatsächlichem Aspekt ihrer Einreihung) wird von der Frage, ob diese Ware mit ihren Merkmalen unter

---

315 Vgl. auch *Alexander*, in: Witte, Zollkodex, Art. 20 ZK, Rn. 42.

316 Vgl. *Alexander*, in: Witte, Zollkodex, Art. 20 ZK, Rn. 42; *Bleihauer*, in: Hübschmann / Hepp / Spitaler, Kommentar AO / FGO, Band XIV, Art. 20 ZK, Rn. 74, auf den *Wolffgang*, in: Schulze / Zuleeg / Kadelbach, Europarecht, § 33 Zollrecht, S. 2052, Rn. 115 verweist.

317 *Jäger*, Revisionsrechtliche Besonderheiten bei Entscheidungen in Zolltarifsachen, ZfZ 9 / 2008, 240 (242).

318 EuGH, Urteil vom 16.12.1976, Rs. 38 / 76 (Industriemetall LUMA GmbH / Hauptzollamt Duisburg), Slg. 1976, I-2027, Rz. 7.

319 Vgl. *Bleihauer / Schulte*, in: Witte / Wolffgang, Lehrbuch des Europäischen Zollrechts, S. 452f., Rn. 1355ff.

320 *Bleihauer*, in: Hübschmann / Hepp / Spitaler, Kommentar AO / FGO, Band XIV, Art. 20 ZK, Rn. 79.

eine bestimmte Position subsumiert werden kann (als rechtlichem Aspekt ihrer Einreihung) getrennt.[321]

Auch *Bleihauer* rät zwecks Erzielung gutachterlicher Einreihungsergebnisse zur Erstellung eines sog. „*Arbeitsblattes*“[322], mit dessen Hilfe in einem Dreischritt, nämlich (1.) der warenkundlichen Bewertung, (2.) der „*Ordnungsphase*“[323] und (3.) der eigentlichen „*Formulierung*“[324] mögliche Positionen, ihre Begründung sowie die sich daraus ergebenden Folgerungen ermittelt werden.[325] Dabei bleibt für *Bleihauer* die

> *„erforderliche warenkundliche Bewertung […] immer nur ein Schritt zur Ermöglichung des juristischen Subsumtionsvorgangs“*[326].

Zuzustimmen ist *Bleihauer*, dass der besondere Vorteil dieser Vorgehensweise die übersichtliche

> *„Darstellungsmethode unmittelbar zu lückenlosem und juristisch sauberen Vorgehen zwingt“*[327],

die hinreichend sicherstellt, dass der Gemeinsame Zolltarif der EU mit juristischen Vorgehensweisen gehandhabt wird.[328] Dies ist insbesondere deshalb von Bedeutung, da die Frage, ob eine bestimmte Ware dem in einer Position verwendeten Begriff unterfällt, als eigentlicher Subsumtionsvorgang unter die Tatbestandsvoraussetzungen dieser Position, anders als die Frage nach der Feststellung der Beschaffenheit einer Ware, für die Verwirklichung des Ziels einer europaweit einheitlichen Anwendung und Auslegung des Gemeinsamen Zolltarifs relevant ist.[329]

---

321 *Hülsmeier*, Erkenntnisprobleme bei der zolltariflichen Einreihung einer Ware – zugleich eine Anmerkung zum Urteil des Bundesfinanzhofs vom 18.12.2001, ZfZ 10 / 2002, 326 (326).

322 *Bleihauer / Schulte*, in: Witte / Henke, Fallsammlung Europäisches Zollrecht, S. 289.

323 *Bleihauer / Schulte*, in: Witte / Henke, Fallsammlung Europäisches Zollrecht, S. 291.

324 *Bleihauer / Schulte*, in: Witte / Henke, Fallsammlung Europäisches Zollrecht, S. 291.

325 Vgl. dazu insgesamt *Bleihauer / Schulte*, in: Witte / Henke, Fallsammlung Europäisches Zollrecht, S. 289ff.

326 *Bleihauer*, in: Hübschmann / Hepp / Spitaler, Kommentar AO / FGO, Band XIV, Art. 20 ZK, Rn. 79.

327 *Bleihauer / Schulte*, in: Witte / Henke, Fallsammlung Europäisches Zollrecht, S. 288.

328 Vgl. *Bleihauer / Schulte*, in: Witte / Henke, Fallsammlung Europäisches Zollrecht, S. 288f.

329 *Jäger*, Revisionsrechtliche Besonderheiten bei Entscheidungen in Zolltarifsachen, ZfZ 9 / 2008, 240 (243f.).

Im nationalen (deutschen) Prozessrecht tragen dem z.B. die §§ 115 Abs. 2 Nr. 1 und 118 Abs. 2 FGO Rechnung. Während die Feststellung der Beschaffenheit einer Ware nach § 118 Abs. 2 FGO Sache des Tatsachengerichtes ist, an die auch der BFH gebunden ist, ist die Frage der Subsumtion einer Ware unter eine Zolltarifposition nach § 115 Abs. 2 Nr. 1 FGO von grundsätzlicher Bedeutung und vom BFH überprüfbar.[330]

bb. Die AV als Regelungen für die Subsumtion oder für die Auslegung?

Aus rechtssystematischer Sicht stellt sich die Frage, ob es sich bei den AV um Regelungen für die Subsumtion oder für die Auslegung handelt. Wie bereits dargestellt, handelt es sich dann um Regeln für die Subsumtion, wenn diese der Zuordnung des

> „*Sachverhalt*[es] *als individuell-konkrete Verwirklichung* […] [unter die] *generell-abstrakt formulierten rechtlich relevanten Umstände*“[331]

des Tatbestandes dienen; um solche der Auslegung hingegen, wenn diese Zuordnung nicht zweifelsfrei möglich und die Definition einer Tatbestandsvoraussetzung ambivalent ist.[332]

Der Wortlaut der Überschrift der AV *Allgemeine Vorschriften für die Auslegung der Kombinierten Nomenklatur* scheint zunächst nahezulegen, dass es sich systematisch um Regelungen für die Auslegung handele. Die einleitende Formulierung der AV

> *für die Einreihung von Waren in die Kombinierte Nomenklatur gelten folgende Grundsätze*

hingegen stellt klar, dass eine systematische Einordnung der Regeln als Teil des Einreihungsprozesses und damit als Teil des Subsumtionsvorganges geboten ist.

Die AV basieren auf dem HS, beanspruchen wie dieses Rechtsverbindlichkeit und sollen der einheitlichen Rechtsanwendung dienen.[333] Nicht nur der Umstand, dass die AV rechtsverbindlich sind, sondern auch der mit ihnen verfolgte Zweck sprechen demnach für eine Klassifizierung der AV als Regeln der Einreihung, der Subsumtion, und nicht der Auslegung. Sie sollen nicht (erst) im Zweifelsfall, sondern müssen vielmehr immer Beachtung finden.

---

330 *Jäger*, Revisionsrechtliche Besonderheiten bei Entscheidungen in Zolltarifsachen, ZfZ 9 / 2008, 240 (242).

331 *Muthorst*, Grundlagen der Rechtswissenschaft, S. 93, Rn. 11.

332 *Zippelius*, Juristische Methodenlehre, S. 16.

333 *Bleihauer / Schulte*, in: Witte / Wolffgang, Lehrbuch des Europäischen Zollrechts, S. 430, Rn. 1318; *Bleihauer*, Der Gemeinsame Zolltarif der EU, AW-Prax 5 / 96, 175 (178).

Inhaltlich sehen die AV Lösungen bei Konkurrenzproblemen vor und gewährleisten so die Ermittlung einer klaren Tarifzuordnung.[334] Sie enthalten also inhaltlich Regelungen für die Zuordnung eines konkret-individuellen Sachverhaltes zu einem abstrakten-generellen Tatbestand, demnach Regelungen der Subsumtion.[335] Somit handelt es sich bei den AV um

> „*verbindliche Einreihungsregeln*“[336], die als „*wertvolle Erkenntnismittel*“[337] der „*aufeinander abgestimmte*[n] *Schritte*“[338]

der Einreihung erlassen wurden.

b. *Hilfsweise durch Auslegung*

Ist eine Einreihung nicht zweifelsfrei möglich, bedarf es - wie bei jeder typisch erscheinenden Rechtsnorm - der Auslegung des mehrdeutigen Tatbestandsmerkmales.[339]

aa. (Klassische) Auslegungskriterien nach von Savigny

Dabei kommen ebenso die klassischen Auslegungskriterien nach *von Savigny*, d.h. eine am Wortlaut, an der Systematik, dem historischen Kontext und dem Sinn und Zweck orientierte Auslegung zur Anwendung.[340] Diese Auslegungskriterien gelten auch für europarechtliche Regelungen, wobei zum Zwecke der einheitlichen Auslegung der KN innerhalb der EU insbesondere die am Wortlaut orientierte Auslegung von Bedeutung ist.[341]

---

334 Vgl. *Landry / Harings*, in: Kilian / Heussen, Computerrechts-Handbuch, 1. Abschnitt, Teil 8, Rn. 39; *Bleihauer*, in: Hübschmann / Hepp / Spitaler, Kommentar AO / FGO, Band XIV, Art. 20 ZK, Rn. 27.

335 Vgl. *Bleihauer*, in: Hübschmann / Hepp / Spitaler, Kommentar AO / FGO, Band XIV, Art. 20 ZK, Rn. 28f.

336 *Bleihauer*, in: Hübschmann / Hepp / Spitaler, Kommentar AO / FGO, Band XIV, Art. 20 ZK, Rn. 74.

337 So z.B. EuGH, Urteil vom 23.1.2014, Rs. C-380 / 12 (X), elektronische Sammlung (ECLI:EU:C:2014:21), Rn. 48 m.w.N.

338 *Ovie*, Das Europäische Zollrecht, Teil 5, AW-Prax 12 / 2007, 517 (518).

339 Vgl. *Zippelius*, Juristische Methodenlehre, S. 35ff.; sowie *Bleihauer*, in: Hübschmann / Hepp / Spitaler, Kommentar AO / FGO, Band XIV, Art. 20 ZK, Rn. 29.

340 Vgl. *Muthorst*, Grundlagen der Rechtswissenschaft, S. 113, Rn. 17 und S. 108 Rn. 7; *Jäger*, Revisionsrechtliche Besonderheiten bei Entscheidungen in Zolltarifsachen, ZfZ 9 / 2008, 240 (243).

341 *Alexander*, in: Witte, Zollkodex, Art. 20 ZK, Rn. 39.

Da nach Art. 20 des HS-Übereinkommens der englische und französische Wortlaut des HS verbindlich sind, spielen für die Auslegung der KN diese beiden Amtssprachen der EU eine besondere Bedeutung.[342] So richtet sich der EuGH bei einer am Wortlaut orientierten Auslegung zunächst nach dem französischen und englischen Text der KN, so z.B. in seinem Urteil vom 16. Oktober 1980, verb. Rs. 824 / 79 und 825 / 79 (Prodotti Alimentari Folci) zur Frage der Auslegung *ganzer Pilze*.

Während auch eine an der Systematik und dem Sinn und Zweck orientierte Auslegung der Tatbestandsmerkmale der (Unter-)Positionen häufig herangezogen wird, ist eine am historischen Kontext orientierte Auslegung hingegen seltener von Relevanz.[343] Grund dafür ist, dass es für die Einreihung - wie bereits oben gezeigt - maßgeblich auf einen fixen Zeitpunkt (nämlich den der Entstehung der Zollschuld) ankommt.

bb. Besonderheiten des Gemeinsamen Zolltarifs der EU

Neben diesen (klassischen) Auslegungskriterien spielen für den Gemeinsamen Zolltarif der EU spezifische Besonderheiten eine zentrale Rolle.

(1.) Erläuterungen zu den Positionen und Unterpositionen des HS

Die - vom Ausschuss für das HS als Vorschläge formulierten (Art. 7 des HS-Übereinkommens) und der WCO vorlegten (Art. 8 des HS-Übereinkommens) - Erläuterungen zu den Positionen und Unterpositionen des HS sind zwar rechtlich nicht verbindlich, jedoch zum Zweck einer einheitlichen Anwendung des HS von enormer praktischer Relevanz.[344] Sie präzisieren inhaltlich - oftmals durch beispielhafte Aufzählungen - die einzelnen Kapitel und Unterpositionen des HS.[345]

Wenngleich der EuGH sie daher in ständiger Rechtsprechung als

> *„wertvolle Erkenntnismittel für die Auslegung des Tarifs“*[346]

---

342 *Alexander*, in: Witte, Zollkodex, Art. 20 ZK, Rn. 40.

343 Vgl. *Alexander*, in: Witte, Zollkodex, Art. 20 ZK, Rn. 47.

344 *Alexander*, in: Witte, Zollkodex, Art. 20 ZK, Rn. 28f.

345 Vgl. *Bleihauer*, in: Hübschmann / Hepp / Spitaler, Kommentar AO / FGO, Band XIV, Art. 20 ZK, Rn. 64; *Ovie / Wolffgang*, in: Wolffgang / Simonsen / Rogmann, AWR-Kommentar, Band II, S. 50, Rn. 201; sowie u.a. EuGH, Urteil vom 14.11.2011, verb. Rs. C-288 / 09, C-289 / 09 (British Sky Broadcasting und Pace), Slg. 2011, I-2851, Rn. 63ff. m.w.N.

346 So z.B. EuGH, Urteil vom 23.1.2014, Rs. C-380 / 12 (X), elektronische Sammlung (ECLI:EU:C:2014:21), Rn. 48.

anerkennt, dürfen sie jedoch nur herangezogen werden, wenn auf unionsrechtlicher Ebene keine gesonderten Auslegungsregeln für den in Frage stehenden Fall existieren.[347]

(2.) Erläuterungen zur KN

So sind insbesondere auch die Erläuterungen zur KN, die die Erläuterungen zu den Positionen und Unterpositionen des HS ergänzen und ihnen in ihrem Aufbau folgen, heranzuziehen.[348] Sie kommentieren - in Form von Verwaltungsanweisungen - den Gemeinsamen Zolltarif der EU.[349] Sie sind unbestritten kein Bestandteil des Gemeinsamen Zolltarifs der EU i.S. des Art. 56 Abs. 2 UZK, sondern werden gem. Art. 9 Abs. 1 lit. a) 2. Spiegelstrich i.V.m. Art. 10 der VO (EWG) 2658 / 87[350] von der Kommission unter Mitwirkung des Ausschusses für den Zollkodex und ggf. des Rates (nach dem Vertragssystem von Lissabon i.S. des Art. 16 AEUV) erlassen.[351]

Sie dürfen weder die KN, vgl. Art. 9 Abs. 2 VO (EG) Nr. 2658 / 87[352], noch das HS (als völkerrechtlich bindendes Abkommen) ändern, arg. ex Art. 216 Abs. 2 AEUV.[353] Die Erläuterungen zur KN dienen der Auslegung eines Tatbestandsmerkmales einer Rechtsnorm des Gemeinsamen Zolltarifs der EU, sind jedoch selbst keine Tatbestandsmerkmale.[354] Während die Erläuterungen der KN für die Zollbehörden (als Verwaltungsanweisungen) verbindlich

347 EuGH, Urteil vom 4.10.1979, Rs. 11 / 79 (Cleton), Slg. 1979, I-3069, Rn. 9ff.

348 Vgl. *Alexander*, in: Witte, Zollkodex, Art. 20 ZK, Rn. 32; *Bleihauer*, in: Hübschmann / Hepp / Spitaler, Kommentar AO / FGO, Band XIV, Art. 20 ZK, Rn. 64; vgl. zu den Erläuterungen zur KN grundsätzlich auch *Eyl*, EuGH-Rechtsprechung zum Gemeinsamen Zolltarif (GZT) und zur Kombinierten Nomenklatur (KN): 1979-1998, ZfZ 6 / 2000, 182 (187).

349 *Bleihauer / Schulte*, in: Witte / Wolffgang, Lehrbuch des Europäischen Zollrechts, S. 427, Rn. 1314; *Bleihauer*, in: Hübschmann / Hepp / Spitaler, Kommentar AO / FGO, Band XIV, Art. 20 ZK, Rn. 64; *Ovie / Wolffgang*, in: Wolffgang / Simonsen / Rogmann, AWR-Kommentar, Band II, S. 50, Rn. 200.

350 ABl. L 256 vom 7.9.1987, S. 1-675.

351 Vgl. *Bleihauer*, in: Hübschmann / Hepp / Spitaler, Kommentar AO / FGO, Band XIV, Art. 20 ZK, Rn. 64; sowie auch EuGH, Urteil vom 14.11.2011, verb. Rs. C-288 / 09, C-289 / 09 (British Sky Broadcasting und Pace), Slg. 2011, I-2851, Rn. 19.

352 ABl. L 256 vom 7.9.1987, S. 1-675.

353 Vgl. *Alexander*, in: Witte, Zollkodex, Art. 20 ZK, Rn. 29ff.; auf den auch *Landry / Harings*, in: Kilian / Heussen, Computerrechts-Handbuch, 1. Abschnitt, Teil 8, Rn. 40 verweisen.

354 *Bleihauer / Schulte*, in: Witte / Wolffgang, Fallsammlung Europäisches Zollrecht, S. 291f.

sind, besteht für die nationalen Gerichte - wenngleich vielfach in der Rechtsprechung der nationalen Gerichte als Argumentationshilfe herangezogen - keine Bindung.[355]

Die Erläuterungen zur KN enthalten Präzisierungen, Kommentierungen und ergänzende Informationen zu den einzelnen Abschnitten, Kapiteln und Positionen.[356] Oftmals handelt es sich um kasuistische Regelungsinhalte, teilweise auch um Definitionen.[357] Sie kommen insbesondere dann zur Anwendung, wenn eine Ware unter die Tatbestandsmerkmale mehrere Positionen der KN subsumierbar erscheint.[358] Sie dürfen - auch wenn sie nicht eindeutig sein mögen - nicht selbst ausgelegt werden, sondern nur zur Auslegung der Positionen der KN herangezogen werden.[359] Aufgrund ihrer Ausführlichkeit und der damit einhergehenden Eigenschaft als

> *„umfassende*[s] *Kommentierungswerkes"*[360]

kommt ihnen aus praktischer Sicht für die Anwendung des Gemeinsamen Zolltarifs der EU durchaus eine größere Bedeutung zu als aus rechtlicher Sicht.[361]

(3.) Einreihungsverordnungen der Kommission

Möchte die Kommission verbindliche Regelungen bezüglich der Auslegung des Gemeinsamen Zolltarifs der EU erlassen, steht es ihr nach Art. 9 Abs. 1 lit. a) VO (EG) Nr. 2658 / 87[362] frei, Einreihungsverordnungen zu erlassen. Diese sind als

---

355 Vgl. *Bleihauer / Schulte*, in: Witte / Wolffgang, Lehrbuch des Europäischen Zollrechts, S. 428, Rn. 1314; EuGH, Urteil vom 14.11.2011, verb. Rs. C-288 / 09, C-289 / 09 (British Sky Broadcasting und Pace), Slg. 2011, I-2851, Rn. 63 m.w.N.; *Alexander*, in: Witte, Zollkodex, Art. 20 ZK, Rn. 32f.

356 *Bleihauer / Schulte*, in: Witte / Wolffgang, Lehrbuch des Europäischen Zollrechts, S. 429f., Rn. 1317.

357 *Bleihauer*, in: Hübschmann / Hepp / Spitaler, Kommentar AO / FGO, Band XIV, Art. 20 ZK, Rn. 64.

358 *Vgl. Bleihauer / Schulte*, in: Witte / Wolffgang, Fallsammlung Europäisches Zollrecht, S. 291f.

359 *Bleihauer / Schulte*, in: Witte / Wolffgang, Lehrbuch des Europäischen Zollrechts, S. 428, Rn. 1315.

360 *Bleihauer / Schulte*, in: Witte / Wolffgang, Fallsammlung Europäisches Zollrecht, S. 292.

361 Vgl. *Bleihauer / Schulte*, in: Witte / Wolffgang, Lehrbuch des Europäischen Zollrechts, S. 429f., Rn. 1317; *Bleihauer*, in: Hübschmann / Hepp / Spitaler, Kommentar AO / FGO, Band XIV, Art. 20 ZK, Rn. 64; *Ovie / Wolffgang*, in: Wolffgang / Simonsen / Rogmann, AWR-Kommentar, Band II, S. 50, Rn. 201.

362 ABl. L 256 vom 7.9.1987, S. 1-675.

Verordnungen i.S. des Art. 288 UAbs. 2 AEUV verbindlich und gelten unmittelbar in jedem Mitgliedstaat. Ihre Rechtsnatur trägt ihrem Ziel einer einheitlichen Auslegung des Gemeinsamen Zolltarifs im Vergleich z.B. zu einer Richtlinie, die nach Art. 288 UAbs. 3 AEUV nur hinsichtlich ihres zu erreichenden Ziels verbindlich wäre, in besonderem Maß Rechnung. Seit dem 1. Mai 2016 können Einreihungsverordnungen auf Basis der neugeschaffenen Befugnisübertragung in Art. 58 Abs. 2 UZK erlassen werden und nicht mehr nur nach Art. 9 VO (EG) Nr. 2658 / 87[363].[364]

In Form von Einreihungsverordnungen werden oftmals Regelungen zu einzelnen Waren und nicht zu ganzen Warengruppen getroffen.[365] Als Verordnung i.S. des Art. 288 UAbs. 2 AEUV sind Einreihungsverordnungen in allen ihren Teilen verbindlich und gelten in jedem Mitgliedstaat unmittelbar.

Einreihungsverordnungen können grundsätzlich in zeitlicher Hinsicht nur für den Zeitraum nach ihrem Inkrafttreten Wirkung entfalten.[366] In inhaltlicher Hinsicht gelten sie zudem nur für diejenigen Waren, für die sie erlassen worden sind.[367] Eine Ausnahme besteht jedoch dann, wenn sie - zum Zweck der einheitlichen Anwendung der KN - klarstellende Funktion haben.[368] In diesem Fall kann eine Einreihungsverordnung - obwohl sie zu dem maßgeblichen Einreihungszeitpunkt in zeitlicher Hinsicht noch nicht in Kraft war - in inhaltlicher Hinsicht als Indiz war herangezogen werden, sofern die Warenbeschreibungen in den wesentlichen Punkten identisch sind.[369]

Eine tatsächliche, grundlegende Änderung des HS und damit auch der KN darf jedoch auch durch eine Einreihungsverordnung nicht erfolgen, da die Organe der Union an von der Union geschlossene völkerrechtliche Übereinkommen - wie das HS - gebunden sind, vgl. Art. 216 Abs. 2 AEUV.[370]

---

363 ABl. L 256 vom 7.9.1987, S. 1-675.

364 *Lux*, Einführung in den Zollkodex der Union (UZK) – Teil I, ZfZ 7 / 2014, 178 (189).

365 *Alexander*, in: Witte, Zollkodex, Art. 20 ZK, Rn. 33.

366 BFH, Urteil vom 12. 04.2011 – Az. VII R 20 / 07, BFH / NV 2011, 1273, Rn. 13.

367 *Bleihauer*, in: Hübschmann / Hepp / Spitaler, Kommentar AO / FGO, Band XIV, Art. 20 ZK, Rn. 80 unter Verweis auf BFH v. 4.11.2003, Az. VII R 58 / 02, BFHE 204,37.

368 BFH, Urteil vom 12.4.2011, Az. VII R 20 / 07, BFH / NV 2011, 1273, Rn. 13.

369 Vgl. anstelle vieler BFH, Urteil vom 12.4.2011, Az. VII R 20 / 07, BFH / NV 2011, 1273, Rn. 13; sowie *Bleihauer*, in: Hübschmann / Hepp / Spitaler, Kommentar AO / FGO, Band XIV, Art. 20 ZK, Rn. 80.

370 Vgl. u.a. *Alexander*, in: Witte, Zollkodex, Art. 20 ZK, Rn. 33; *Landry / Harings*, in: Kilian / Heussen, Computerrechts-Handbuch, 1. Abschnitt, Teil 8, Rn. 41.

(4.) Tarifentscheide des Ausschusses für den Zollkodex

Auch die Tarifentscheide des Ausschusses für den Zollkodex (früher: Ausschuss für das Schema des Gemeinsamen Zolltarifs), durch den die Kommission unterstützt wird, dienen als rechtlich unverbindliche Hilfsmittel dem Zwecke der Auslegung und der einheitlichen Anwendung der KN durch die Zollbehörden.[371]

Der EuGH sieht die Tarifentscheide ebenfalls als

> *„maßgebliche Erkenntnismittel für die Auslegung"*[372]

des Gemeinsamen Zolltarifs der EU an. Sie müssen mit dem Inhalt der Bestimmungen des Gemeinsamen Zolltarifs der EU in Einklang sein und dürfen ihn nicht verändern.[373]

(5.) Rechtsprechung

Über ihre *inter partes*-Wirkung hinaus entfalten Urteile des EuGH über die Auslegung des Unionsrechts insofern auch Wirkung für zukünftige Verfahren als abweichende Entscheidungen der nationalen Gerichte der einheitlichen Auslegung des Unionsrechts entgegenstünden und letztinstanzliche Gerichte, die von der vom EuGH vorgegebenen Auslegung abweichen wollen, dem EuGH die Frage erneut vorlegen müssen bzw. (nicht letztinstanzliche) Gerichte der unterliegenden Partei einen Rechtsmittelgrund liefern.[374] Bei Zweifeln über die Auslegung der KN kann, Art. 267 UAbs. 2 AEUV, bzw. muss ein Gericht eines Mitgliedstaates, dessen Entscheidungen selbst nicht mehr mit Rechtsmitteln des innerstaatlichen Rechts angefochten werden kann, Art. 267 UAbs. 3 AEUV, dem EuGH die Frage der Auslegung der KN zur Vorabentscheidung vorlegen, Art. 267 AEUV.[375]

---

371 *Eyl*, EuGH-Rechtsprechung zum Gemeinsamen Zolltarif (GZT) und zur Kombinierten Nomenklatur (KN): 1979-1998, ZfZ 6 / 2000, 182 (187); EuGH, Urteil vom 8.12.1987, Rs. 42 / 86 (Directeur général des douanes und droits indirects / Artimport), Slg. 1987, I-4817, Rn. 10.

372 EuGH, Urteil vom 8.12.1987, Rs. 42 / 86 (Directeur général des douanes und droits indirects / Artimport), Slg. 1987, I-4817, Rn. 10.

373 EuGH, Urteil vom 8.12.1987, Rs. 42 / 86 (Directeur général des douanes und droits indirects / Artimport), Slg. 1987, I-4817, Rn. 10.

374 Vgl. *Alexander*, in: Witte, Zollkodex, Art. 20 ZK, Rn. 38; *Landry / Harings*, in: Kilian / Heussen, Computerrechts-Handbuch, 1. Abschnitt, Teil 8, Rn. 43; *Karpenstein*, in: Grabitz / Hilf / Nettesheim, Das Recht der Europäischen Union, Band III, Art. 267 AEUV, Rn. 104ff.

375 Vgl. *Landry / Harings*, in: Kilian / Heussen, Computerrechts-Handbuch, 1. Abschnitt, Teil 8, Rn. 42.

Schließlich erzeugt – über das Ausgangsverfahren hinaus – die Ungültigkeitserklärung eines Unionsrechtsakts durch den EuGH Rechtswirkung (*erga omnes*).[376]

III. Zwischenergebnis

Zusammenfassend lassen sich somit folgende strukturelle Gemeinsamkeiten und Unterschiede zwischen einer typisch erscheinenden Rechtsnorm und den Rechtsnormen des Gemeinsamen Zolltarifs der EU festhalten:

Die Rechtsnormen des Gemeinsamen Zolltarifs der EU **unterscheiden** sich durch ihre Positionen, Anmerkungen und Codenummern optisch von einer typisch erscheinenden Rechtsnorm.[377]

Strukturell weisen sie jedoch insbesondere nachfolgende drei **Gemeinsamkeiten** mit einer typisch erscheinenden Rechtsnorm auf:

So setzen sich die Rechtsnormen des Gemeinsamen Zolltarifs der EU

(1.) aus den gleichen Grundelementen zusammen wie eine typisch erscheinende Rechtsnorm.

(2.) Sie ordnen diese Elemente ebenso dem Konditionalschema folgend an und

(3.) der Umgang mit ihnen bedarf (abgesehen von einigen kleinen zolltariflichen Besonderheiten) ebenso besonderer juristischer Vorgehensweisen wie der mit einer typisch erscheinenden Rechtsnorm auch.

B. Die Rechtsaktformen des Gemeinsamen Zolltarifs der EU

Wie ausgeführt sind die Regelungen des Gemeinsamen Zolltarifs der EU Rechtsnormen und müssen als solche behandelt werden. Anders als typisch erscheinende Rechtsnormen basieren sie rechtlich jedoch nicht unmittelbar auf **einer** Rechtsgrundlage, sondern beruhen die KN und Regelzollsätze auf der VO (EG) Nr. 2658 / 87[378], während vertragliche Zollpräferenzen ihre Rechtsgrundlage in völkerrechtlichen Abkommen und autonome Präferenzen in eigenen

---

376 *Karpenstein*, in: Grabitz / Hilf / Nettesheim, Das Recht der Europäischen Union, Band III, Art. 267 AEUV, Rn. 107.

377 Vgl. *Bleihauer*, „Marginalien" zur Zolltarifrechtsausbildung, ddZ 7-8 / 2002, F 41 (F41); *Bleihauer*, in: Hübschmann / Hepp / Spitaler, Kommentar AO / FGO, Band XIV, Art. 20 ZK, Rn. 8.

378 ABl. L 256 vom 7.9.1987, S. 1-675.

Rechtsakten - oftmals Verordnungen - haben.[379] Nachfolgend sollen daher die einzelnen Rechtsaktformen, in denen die Regelungen des Gemeinsamen Zolltarifs der EU enthalten sind, analysiert und weiterhin hinterfragt werden, ob diese Regelung (in vielen unterschiedlichen Rechtsakten) erforderlich bzw. sinnvoll ist und dem Gemeinsamen Zolltarif der EU als Normativakt gerecht wird.

I. Rechtsaktformen des Gemeinsamen Zolltarifs der EU

1. Völkerrechtliche Abkommen

Rechtsgrundlage vertraglicher Präferenzmaßnahmen i.S. des Art. 56 Abs. 2 lit. d) UZK sind völkerrechtliche Abkommen der EU mit anderen Staaten bzw. Staatengruppen.[380] Sie können auf Grundlage von Art. 207 Abs. 1 S. 1 AEUV als Zoll- und Handelsabkommen, die den Handel mit Waren und Dienstleistungen betreffen und auf Grundlage von Art. 217 AEUV als Assoziierungsabkommen geschlossen werden.[381] Beispielhaft sei das 1995 unterzeichnete „Europa-Mittelmeer-Abkommen"[382] erwähnt, dessen Zweck die

379 Vgl. *Bleihauer*, in: Hübschmann / Hepp / Spitaler, Kommentar AO / FGO, Band XIV, Art. 20 ZK, Rn. 5, 67ff.; *Friedrich*, in: Schwarz / Wockenfoth, Zollrecht, Band 1 / 1, Art. 20 ZK, Rn. 79ff.

380 *Wolffgang*, in: Schulze / Zuleeg / Kadelbach, Europarecht, S. 2053, Rn. 119.

381 Vgl. noch zum EGV *Lux*, Zollrecht und Völkerrecht in der EU, ZfZ 8 / 2005, 254 (255).

382 Europa-Mittelmeer-Abkommen zur Gründung einer Assoziation zwischen den Europäischen Gemeinschaften und ihren Mitgliedstaaten einerseits und dem Staat Israel andererseits - Protokoll Nr. 1 über die Regelung der Einfuhr von landwirtschaftlichen Erzeugnissen mit Ursprung in Israel in die Gemeinschaft - Protokoll Nr. 2 über die Regelung der Einfuhr von landwirtschaftlichen Erzeugnissen mit Ursprung in der Gemeinschaft nach Israel - Protokoll Nr. 3 über Fragen des Pflanzenschutzes nach Tunesien - Protokoll Nr. 4 über die Bestimmung des Begriffs "Erzeugnisse mit Ursprung in" oder "Ursprungserzeugnisse" und über die Methoden der Zusammenarbeit der Verwaltungen - Protokoll Nr. 5 über Amtshilfe im Zollbereich - Gemeinsamen Erklärungen - Abkommen in Form eines Briefwechsels über noch nicht geklärte bilaterale Fragen - Abkommen in Form eines Briefwechsels zu Protokoll Nr. 1 über die Einfuhr frischer geschnittener Blumen und Blüten sowie deren Knospen der Unterposition 0603 10 des Gemeinsamen Zolltarifs in die Gemeinschaft - Abkommen in Form eines Briefwechsels zur Umsetzung der Übereinkünfte der Uruguay-Runde - Erklärungen der Europäischen Gemeinschaft - Erklärung Israels, veröffentlicht im ABl. L 147 vom 21.6.2000, S. 3–172.

> „*Errichtung* […] / […] *Ausbau einer Freihandelszone* […] [mit dem Ziel der] *Abschaffung von Einfuhrzöllen, mengenmäßigen Beschränkungen und Maßnahmen gleicher Wirkung im Handel*“[383]

zwischen den Vertragsparteien ist.

Nach Ansicht des EuGH stellen die Bestimmungen eines völkerrechtlichen Abkommens auf dem Gebiet des Zollrechts einen

> „*integrierenden Bestandteil der Gemeinschaftsrechtsordnung*“[384]

dar, für deren

> „*einheitliche Anwendung innerhalb der gesamten Gemeinschaft*“[385]

er sich zuständig sieht. Der EuGH formuliert:

> „*Nach den Grundsätzen des Völkerrechts bleibt es den Gemeinschaftsorganen, die für das Aushandeln und den Abschluss eines Abkommens mit einem dritten Land zuständig sind, unbenommen, mit diesem Land zu vereinbaren, welche Wirkungen die Bestimmungen des Abkommens in der internen Rechtsordnung der Vertragsparteien haben sollen. Nur wenn diese Frage durch das Abkommen nicht geregelt worden ist, haben die zuständigen Gerichte und hat insbesondere der Gerichtshof im Rahmen seiner Zuständigkeit aufgrund des Vertrages, über diese Frage ebenso wie über jede andere Auslegungsfrage im Zusammenhang mit der Anwendung des Abkommens in der Gemeinschaft zu entscheiden.*“[386]

Für den Fall, dass mangels Bestimmungen zur Geltung eines Abkommens in diesem selbst eine Entscheidung über die Geltung des Abkommens durch den EuGH vonnöten sein sollte, verlangt dieser für eine Annahme der unmittelbaren Geltung der Bestimmungen des Abkommens, dass diese

> „*unbedingt und hinreichend klar gefaßt*“[387] sind.[388]

Im Fall des HS-Übereinkommens sahen die im Abkommen enthaltenen Bestimmungen lediglich ihre Berücksichtigung im Unionsrecht, nämlich in Form der Übernahme der Nomenklatur des HS in die KN, vor, vgl. Art. 3

---

383 EuGH, Urteil vom 25.2.2010, Rs. C- 386 / 08 (Brita), Slg. 2010, I-1289, Rn. 48.

384 EuGH, Urteil vom 26.10.1982, Rs. 104 / 81 (Hauptzollamt Mainz / Kupferberg & Cie.), Slg. 1982, I-3641, Rn. 13.

385 EuGH, Urteil vom 26.10.1982, Rs. 104 / 81 (Hauptzollamt Mainz / Kupferberg & Cie.), Slg. 1982, I-3641, Rn. 14.

386 EuGH, Urteil vom 26.10.1982, Rs. 104 / 81 (Hauptzollamt Mainz / Kupferberg & Cie.), Slg. 1982, I-3641, Rn. 17.

387 EuGH, Urteil vom 26.10.1982, Rs. 104 / 81 (Hauptzollamt Mainz / Kupferberg & Cie.), Slg. 1982, I-3641, Rn. 23.

388 Vgl. *Lux*, Zollrecht und Völkerrecht in der EU, ZfZ 8 / 2005, 254 (254).

HS-Übereinkommen, sodass – unter Anwendung der oben dargestellten Grundsätze des EuGH – in diesem Fall ein Umsetzungsakt als erforderlich anzusehen gewesen ist.[389]

2. *Verordnungen*

Diesem Erfordernis wurde mit der VO (EG) Nr. 2658 / 87[390] Rechnung getragen, die sowohl die KN i.S. des Art. 56 Abs. 2 lit. a) UZK, die der Nomenklatur des HS folgt, als auch die Regelzollsätze enthält.[391] Neben der KN und den Regelzollsätzen wurde auch der Zollkodex in der Form einer Verordnung[392] erlassen; ebenso die für die Auslegung des Gemeinsamen Zolltarifs der EU relevanten Einreihungsverordnungen der Kommission. Die damit für das Zolltarifrecht bedeutsame Rechtsform der Verordnung soll nachfolgend analysiert werden. Ihre Definition in Art. 288 UAbs. 2 AEUV lautet:

> *Die Verordnung hat allgemeine Geltung. Sie ist in allen ihren Teilen verbindlich und gilt unmittelbar in jedem Mitgliedstaat.*

a. *Charakteristika und Ausprägung einer Verordnung*

Aus dieser Definition ergeben sich folgende **drei Charakteristika** einer Verordnung:

(1.) Beansprucht eine Verordnung allgemeine Geltung,
(2.) ist sie in allen ihren Teilen verbindlich und
(3.) gilt unmittelbar in jedem Mitgliedstaat.

Zentrales Charakteristikum ist die **allgemeine Geltung**, die die Rechtsnormqualität ähnlich einem Gesetz im materiellen Sinne zum Ausdruck bringt.[393] Damit ist gemeint, dass es sich um eine abstrakt-generelle Regelung, die

---

389 *Lux*, Zollrecht und Völkerrecht in der EU, ZfZ 8 / 2005, 254 (254f., 259f.).

390 ABl. L 256 vom 7.9.1987, S. 1-675.

391 Vgl. *Bleihauer / Schulte*, in: Witte / Wolffgang, Lehrbuch des Europäischen Zollrechts, S. 423f., Rn. 1308; *Ovie / Wolffgang*, in: Wolffgang / Simonsen / Rogmann, AWR-Kommentar, Band II, S. 49f., Rn. 197f.; *Alexander*, in: Witte, Zollkodex, Art. 20 ZK, Rn. 10.

392 VO (EWG) Nr. 2913 / 92, ABl. L 302 vom 19.10.1992, S. 1-50.

393 Vgl. *Frenz*, Handbuch Europarecht, Band V, S. 252, Rn. 840; sowie auch *Schroeder*, in: Streinz, EUV / AEUV, Kommentar, Art. 288 AEUV, Rn. 54; *Kotzur*, in: Geiger / Khan / Kotzur, EUV / AEUV, Kommentar, Art. 288 AEUV, Rn. 6.

> *„auf objektiv bestimmte Sachverhalte anwendbar ist und Rechtswirkungen für allgemein und abstrakt umrissene Personen zeitigt“*[394],

handelt.[395] Die Bestimmungen einer Verordnung müssen nicht nur einen Sachverhalt objektiv umschreiben und in gleicher Weise für alle Rechtsteilnehmer gelten, sondern auch für potentiell betroffene Personen offen sein.[396] Dem steht es nicht entgegen, dass

> *„sich die Rechtssubjekte [...] nach Zahl oder sogar Identität mehr oder weniger genau bestimmen lassen, solange feststeht, daß diese Geltung sich aus einer in dem Rechtsakt umschriebenen objektiven Rechts- oder Sachlage in Verbindung mit der Zielsetzung dieses Aktes ergibt“*[397].

Zweites Charakteristikum einer Verordnung ist ihre **Verbindlichkeit in allen ihren Teilen**. Damit ist nicht nur gemeint, dass die Bestimmungen Rechte und Pflichten begründen, also verbindlich sind, sondern auch, dass diese Verbindlichkeit alle Teile betrifft, eine Verordnung also hinsichtlich Ziel, Mittel und Form Rechtsverbindlichkeit beansprucht.[398]

Drittes Charakteristikum ist die **unmittelbare Geltung in jedem Mitgliedstaat**, wodurch zum Ausdruck gebracht wird, dass eine Verordnung keinerlei mitgliedstaatlichen Umsetzungsaktes bedarf, sondern mit ihrer Veröffentlichung im Amtsblatt der EU rechtswirksam ist.[399] Die Formulierung ***in** jedem Mitgliedstaat*

---

394 EuGH, Urteil vom 5.5.1977, Rs. 101 / 76 (Koninklijke Scholten Honig / Rat und Kommission), Slg. 1977, I-797, Rn. 20 / 22.

395 Vgl. z.B. *Haratsch / Koenig / Pechstein*, Europarecht, S. 166, Rn. 380; *Nettesheim*, in: Oppermann / Classen / Nettesheim, Europarecht, S. 121f., Rn. 75f; *Kotzur*, in: Geiger / Khan / Kotzur, EUV / AEUV, Kommentar, Art. 288 AEUV, Rn. 7; *Hetmeier*, in: Lenz / Borchardt, EU-Verträge, Art. 288 AEUV, Rn. 7; *Bievert*, in: Schwarze, EU-Kommentar, Art. 288 AEUV, Rn. 19.

396 *Frenz*, Handbuch Europarecht, Band V, S. 253, Rn. 843; EuGH, Urteil vom 29.6.1993, Rs. C-298 / 89 (Gibraltar / Rat), Slg. 1993, I-3605, Rn. 20; *Bievert*, in: Schwarze, EU-Kommentar, Art. 288 AEUV, Rn. 19; EuGH, Urteil vom 15.2.1996, Rs. C-209 / 94 P (Buralux u.a.), Slg. 1996, I-615, Rn. 24ff.

397 EuGH, Urteil vom 30.9.1982, Rs. 242 / 81 (Roquette Frères / Rat), Slg. 1982, I-3213, Rn. 7.

398 Vgl. *Haratsch / Koenig / Pechstein*, Europarecht, S. 166, Rn. 380; *Nettesheim*, in: Oppermann / Classen / Nettesheim, Europarecht, S. 120, Rn. 71f.; *Bievert*, in: Schwarze, EU-Kommentar, Art. 288, Rn. 20; *Nettesheim*, in: Grabitz / Hilf / Nettesheim, Das Recht der Europäischen Union, Band III, Art. 288 AEUV, Rn. 100.

399 Vgl. *Nettesheim*, in: Oppermann / Classen / Nettesheim, Europarecht, S. 121f., Rn. 78f.; *Haratsch / Koenig / Pechstein*, Europarecht, S. 168, Rn. 383; *Hetmeier*, in: Lenz / Borchardt, EU-Verträge, Art. 288 AEUV, Rn. 8; *Kotzur*, in: Geiger / Khan / Kotzur, EUV / AEUV, Kommentar, Art. 288 AEUV, Rn. 8.

legt zudem nahe, dass eine Verordnung nicht nur für einen Mitgliedstaat, sondern auch für den Einzelnen Wirkung entfalten kann.[400] Sie kann bereits ihrer Rechtsnatur nach als

> *„geeignet, für den Einzelnen Rechte zu begründen, zu deren Schutz die nationalen Gerichte verpflichtet sind“*[401],

angesehen werden.[402]

Wenngleich hinsichtlich dieser Charakteristika keinerlei Neuerungen mit dem Vertragssystem von Lissabon einhergegangen sind, ist doch die Möglichkeit der **Ausprägung** einer Verordnung als **Rechtsakte ohne Gesetzgebungscharakter** sowie als **Rechtsakte mit Gesetzgebungscharakter** (Art. 289 Abs. 3 AEUV) neu.[403] So ist von einer Verordnung mit Gesetzescharakter die Rede, wenn diese gemäß eines Gesetzgebungsverfahrens angenommen wurde, vgl. Art. 289 Abs. 3 AEUV; eine Verordnung ohne Gesetzescharakter hingegen liegt vor, wenn diese nicht in einem Gesetzgebungsverfahren angenommen wurde.[404] Letztere wiederum kann auch als delegierter Rechtsakt i.S. des Art. 290 Abs. 1 AEUV von der Kommission oder als Durchführungsrechtsakt i.S. des Art. 291 Abs. 1 AEUV von den Mitgliedstaaten erlassen werden.[405] Während Verordnungen, die als Gesetzgebungsakte erlassen werden, gemäß Art. 297 Abs. 1 UAbs. 3 S. 1 AEUV im Amtsblatt der EU veröffentlicht werden müssen, bedürfen Verordnungen ohne Gesetzescharakter nur in den in Art. 297 Abs. 2 AEUV genannten Fällen einer Veröffentlichung.[406]

b. Würdigung dieser Wahl der Rechtsaktform im Lichte der Besonderheiten des Gemeinsamen Zolltarifs der EU

Rechtsgrundlage einer Verordnung ist nicht Art. 288 UAbs. 2 AEUV selbst, vgl. das Prinzip der begrenzten Einzelermächtigung, Art. 5 Abs. 1 S. 1, Abs. 2 AEUV.[407] Auf welche Rechtsgrundlage eine Verordnung gestützt werden muss,

---

400 *Bievert*, in: Schwarze, EU-Kommentar, Art. 288 AEUV, Rn. 22.

401 EuGH, Urteil vom 14.12.1971, Rs. 43 / 71 (Politi / Ministero delle finanze), Slg. 1971, 1039, Rn. 9.

402 Vgl. auch *Schroeder*, in: Streinz, EUV / AEUV, Kommentar, Art. 288 AEUV, Rn. 57.

403 Vgl. *Kotzur*, in: Geiger / Khan / Kotzur, EUV / AEUV, Kommentar, Art. 288 AEUV, Rn. 4; *Hetmeier*, in: Lenz / Borchardt, EU-Verträge, Art. 288 AEUV, Rn. 5.

404 *Haratsch / Koenig / Pechstein*, Europarecht, S. 164f., Rn. 378.

405 *Rösch*, Die Handlungsformen nach dem Vertrag von Lissabon, VR 11 / 2008, 361 (362).

406 *Frenz*, Handbuch Europarecht, Band V, S. 237, Rn. 778f. und Rn. 781.

407 Vgl. *Ruffert*, in Calliess / Ruffert, EUV / AEUV, Art. 288 AEUV, Rn. 6.

hängt vielmehr von ihrem jeweiligen Regelungsbereich ab.[408] Als Rechtsgrundlage für zolltarifrechtliche Regelungen kommen insbesondere Art. 31 AEUV und Art. 207 AEUV in Betracht.[409]

Art. 207 AEUV ist lex specialis zu Art. 31 AEUV hinsichtlich aller Regelungsbereiche, die die gemeinsame Handelspolitik der Union betreffen, z.B. bei Zollabkommen, Antidumpingzölle oder Präferenzzöllen.[410] Art. 207 AEUV ist Rechtsgrundlage für zollrechtliche Regelungen, die das Verhältnis der EU zu Drittstaaten betreffen (Außenwirtschaftspolitik).[411] Art. 31 AEUV bildet die Rechtsgrundlage für Änderungen der Zollsätze und der KN.[412]

Denkbar sind auch Art. 114 AEUV als Rechtsgrundlage für Regelungen zum Zweck der Rechtsangleichung und damit einhergehend der Verwirklichung des Binnenmarktes sowie Art. 352 AEUV als eine Art Auffangklausel.[413] Art. 114 AEUV ist dabei subsidiär zu Art. 207 Abs. 1 AEUV, vgl. Art. 114 Abs. 1 S, 1 AEUV.[414] Zudem können Art. 43 AEUV (gemeinsame Agrarpolitik) oder Art. 217 AEUV (Assoziierungsabkommen) in Betracht kommen.[415]

Historisch zeigt sich, dass diese Rechtsgrundlagen bzw. ihre jeweiligen Vorgängernormen häufig herangezogen wurden. So berief sich z.B. der ZK ausweislich seiner Erwägungsgründe explizit auf Art. 28, 100a und 113 EWG, die wiederum die Vorgängervorschriften der heutigen Art. 31, 114 und 207 AEUV waren.[416] Auch die VO (EG) Nr. 2658 / 87[417] führt in ihren Erwägungsgründen Art. 28, 43 und 113 EWG als Rechtsgrundlagen an, die Vorgänger der heutigen Art. 31 und 207 AEUV waren.[418]

---

408 Vgl. *Ruffert*, in Calliess / Ruffert, EUV / AEUV, Art. 288 AEUV, Rn. 6.

409 *Waldhoff*, in: Calliess / Ruffert, EUV / AEUV, Kommentar, Art. 31 AEUV, Rn. 1.

410 *Waldhoff*, in: Calliess / Ruffert, EUV / AEUV, Kommentar, Art. 31 AEUV, Rn. 3; vgl. dazu auch *Herrmann*, in: Grabitz / Hilf / Nettesheim, Das Recht der Europäischen Union, Band I, Art. 31 AEUV, Rn. 9.

411 *Hahn*, in: Calliess / Ruffert, EUV / AEUV, Kommentar, Art. 207 AEUV, Rn. 1.

412 *Waldhoff*, in: Calliess / Ruffert, EUV / AEUV, Kommentar, Art. 31 AEUV, Rn. 2a.

413 Vgl. *Wolffgang*, in: Witte / Wolffgang, Lehrbuch des Europäischen Zollrechts, S. 12, Rn. 16; *Rossi*, in: Calliess / Ruffert, EUV / AEUV, Kommentar, Art. 352 AEUV, Rn. 2; *Korte*, in: Calliess / Ruffert, EUV / AEUV, Kommentar, Art. 114 AEUV, Rn. 1.

414 Vgl. *Korte*, in: Calliess / Ruffert, EUV / AEUV, Kommentar, Art. 114 AEUV, Rn. 11f.

415 *Herrmann*, in: Grabitz / Hilf / Nettesheim, Das Recht der Europäischen Union, Band I, Art. 31 AEUV, Rn. 9.

416 Vgl. Erwägungsgründe der VO (EWG) Nr. 918 / 83, ABl. L 105 vom 23.4.1983, S. 1–37.

417 ABl. L 256 vom 7.9.1987, S. 1-675.

418 Vgl. Erwägungsgründe der VO (EG) Nr. 2658 / 87, ABl. L 256 vom 7.9.1987, S. 1-675.

Auffällig ist zudem, dass - nachdem anfänglich nur Empfehlungen der Kommission und später auch Richtlinien des Rates bzw. der Kommission erlassen worden sind - zunehmend Verordnungen als Mittel der rechtlichen Umsetzung politischer Ideen gewählt wurden.[419] Beispielhaft sei hier wieder der ZK angeführt, der in seinen Erwägungsgründen feststellte, dass die zollrechtlichen Regelungen

> *„über eine Vielzahl von Gemeinschaftsverordnungen und –richtlinien verstreut sind*“[420]

und in einem Rechtsakt zusammengefasst werden sollen und sodann zur Erfüllung dieses Zweckes die Rechtsform der Verordnung wählte.[421] Dies ist dem Umstand geschuldet, dass ein Erlass einer zollrechtlichen Regelung in der Form einer Verordnung eine unmittelbare Geltung der Regelung in allen Mitgliedstaaten bedingt.[422] Dies ist insbesondere dann als Vorteil anzusehen, wenn der Erlass der Verordnung der Umsetzung unionsrechtlicher Vorgaben oder völkerrechtlicher Verpflichtungen dient. So kann durch den Erlass einer in allen Mitgliedstaaten unmittelbar geltenden Verordnung sichergestellt werden, dass die in Art. 28 Abs. 1 AEUV aufgestellten Vorgaben an eine Zollunion, die die Warenverkehrsfreiheit näher ausgestaltet, erfüllt, oder dass die Kraft völkerrechtlicher Vereinbarung bindenden Vorgaben des HS, an dem sich die KN orientiert, umgesetzt werden.[423]

Eine unionsweit einheitliche Anwendung der als Verordnung erlassenen zolltariflichen Regelungen wird zudem dadurch gefördert, dass bei Zweifeln über die Gültigkeit oder Auslegung einer Regelung des UZK oder des Gemeinsamen Zolltarifs der EU die nationalen Gerichte den EuGH anrufen können (Art. 267 UAbs. 2 AEUV) bzw. müssen (Art. 267 UAbs. 3 AEUV). Einzelpersonen ist eine Anrufung des EuGH hingegen nur möglich, wenn sie unmittelbar und individuell bzw. unmittelbar betroffen sind und der in Rede stehende Rechtsakt keine Durchführungsmaßnahmen nach sich zieht (Art. 263 UAbs. 4 AEUV).

---

419 *Wolffgang*, in: Witte / Wolffgang, Lehrbuch des Europäischen Zollrechts, S. 12, Rn. 16.

420 Vgl. Erwägungsgründe der VO (EWG) Nr. 918 / 83, ABl. L 105 vom 23.4.1983, S. 1–37.

421 Vgl. Erwägungsgründe der VO (EWG) Nr. 918 / 83, ABl. L 105 vom 23.4.1983, S. 1–37.

422 *Wolffgang*, in: Schulze / Zuleeg / Kadelbach, Europarecht, S. 2032, Rn. 18.

423 Vgl. auch *Herrmann*, in: Grabitz / Hilf / Nettesheim, Das Recht der Europäischen Union, Band I, Art. 31 AEUV, Rn. 4; *Bleihauer*, in: Hübschmann / Hepp / Spitaler, Kommentar zur AO und FGO, Art. 20 ZK, Rn. 22; *Wolffgang*, in: Schulze / Zuleeg / Kadelbach, Europarecht, S. 2028, Rn. 2.

Hinzukommt, dass in der Rechtsform einer Verordnung erlassene zolltarifliche Regelungen im Fall gleich gerichteter nationaler Regelungen – zum Zweck der effektiven Durchsetzung der unmittelbaren Geltung – Anwendungsvorrang vor diesen genießen.[424] Zeitaufwändige Umsetzungsmaßnahmen in das jeweilige nationale Recht der Mitgliedstaaten können ebenso vermieden werden wie das Risiko uneinheitlicher Umsetzungsergebnisse.[425]

II. Erlass in einer alternativen Rechtsaktform?

Eine Vorgabe, in welcher Rechtsaktform eine zollrechtliche Regelung ergehen muss, existiert indes nicht.[426] Allein im Fall völkerrechtlicher Verpflichtungen ist der den Organen der EU grundsätzlich zustehende Ermessensspielraum in wirtschaftspolitischen Fragen eingeschränkt.[427]

Hinsichtlich des Erlasses des Gemeinsamen Zolltarifs der EU bedeutet dies, dass die Organe der EU in den Grenzen der Willkür, des Ermessensmissbrauchs und der Diskriminierung grundsätzlich frei über die Rechtsform einer Regelung entscheiden können.[428] Somit drängt sich die Frage auf, ob der Erlass in anderen Rechtsaktformen dem Wesen und den Besonderheiten des Normativaktes „Gemeinsamer Zolltarif der EU" stärker entsprechen könnte.

1. Richtlinie

Denkbar wäre die Rechtsaktform der Richtlinie, deren Definition nach Art. 288 UAbs. 3 AEUV lautet:

> *Die Richtlinie ist für jeden Mitgliedstaat, an den sie gerichtet wird, hinsichtlich des zu erreichenden Ziels verbindlich, überlässt jedoch den innerstaatlichen Stellen die Wahl der Form und der Mittel.*

---

424 *Wolffgang*, in: Schulze / Zuleeg / Kadelbach, Europarecht, S. 2032, Rn. 18.

425 *Wolffgang*, in: Witte / Wolffgang, Lehrbuch des Europäischen Zollrechts, S. 12, Rn. 16.

426 *Herrmann*, in: Grabitz / Hilf / Nettesheim, Das Recht der Europäischen Union, Band I, Art. 31 AEUV, Rn. 4.

427 Vgl. *Herrmann*, in: Grabitz / Hilf / Nettesheim, Das Recht der Europäischen Union, Band I, Art. 31 AEUV, Rn. 5.

428 *Herrmann*, in: Grabitz / Hilf / Nettesheim, Das Recht der Europäischen Union, Band I, Art. 31 AEUV, Rn. 4.

a. Charakteristika und Ausprägung einer Richtlinie

Dieser Definition lassen sich folgende **drei Charakteristika** entnehmen:
Eine Richtlinie ist

(1.) an die Mitgliedstaaten gerichtet und
(2.) für diese hinsichtlich des zu erreichenden Ziels verbindlich, wobei sie
(3.) die Wahl der Form und der Mittel den innerstaatlichen Stellen überlässt.

Erstes Charakteristikum ist, dass sich die Richtlinie **an die Mitgliedstaaten richtet**, vgl. die Formulierung ***für** jeden Mitgliedstaat* im Gegensatz zu der im Fall einer Verordnung gewählten Formulierung ***in** jedem Mitgliedstaat*.[429] Dies bedeutet nicht, dass sie sich stets an alle Mitgliedstaaten richten muss, sondern lässt auch Raum für Richtlinien, die nur einen oder einige Mitgliedstaaten zum Adressaten haben (*argumentum ex* Art. 297 Abs. 2 UAbs. 3 AEUV; *argumentum e contrario* Art. 297 Abs. 2 UAbs. 2 S. 1 AEUV) oder solche, die zwar an alle Mitgliedstaaten der EU adressiert sind, *de facto* aber nur für wenige von ihnen Bedeutung erlangen.[430]

Zweites Charakteristikum einer Richtlinie ist, dass sie für die Mitgliedstaaten, an die sie sich richtet, **hinsichtlich des zu erreichenden Ziels verbindlich** ist und mit Ablauf der in ihr gesetzten Umsetzungsfrist diese zur vollständigen, hinreichend bestimmten, klaren und unbedingten Umsetzung in zwingendes innerstaatliches Recht verpflichtet.[431] Bis zum Ablauf der Umsetzungsfrist dürfen die Mitgliedstaaten das von der Richtlinie intendierte Ziel nicht durch den Erlass gegenteiliger innerstaatlicher Vorschriften konterkarieren (*argumentum ex* Art. 288 Abs. 3 AEUV i.V.m. Art. 4 Abs. 3 EUV).[432] Einer Richtlinie kommt

429 *Schroeder*, in: Streinz, EUV / AEUV, Kommentar, Art. 288 AEUV, Rn. 72.

430 Vgl. *Nettesheim*, in: Grabitz / Hilf / Nettesheim, Das Recht der Europäischen Union, Band III, Art. 288 AEUV, Rn. 109f.; *Bievert*, in: Schwarze, EU-Kommentar, Art. 288 AEUV, Rn. 24.

431 Vgl. u.a. EuGH, Urteil vom 6.5.1980, Rs. 102 / 79 (Kommission / Belgien), Slg. 1980, I-1473, Rn. 4ff.; *Nettesheim*, in: Grabitz / Hilf / Nettesheim, Das Recht der Europäischen Union, Band III, Art. 288 AEUV, Rn. 112ff.; *Schroeder*, in: Streinz, EUV / AEUV, Kommentar, Art. 288 AEUV, Rn. 77f.; *Ruffert*, in: Calliess / Ruffert, Art. 288 AEUV, Rn. 23f.; *Nettesheim*, in: Oppermann / Classen / Nettesheim, Europarecht, S. 126, Rn. 100 und *Kotzur*, in: Geiger / Khan / Kotzur, EUV / AEUV, Kommentar, Art. 288 AEUV, Rn. 11.

432 Vgl. *Haratsch / Koenig / Pechstein*, Europarecht, S. 169, Rn. 386; *Nettesheim*, in: Grabitz / Hilf / Nettesheim, Das Recht der Europäischen Union, Band III, Art. 288 AEUV, Rn. 118; *Ruffert*, in: Calliess / Ruffert, Art. 288 AEUV, Rn. 24.

insoweit Vorwirkung zu.[433] Setzt ein Mitgliedstaat die Richtlinie ordnungsgemäß um, stellen die umsetzenden, innerstaatlichen Rechtsvorschriften das ausschlaggebende Recht, aus dem ein Einzelner berechtigt und verpflichtet werden kann, dar.[434] Im Fall einer nicht fristgerechten oder fehlerhaften Umsetzung einer Richtlinie hingegen drohen dem Mitgliedstaat nicht nur Zwangsgelder und Schadensersatzpflichten, sondern kann sich auch ein durch die Richtlinie begünstigter Einzelner dem Mitgliedstaat gegenüber unmittelbar auf diese berufen, soweit sie inhaltlich unbedingt und hinreichend genau ist.[435] Dahinter steht der Gedanke, dass anderenfalls

> „*[i]nsbesondere in den Fällen, in denen etwa die Gemeinschaftsbehörden die Mitgliedstaaten durch Richtlinie zu einem bestimmten Verhalten verpflichten,* [...] *die praktische Wirksamkeit einer solchen Maßnahme abgeschwächt* [würde], *wenn die einzelnen sich vor Gericht hierauf nicht berufen und die staatlichen Gerichte sie nicht als Bestandteil des Gemeinschaftsrechts berücksichtigen könnten*“[436].

Nach Ablauf der Umsetzungsfrist verlieren die Mitgliedstaaten die Befugnis, die angepassten innerstaatlichen Vorschriften entgegen den Richtlinienvorgaben einseitig zu ändern.[437] Insofern kommt der Richtlinie Sperrwirkung zu.[438] Die Umsetzungspflicht der Mitgliedstaaten kann zudem eine richtlinienkonforme Auslegung oder sogar Rechtsfortbildung nationales Recht erforderlich werden lassen.[439]

---

433 *Haratsch / Koenig / Pechstein*, Europarecht, S. 169, Rn. 386; *Schroeder*, in: Streinz, EUV / AEUV, Kommentar, Art. 288 AEUV, Rn. 83.

434 *Frenz*, Handbuch Europarecht, Band V, S. 292, Rn. 977.

435 Vgl. u.a. EuGH, Urteil vom 04.07.2000,Rs. C-387 / 97 (Kommission / Griechenland), Slg. 2000, I-5047, Rn. 44ff.; sowie *Nettesheim*, in: Grabitz / Hilf / Nettesheim, Das Recht der Europäischen Union, Band III, Art. 288 AEUV, Rn. 165ff.; *Nettesheim*, in: Oppermann / Classen / Nettesheim, Europarecht, S. 126, Rn. 97 *Bievert*, in: Schwarze, EU-Kommentar, Art. 288 AEUV, Rn. 27, 29; *Ruffert*, in: Calliess / Ruffert, Art. 288 AEUV, Rn. 46; *Hetmeier*, in: Lenz / Borchardt, EU-Verträge, Art. 288 AEUV, Rn. 13, 15.

436 EuGH, Urteil vom 19.2.1982, Rs. 8 / 81 (Becker), Slg I-1982, 53, Rn. 23.

437 Vgl. *Nettesheim*, in: Grabitz / Hilf / Nettesheim, Das Recht der Europäischen Union, Band III, Art. 288 AEUV, Rn. 165ff.; *Nettesheim*, in: Oppermann / Classen / Nettesheim, Europarecht, S. 126, Rn. 98; *Kotzur*, in: Geiger / Khan / Kotzur, EUV / AEUV, Kommentar, Art. 288 AEUV, Rn. 13.

438 Vgl. *Nettesheim*, in: Grabitz / Hilf / Nettesheim, Das Recht der Europäischen Union, Band III, Art. 288 AEUV Rn. 133ff.; *Nettesheim*, in: Oppermann / Classen / Nettesheim, Europarecht, S. 125, Rn. 98.

439 *Haratsch / Koenig / Pechstein*, Europarecht, S. 169, Rn. 386; *Frenz*, Handbuch Europarecht, Band V, S. 293, Rn. 979 und S. 309ff., Rn. 1034ff.

Drittes Charakteristikum einer Richtlinie ist, dass sie die **Wahl der Form und Mittel der Umsetzung** den innerstaatlichen Stellen überlässt. Aus Sicht des EuGH ist dies restriktiv zu verstehen, da die Mitgliedstaaten bei Ausübung dieser Wahlfreiheit

> *„verpflichtet sind, [...] die Formen und Mittel zu wählen, die sich zur Gewährleistung der praktischen Wirksamkeit (effet utile) der Richtlinien unter Berücksichtigung des mit ihnen verfolgten Zwecks am besten eignen“*[440].

Zu ergänzen bleibt, dass (seit dem Vertragssystem von Lissabon) auch Richtlinien als **Rechtsakt mit Gesetzescharakter oder als Rechtsakt ohne Gesetzescharakter** erlassen werden können.[441]

b. Würdigung im Lichte der Besonderheiten des Gemeinsamen Zolltarifs der EU

Aufgrund dieser Charakteristika ist die Richtlinie als Rechtsaktform zur Regelung des Gemeinsamen Zolltarifs der EU letztlich ungeeignet. Insbesondere das Erfordernis einer Umsetzung in nationales Recht widerspricht dem Ziel der Schaffung der in Art. 28 AEUV festgelegten Zollunion, die nicht nur die Beseitigung existierender Handelshemmnisse zwischen den beteiligten Staaten, sondern auch die Harmonisierung ihres außenpolitischen Handelns durch einen gemeinsamen Außenzoll und somit die Sicherstellung eines einheitlichen Wirtschaftsgebiets voraussetzt.[442] Das bedeutet auch, dass die Staaten einen gemeinsamen Zolltarif entwickeln und Regelungen, durch die dieser erlassen wird, in allen Staaten gleichermaßen gelten.[443] Bleibt es den Staaten möglich, die Regelungen individuell anzupassen oder zu variieren, werden die Rechtsvereinheitlichung und damit das Ziel einer Zollunion konterkariert. Letzteres würde im Fall

---

440 U.a. EuGH, Urteil vom 8.4.1976, Rs. 48 / 75 (Royer), Slg. 1976, 497, Rn. 69 / 73; vgl. dazu auch *Nettesheim*, in: Grabitz / Hilf / Nettesheim, Das Recht der Europäischen Union, Band III, Art. 288 AEUV Rn. 132; *Ruffert*, in: Calliess / Ruffert, Art. 288 AEUV, Rn. 26.

441 Vgl. *Kotzur*, in: Geiger / Khan / Kotzur, EUV / AEUV, Kommentar, Art. 288 AEUV, Rn. 4.

442 Vgl. *Blank / Clausen / Wacker*, Internationale ökonomische Integration, S. 88, sowie S. 32f.; *Dieckheuer*, Internationale Wirtschaftsbeziehungen, S. 205f.; *Lux / Sack*, in: Dauses, Handbuch des EU-Wirtschaftsrechts, Band I, C. II., Rn. 3ff.; *Vaulont*, Die Zollunion der EU, S. 9; *Wolffgang*, in: Schulze / Zuleeg / Kadelbach, Europarecht, S. 2031, Rn. 15.

443 Vgl. *Herrmann / Michl*, Grundzüge des europäischen Außenwirtschaftsrechts, ZEuS 1 / 2008, 81 (86f., sowie 94); *Lux*, in: Regul, Gemeinschaftszollrecht, S. 158; *Wolffgang*, in: Witte / Wolffgang, Lehrbuch des Europäischen Zollrechts, S. 3, Rn. 3.

des Erlasses des Gemeinsamen Zolltarifs der EU in Form einer (umsetzungsbedürftigen) Richtlinie drohen.

Hinzukommt, dass das Erfordernis einer Umsetzung der Richtlinie in nationales Recht aller Mitgliedstaaten zeitaufwändig und eine stete Aktualität der KN, vgl. Art. 12 VO (EG) Nr. 2658 / 87[444], mittels einer Richtlinie (anders als im Fall einer Verordnung) deutlich schwieriger umzusetzen wäre.[445] Auch die Überlassung der Wahl der Form und Mittel scheint zwecks Verwirklichung einer für eine Zollunion erforderlichen Rechtsvereinheitlichung nicht förderlich zu sein.[446] Im Gegenteil würde eine unterschiedliche Wahl der Form und Mittel der Umsetzung in die Rechtsordnungen der Mitgliedstaaten zu einer unterschiedlichen Rechtsanwendung des Gemeinsamen Zolltarifs der EU führen.

2. *Beschluss, Art. 288 UAbs. 4 AEUV*

Denkbar wäre (seit dem Vertragssystem nach Lissabon) die Rechtsaktform des Beschlusses. So lautet Art. 288 UAbs. 4 AEUV:

> *Beschlüsse sind in allen ihren Teilen verbindlich. Sind sie an bestimmte Adressaten gerichtet, so sind sie nur für diese verbindlich.*

Ein Beschluss kann sowohl an einen oder mehrere Adressaten gerichtet sein, für die er verbindlich ist (Art. 297 Abs. 2 UAbs. 3 AEUV spricht von *Beschlüssen, die an einen bestimmten Adressaten gerichtet sind*, nachfolgend *adressatengerichteter Beschluss*), als auch ohne an einen bestimmten Adressaten gerichtet zu sein, ergehen (Art. 297 Abs. 2 UAbs. 1 AEUV spricht von einem *Beschluss, der an keinen bestimmten Adressaten gerichtet ist*, nachfolgend *an keinen bestimmten Adressaten gerichteter Beschluss*).[447] Wie Verordnungen oder Richtlinien können auch Beschlüsse als **Rechtsakt mit Gesetzescharakter** und als **Rechtsakt ohne Gesetzescharakter** ergehen.

---

444 ABl. L 256 vom 7.9.1987, S. 1-675.

445 Vgl. *Weerth*, Europäische Rechtsquellen des Zollrechts, AW-Prax 3 / 2002, 102 (102).

446 Vgl. *Wolffgang*, in: Witte / Wolffgang, Lehrbuch des Europäischen Zollrechts, S. 12, Rn. 16; *Weerth*, Europäische Rechtsquellen des Zollrechts, AW-Prax 3 / 2002, 102 (102).

447 Vgl. *Kotzur*, in: Geiger / Khan / Kotzur, EUV / AEUV, Kommentar, Art. 288 AEUV, Rn. 2 und Rn. 21; *Hetmeier*, in: Lenz / Borchardt, EU-Verträge, Art. 288 AEUV, Rn. 18ff.; *Stelkens*, Die „Europäische Entscheidung" als Handlungsform des direkten Unionsrechtsvollzugs nach dem Vertrag über eine Verfassung für Europa, ZEuS 1 / 2005, 61 (74ff.); *Frenz*, Handbuch Europarecht, Band V, S. 255, Rn. 849 und S. 367, Rn. 1213.

a. Adressatengerichteter Beschluss

Der adressatengerichtete Beschluss i.S. des Art. 288 UAbs. 4 AEUV stellt einen

> *„Rechtsakt zur Regelung konkret-individueller Einzelfälle“*[448]

dar und zeichnet sich durch **zwei Charakteristika** aus:

(1.) Richtet er sich an einen bestimmten Adressaten, für den er
(2.) in allen seinen Teilen verbindlich ist.[449]

Er richtet er sich an einen **bestimmten Adressaten**, der sowohl ein Einzelner als auch ein Mitgliedstat der EU sein kann.[450] Im ersten Fall stellt er eine administrative Maßnahme dar, die - ähnlich dem Verwaltungsakt i.S. des § 35 S. 1 VwVfG - für den Einzelnen unmittelbare Wirkung entfaltet.[451] Wenngleich ein adressatengerichteter Beschluss auch für Personen, die nicht Adressat dieses Beschlusses sind, mittelbare Wirkung auslösen kann, muss er sich doch auf einen

> *„bestimmbaren Personenkreis“*[452] beziehen.[453]

Ein adressatengerichteter Beschlusses i.S. des Art. 288 UAbs. 4 AEUV ist **in allen seinen Teilen verbindlich**. Er stellt eine konkret-generelle Regelung dar, womit ihm (im Unterschied zur Verordnung) kein Rechtsnormcharakter zukommt.[454]

b. An keinen bestimmten Adressaten gerichteter Beschluss

Von dem adressatengerichteten Beschluss ist der - *argumentum e contrario* Art. 288 UAbs. 4 S. 2 AEUV - an keinen bestimmten Adressaten gerichtete Beschluss zu unterscheiden. Dieser ist gemäß Art. 288 UAbs. 4 S. 1 AEUV ebenfalls **in allen seinen Teilen** verbindlich. Da er grundsätzlich gegenüber jedermann Wirkung entfalten kann, ist fraglich, ob ihm **allgemeine Geltung und normativer Charakter** zukommt. Dies wird in der Literatur uneinheitlich gesehen. Nach *Stelkens* handelt es sich um eine

---

448 *Hetmeier*, in: Lenz / Borchardt, EU-Verträge, Art. 288 AEUV, Rn. 17.

449 *Kotzur*, in: Geiger / Khan / Kotzur, EUV / AEUV, Kommentar, Art. 288 AEUV, Rn. 21; *Haratsch / Koenig / Pechstein*, Europarecht, S. 177f., Rn. 403ff.

450 *Frenz*, Handbuch Europarecht, Band V, S. 386, Rn. 1286.

451 Vgl. u.a. *Frenz*, Handbuch Europarecht, Band V, S. 382, Rn. 1273; *Ruffert*, in: Calliess / Ruffert, EUV / AEUV, Kommentar, Art. 288 AEUV, Rn. 91.

452 *Nettesheim*, in: Grabitz / Hilf / Nettesheim, Das Recht der Europäischen Union, Band III, Art. 288 AEUV, Rn. 175 m.w.N.

453 *Kotzur*, in: Geiger / Khan / Kotzur, EUV / AEUV, Kommentar, Art. 288 AEUV, Rn. 22.

454 *Frenz*, Handbuch Europarecht, Band V, S. 252, Rn. 838f.

> *„Handlungsform insbesondere zum Erlass von „Maßnahmenrechtssätzen" und zur allgemeinverbindlichen Reglung singulärer Erscheinungen"*[455].

Frenz stellt fest,

> *„Beschlüsse können sich an ganz bestimmte Adressaten richten (vgl. Art. 288 Abs. 4 S. 2 AEUV) oder allgemeine Verbindlichkeit haben"*[456],

an keinen bestimmten Adressaten gerichtete Beschlüsse betreffen aber nur

> *„einen normativ vorgegebenen sachbezogenen Kontext und binden dementsprechend auch nur die in diesem Kontext eingebundenen Akteure auf Unionsebene"*[457] und stünden *„zwischen Rechtssatz und Einzelakt; an ihrem abstrakt-generellen Charakter bestehen (begründete) Zweifel"*[458].

Rösch sieht Beschlüsse, die an keinen bestimmten Adressaten gerichtet sind, als allgemein verbindlich an, geht aber auch davon aus, dass diese keine abstrakt-generelle, sondern konkret-generelle Regelungen treffen und sich

> *„an bestimmte oder zumindest bestimmbare Adressaten"*[459] richten.[460]

Ähnlich gelangt *Nettesheim* zu der Auffassung, dass sich ein Beschluss

> *„nicht an eine unbestimmbare Vielzahl von Adressaten richtet, sondern an einen Einzelnen, an Einzelne oder wenigstens an eine zum Erlasszeitpunkt abgeschlossene Gruppe (EuGHE 1965, 548, verb. Rs. 106 u. 107 / 63, „Töpfer"; EuGHE 1971,421, verb. Rs. 41-44 / 70, „Fruit Company")"*[461].

Haratsch / Koenig / Pechstein stellen fest, an keinen bestimmten Adressaten gerichtete Beschlüsse

> *„dürften regelmäßig normativen Charakter haben, sofern sie nicht lediglich Programmcharakter besitzen"*[462].

---

455 *Stelkens*, Die „Europäische Entscheidung" als Handlungsform des direkten Unionsrechtsvollzugs nach dem Vertrag über eine Verfassung für Europa, ZEuS 1 / 2005, 61 (90).

456 *Frenz*, Handbuch Europarecht, Band V, S. 198, Rn. 626.

457 *Frenz*, Handbuch Europarecht, Band V, S. 255, Rn. 849.

458 *Frenz*, Handbuch Europarecht, Band V, S. 255, Rn. 849.

459 *Rösch*, Die Handlungsformen der EU nach dem Vertrag von Lissabon, VR 11 / 2008, 361 (365).

460 *Rösch*, Die Handlungsformen der EU nach dem Vertrag von Lissabon, VR 11 / 2008, 361 (365).

461 *Nettesheim*, in: Oppermann / Classen / Nettesheim, Europarecht, S. 128f., Rn. 116.

462 *Haratsch / Koenig / Pechstein*, Europarecht, S. 177, Rn. 404.

Magiera urteilt, es handele sich

> *„um einen förmlichen Rechtsakt von normativem Charakter“*[463].

König schließlich stellt fest, an keinen bestimmten Adressaten gerichtete Beschlüsse können

> *„abstrakt-generelle Regelungen enthalten und besitzen damit Rechtsnormqualität“*[464].

Indes fällt auf, dass der **Wortlaut** des Art. 288 UAbs. 4 AEUV ausdrücklich nur den *an einen bestimmten Adressaten gerichteten Beschluss* nennt und keinen Aufschluss darüber gibt, ob dem *an keinen bestimmten Adressaten gerichtete Beschluss* allgemeine Geltung und damit normativer Charakter zukommt. Im **Umkehrschluss aus Art. 288 UAbs. 4 S. 2 AEUV** und mit Blick auf den Wortlaut des Art. 297 Abs. 2 AEUV, der explizit von einem *Beschluss, der an keinen bestimmten Adressaten gerichtet ist,* spricht, erscheint aber die Auslegung sachgerecht, dass dieser Beschluss sich - wenn auch an keinen bestimmten - doch an einen aus dem Kontext zu ermittelnden Adressaten(kreis) richten soll.[465]

Die **Systematik** spricht für eine allgemeine Geltung und einen normativen Charakter des an keinen Adressaten gerichteten Beschlusses. Insbesondere der Umstand, dass Beschlüsse sowohl als Rechtsakte mit Gesetzescharakter nach Art. 289 Abs. 2 AEUV als auch als solche ohne Gesetzescharakter, z.B. als sog. delegierte Rechtssetzungsakte nach Art. 290 Abs. 1 S. 1 AEUV, erlassen werden können, legt ihre allgemeine Geltung nahe.[466] Art. 289 Abs. 1 und Abs. 2 AEUV ordnen an, dass Beschlüsse im ordentlichen und besonderen Gesetzgebungsverfahren angenommen werden können. Daraus ergibt sich im Umkehrschluss, da sowohl Rechtsakte mit Gesetzescharakter als auch sog. delegierte Rechtssetzungsakte unmittelbare Geltung beanspruchen, dass einem an keinen bestimmten Adressaten gerichteten Beschluss ebenfalls allgemeine Geltung zukommen muss, da er andernfalls zum Erlass in der Form eines Rechtsaktes mit Gesetzescharakter oder eines sog. delegierten Rechtsetzungsaktes ungeeignet wäre.[467]

---

463 *Magiera*, Rechtsakte und Rechtssetzung der Union, in: Niedobitek, Europarecht, S. 628, Rn. 36.

464 *König*, in: Schulze / Zuleeg / Kadelbach, Europarecht, S. 119, Rn. 73.

465 Vgl. *Frenz*, Handbuch Europarecht, Band V, S. 366, Rn. 1210; *Stelkens*, Die „Europäische Entscheidung“ als Handlungsform des direkten Unionsrechtsvollzugs nach dem Vertrag über eine Verfassung für Europa, ZEuS 1 / 2005, 61 (90); *Kotzur*, in: Geiger / Khan / Kotzur, EUV / AEUV, Kommentar, Art. 288 AEUV, Rn. 2, 21; *Hetmeier*, in: Lenz / Borchardt, EU-Verträge, Art. 288 AEUV, Rn. 18.

466 *Frenz*, Handbuch Europarecht, Band V, S. 199, Rn. 628ff.

467 Vgl. *Frenz*, Handbuch Europarecht, Band V, S. 200, Rn. 632.

Historische Erwägungen sprechen ebenfalls dafür. Mit Inkrafttreten des Vertragssystems von Lissabon wurde die vormalige Entscheidung nicht nur ersetzt, sondern mit der neuen Rechtsaktform eines an keinen bestimmten Adressaten gerichteten Beschlusses zugleich eine Reihe zuvor unbenannter, nicht konsolidierter Rechtsakte konsolidiert.[468] Anders als ursprünglich im Vertragsentwurf geplant kann ein an keinen bestimmten Adressaten gerichteter Beschluss im ordentlichen oder besonderen Gesetzgebungsverfahren erlassen werden und somit im Umkehrschluss allgemeine Geltung beanspruchen.[469]

Sinn und Zweck sprechen schließlich ebenso für eine allgemeine Geltung. So muss - anders als ein adressatengerichteter Beschluss - ein an keinen bestimmten Adressaten gerichteter Beschluss nach Art. 297 Abs. 1 UAbs. 3 S. 1, Abs. 2 UAbs. 2 S. 1 AEUV im Amtsblatt der EU veröffentlicht und für jedermann zugänglich gemacht werden.[470]

Als Zwischenergebnis lässt sich daher festhalten, dass ein an keinen bestimmten Adressaten gerichteter Beschluss **allgemeine Geltung** hat und ihm **normativer Charakter** zukommt.

Art. 288 UAbs. 4 AEUV trifft jedoch - anders als Art. 288 UAbs. 2 AEUV - **nicht** die Aussage, ein Beschluss gelte **<u>in</u> allen Mitgliedstaaten**.[471] Die wohl herrschende Meinung in der Literatur sieht daher in diesem Punkt zu Recht den maßgeblichen Unterschied zu einer Verordnung i.S. des Art. 288 UAbs. 2 AEUV.[472]

c. Würdigung im Lichte der Besonderheiten des Gemeinsamen Zolltarifs der EU

Damit bleibt festzuhalten, dass ein Erlass des Gemeinsamen Zolltarifs der EU letztlich weder in der Form einen adressatenbezogenen noch einen an keinen bestimmten Adressaten gerichteten Beschluss sinnvoll ist.

---

468 *Frenz*, Handbuch Europarecht, Band V, S. 368, Rn. 1215; *Haratsch / Koenig / Pechstein*, Europarecht, S. 177, Rn. 403.

469 Vgl. *Magiera*, Rechtsakte und Rechtssetzung der Union, in: Niedobitek, Europarecht, S. 627f., Rn. 35f.

470 *Frenz*, Handbuch Europarecht, Band V, S. 368, Rn. 1216.

471 *Frenz*, Handbuch Europarecht, Band V, S. 258, Rn. 860.

472 So z.B. *Schroeder*, Grundkurs Europarecht, S. 122, Rn. 71; *Frenz*, Handbuch Europarecht, Band V, S. 255, Rn. 849; *Magiera*, Rechtsakte und Rechtssetzung der Union, in: Niedobitek, Europarecht, S. 628, Rn. 36.

Ein adressatengerichteter Beschluss ist als Rechtsaktform zum Erlass des Gemeinsamen Zolltarifs der EU ungeeignet, da er stets an einen (nur)

> *„bestimmbaren Personenkreis“*[473]

adressiert ist. Dem Ziel einer Rechtsvereinheitlichung zum Zwecke der Etablierung einer Zollunion aller Mitgliedstaaten vermag er somit nicht zu dienen.

Der an keinen Adressaten gerichtete Beschluss stellt auch keine Alternative zum Erlass des Gemeinsamen Zolltarifs der EU in der Rechtsform einer Verordnung dar. Wie bereits hervorgehoben, ist die Zollunion, deren Fundament der Gemeinsame Zolltarif der EU bildet, eng mit der Gemeinsamen Handelspolitiks der EU-Mitgliedstaaten verbunden, vgl. Art. 206, 207 AEUV.

Diese erfordert neben einem Handeln nach einheitlichen Grundsätzen den Abbau nationaler und zugleich Aufbau unionsrechtlicher (Rechts-)Grundlagen.[474] Dem damit einhergehenden Ziel der Rechtsvereinheitlichung muss daher die für den Erlass des Gemeinsamen Zolltarifs der EU gewählte Rechtsaktform dienen (können). Zwar besitzt der an keinen bestimmten Adressaten gerichtete Beschluss aufgrund seiner allgemeinen Geltung normativen Charakter, jedoch gilt er - anders als eine Verordnung - nicht unmittelbar in allen Mitgliedstaaten und vermag daher diesem Ziel nur eingeschränkt zu dienen. Dies zeigt sich bezüglich der Frage der Bindung der Mitgliedstaaten an die Vorgaben eines Beschlusses, die sich im Fall einer Verordnung unmittelbar aus der Verordnung, im Fall des Beschlusses jedoch erst mittels des Grundsatzes der loyalen Zusammenarbeit nach Art. 4 Abs. 3 EUV ergibt oder bei der Frage des Rechtsschutzes eines Einzelnen nach Art. 263 UAbs. 4 AEUV (individuelle Nichtigkeitsklage), der im Fall eines Beschlusses erhöhten Anforderungen unterliegt.[475]

3. *Empfehlungen und Stellungnahmen, Art. 288 UAbs. 5 AEUV*

Der Vollständigkeit halber sind Empfehlungen und Stellungnahmen zu erwähnen, deren Definition nach Art. 288 UAbs. 5 AEUV lautet:

> *Die Empfehlungen und Stellungnahmen sind nicht verbindlich.*

Die Mitgliedstaaten müssen sie (nur) nach dem Grundsatz der loyalen Zusammenarbeit (Art. 4 Abs. 3 EUV), z.B. bei der Auslegung innerstaatlichen Rechts,

---

473 *Nettesheim*, in: Grabitz / Hilf / Nettesheim, Das Recht der Europäischen Union, Band III, Art. 288 AEUV, Rn. 175 m.w.N.

474 EuGH, Urteil vom 13.12.1973, verb. Rs. 37 und 38 / 73 (Sociaal Fonds voor de Diamantarbeiders / Indiamex u.a.), Slg. 1977, I-1609, Rn. 15 / 21.

475 *Frenz*, Handbuch Europarecht, Band V, S. 433, Rn. 1471 und S. 427, Rn. 1450.

beachten.[476] Aufgrund mangelnder Rechtsverbindlichkeit sind sie als Rechtsaktformen zum Erlass des Gemeinsamen Zolltarifs der EU ungeeignet, da sie die zum Zweck der Verwirklichung einer Zollunion erforderliche Rechtsvereinheitlichung nicht gewährleisten können. [477]

4. *Ungekennzeichnete Rechtsakte*

Offen bleibt, ob der Gemeinsame Zolltarif der EU in Form eines sog. ungekennzeichneten Rechtsaktes erlassen werden könnte. Dabei ist zu klären, ob Art. 288 UAbs. 1 AEUV abschließend ist und *ungekennzeichnete* Rechtsakte von der Handlungsform des Beschlusses umfasst werden.[478]

a. Begrenzung möglicher Rechtsakte?

In der deutschsprachigen Literatur sprechen sich **dafür** v.a. *Hetmeier*, der darin einen zu begrüßenden Zuwachs an Transparenz, und *Haratsch / Koenig / Pechstein* aus.[479] In der englischsprachigen Literatur argumentiert *Leidenmuehler*,

> *"even in a case where seemingly an act sui generis is explicitly authorized in primary law (as example can serve Art. 182 TFEU which requires the enactment of a "framework programme" in the field of research) the respective institutions have to use one of the types enumerated"*[480].

Ihnen ist zuzugeben, dass der an keinen bestimmten Adressaten gerichtete Beschluss im Vergleich zum adressatengerichtete Beschluss, der die ehemalige *Entscheidung* ersetzt, eine Neuerung darstellt und einen zuvor *ungekennzeichneten* Rechtsakt (den Beschluss) kodifiziert.[481] Die dadurch zum Ausdruck kommende Tendenz zur Rechtsaktbegrenzung scheint aus historischer Sicht für die Annahme zu sprechen, Art. 288 UAbs. 1 AEUV sei abschließend.[482] Diese Tendenz zeigt sich

---

476 *Haratsch / Koenig / Pechstein*, Europarecht, S. 129, Rn. 411f.; vgl. auch *Hetmeier*, in: Lenz / Borchardt, EU-Verträge, Art. 288 AEUV, Rn. 33;

477 Vgl. *Wolffgang*, in: Witte / Wolffgang, Lehrbuch des Europäischen Zollrechts, S. 12, Rn. 16.

478 Vgl. *Haratsch / Koenig / Pechstein*, Europarecht, S. 163, Rn. 374; *Frenz*, Handbuch Europarecht, Band V, S. 452, Rn. 1531 und S. 410f., Rn. 1388.

479 Vgl. *Hetmeier*, in: Lenz / Borchardt, EU-Verträge, Vorb. Art. 288-289 AEUV, Rn. 1, sowie Art. 288 AEUV, Rn. 1; *Haratsch / Koenig / Pechstein*, Europarecht, S. 163, Rn. 374.

480 *Leidenmuehler*, Is there a Closed System of Legal Acts of the European Union after the Lisbon Treaty?, ICL-Journal Vol 4 2 / 2010 (198).

481 *Ruffert*, in: Calliess / Ruffert, Verfassung der EU, Art. I-33 Rn. 116f.

482 Vgl. *Kotzur*, in: Geiger / Khan / Kotzur, EUV / AEUV, Kommentar, Art. 288 AEUV, Rn. 2; *Hetmeier*, in: Lenz / Borchardt, EU-Verträge, Art. 288 AEUV, Rn. 1; *Ruffert*, in: Calliess / Ruffert, EUV / AEUV, Kommentar, Art. 288 AEUV, Rn. 99.

auch darin, dass sich - mit wenigen Ausnahmen z.B. in Art. 106 bis 108 AEUV - Kompetenznormen an dem in Art. 288 UAbs. 1 AEUV katalogisierten Quintett möglicher Rechtsakte orientieren.[483]

Gewichtigere Argumente sprechen jedoch **gegen** diese Annahme.[484] Der Wortlaut des Art. 288 AEUV enthält keinen expliziten Zusatz (wie ausschließlich, nur oder lediglich), der darauf schließen ließe, der Katalog des Art. 288 UAbs. 1 AEUV sei abschließend.[485] Aus systematischer Sicht lässt sich ergänzen, dass *argumentum e contrario* Art. 296 UAbs. 3 AEUV das Europäische Parlament und der Rat Rechtsakte annehmen können, die gemäß dem für den betreffenden Bereich geltenden Gesetzgebungsverfahren nicht vorgesehen sind, womit nach Ansicht von *Streinz / Ohler / Herrmann* der AEUV flexiblere und effektivere Handlungsmöglichkeiten für die Organe belässt.[486] Art. 192 Abs. 3 UAbs. 1 AEUV - wenngleich speziell auf die Umweltpolitik bezogen - spricht von „Aktionsprogrammen“ und nennt damit eine Handlungsform, die nicht im Katalog der Rechtsakte des Art. 288 AEUV aufgeführt ist.[487] Gleiches gilt für Art. 182 AEUV, der als Handlungsform des Europäischen Rates und des Rates - wenngleich speziell für die Bereiche der Forschung, der technologischen Entwicklung und der Raumfahrt - *mehrjährige Rahmenprogramme* vorsieht.[488]

b. *Charakteristika und Beispiele* ungekennzeichneter *Rechtsakte*

Ungekennzeichnete Rechtsakte zeichnen sich grundsätzlich dadurch aus, dass

> *„ein Rechtsetzungsorgan bei einer Mehrzahl von Gelegenheiten und unter verschiedenen Rechtsgrundlagen auf die gleiche atypische Kombination von rechtlichen Eigenschaften zurückgreift und so eine eigene Gattung von Rechtsakten hervorbringt“*[489].

483 *Kotzur*, in: Geiger / Khan / Kotzur, EUV / AEUV, Kommentar, Art. 288 AEUV, Rn. 2; *Hetmeier*, in: Lenz / Borchardt, EU-Verträge, Art. 288 AEUV, Rn. 1.

484 So auch *Bast*, in: von Bogdandy / Bast, Principles of European Constitutional Law, S. 388; sowie *Ruffert*, in: Calliess / Ruffert, EUV / AEUV, Kommentar, Art. 288 AEUV, Rn. 98.

485 *Frenz*, Handbuch Europarecht, Band V, S. 197, Rn. 619.

486 *Streinz / Ohler / Herrmann*, Der Vertrag von Lissabon zur Reform der EU, S. 100; vgl. ergänzend auch *Frenz*, Handbuch Europarecht, Band V, S. 410, Rn. 1388.

487 *Frenz*, Handbuch Europarecht, Band V, S. 447, Rn. 1512.

488 Solche Rahmenprogramme erkennt z.B. auch *Leidenmuehler*, Is there a Closed System of Legal Acts of the European Union after the Lisbon Treaty?, ICL-Journal Vol 4 2 / 2010, 191 (197) an, der sich ansonsten gegen die Existenz ungekennzeichneter Rechtsakte unter dem Vertragssystem von Lissabon ausspricht.

489 *Bast*, Grundbegriffe der Handlungsformen der EU, S. 51.

Inhalt, Form und Wirkungsweise können jedoch stark variieren und eine Bandbreite abdecken, die eine Charakterisierung oder Kategorisierung erschwert.[490] In der Literatur haben sich daher verschiedene Ansätze herausgebildet: Ein Ansatz versucht einzelne *ungekennzeichnete* Rechtsakte nach ihrem Inhalt zusammenführenden Obergruppen zuzuordnen.[491] Ein weiterer Ansatz ordnet sie ihrer Bezeichnung nach.[492] Für Kategorisierungszwecke erschwerend tritt hinzu, dass mit dem an keinen bestimmten Adressaten gerichteten Beschluss eine der häufigsten Handlungsformen der *ungekennzeichneten* Rechtsakte kodifiziert und die Anzahl möglicher Rechtsakte reduziert worden ist.[493] Insofern bleiben im Kern (nur) drei Eigenheiten *ungekennzeichneter* Rechtsakte festzuhalten:

(1.) Stellen sie oftmals (nur) Handlungen „*geringen rechtlichen Gehalts*"[494] dar,
(2.) können sie dennoch von nicht zu unterschätzender „*integrationspolitischen und rechtlichen Bedeutung*"[495] sein und
(3.) nehmen sie oftmals eine „*konkretisierende oder erläuternde Funktion*"[496] ein.

c. *Würdigung im Lichte der Besonderheiten des Gemeinsamen Zolltarifs der EU*

In Anbetracht dieser Eigenheiten und im Lichte der Besonderheiten des Gemeinsamen Zolltarifs der EU, insbesondere der zum Zwecke der Verwirklichung einer Zollunion erforderlichen Rechtsvereinheitlichung, scheint der Erlass des Gemeinsamen Zolltarifs der EU auch in der Form eines *ungekennzeichneten* Rechtsaktes wenig sinnvoll zu sein.

---

490 *Frenz*, Handbuch Europarecht, Band V, S. 452f., Rn. 1531ff.; *Bieber / Epiney / Haag*, Die Europäische Union, S. 195f., Rn. 39.

491 Diesem Ansatz scheinen z.B. *Bieber / Epiney / Haag*, Die Europäische Union, S. 195f., Rn. 39; *Lenaerts / van Nuffel / Bray*, Constitutional Law of the European Union, S. 782ff., Rn. 17-140ff.; *Ruffert*, in: Calliess / Ruffert, EUV / AEUV, Art. 288 AEUV, Rn. 100ff. zu folgen.

492 Diesem scheint z.B. *Frenz*, Handbuch Europarecht, Band V, S. 453ff., Rn. 1535ff. zu folgen.

493 Vgl. *Ruffert*, in: Calliess / Ruffert, EUV / AEUV, Kommentar, Art. 288 AEUV, Rn. 99.

494 *Everling*, Probleme atypischer Rechts- und Handlungsformen bei der Auslegung des europäischen Gemeinschaftsrechts, in: Bieber / Ress, Die Dynamik des Europäischen Gemeinschaftsrechts, S. 419.

495 *Everling*, Probleme atypischer Rechts- und Handlungsformen bei der Auslegung des europäischen Gemeinschaftsrechts, in: Bieber / Ress, Die Dynamik des Europäischen Gemeinschaftsrechts, S. 419.

496 *Schwarze*, Soft Law im Recht der Europäischen Union, EuR 1 / 2011, 3 (7).

5. Zwischenergebnis

Festzuhalten bleibt daher, dass allein ein Erlass des Gemeinsamen Zolltarifs der EU in der Form einer Verordnung sinnvoll erscheint, wobei deren spezifische Charakteristika nach Art. 296 UAbs. 1 AEUV für die Wahl des Rechtsaktes ausschlaggebend sind.[497] Im Lichte der Besonderheiten des Gemeinsamen Zolltarifs sprechen diese (und die Kombination aus ihnen) für einen Erlass des Gemeinsamen Zolltarifs der EU in der Form einer Verordnung. So trägt die unmittelbare Geltung der verbindlichen Regelungen einer Verordnung in allen Mitgliedstaaten dem mit einer Zollunion einhergehenden Erfordernis einer Rechtsvereinheitlichung in besonderem Maße Rechnung.[498] Nur wenn die Regelungen, durch die der Gemeinsame Zolltarif der EU erlassen wird, in allen Staaten gleichermaßen gelten - ohne dass es den Mitgliedstaaten möglich ist, von ihnen abzuweichen - wird diesem Erfordernis effektiv genügt.

Hinzukommt, dass auf diese Weise gleichzeitig sichergestellt wird, dass die kraft völkerrechtlicher Vereinbarung bindenden Vorgaben des HS, an dem sich die KN orientiert, umgesetzt und in allen Mitgliedstaaten beachtet werden.[499]

Schließlich werden zeitaufwändige Umsetzungsmaßnahmen in das nationale Recht aller Mitgliedstaaten zu Gunsten der Aktualität der KN, vgl. Art. 12 VO (EG) Nr. 2658 / 87[500], vermieden und das andernfalls drohende Risiko uneinheitlicher Umsetzungsergebnisse minimiert.[501]

III. Erlass in einem Rechtsakt?

Wie bereits festgestellt, beruhen zwar die KN und die Regelzollsätze auf der VO (EG) Nr. 2658 / 87[502], vertragliche Zollpräferenzen jedoch haben ihre Rechtsgrundlage in völkerrechtlichen Abkommen und autonome Präferenzen in eigenen

---

497 Vgl. *Hetmeier*, in: Lenz / Borchardt, EU-Verträge, Art. 288 AEUV, Rn. 6; *Streinz / Ohler / Herrmann*, Der Vertrag von Lissabon zur Reform der EU, S. 100f.

498 *Wolffgang*, in: Schulze / Zuleeg / Kadelbach, Europarecht, S. 2032, Rn. 18.

499 Vgl. *Bleihauer*, in: Hübschmann / Hepp / Spitaler, Kommentar AO / FGO, Band XIV, Art. 20 ZK, Rn. 23; *Wolffgang*, in: Schulze / Zuleeg / Kadelbach, Europarecht, S. 2028, Rn. 2.

500 VO (EG) Nr. 2658 / 87 des Rates vom 23.7.1987 über die zolltarifliche und statistische Nomenklatur sowie den Gemeinsamen Zolltarif, veröffentlich im ABl. L 256 vom 7.9.1987, S. 1-675.

501 Vgl. *Wolffgang*, in: Witte / Wolffgang, Lehrbuch des Europäischen Zollrechts, S. 12, Rn. 16.

502 VO (EG) Nr. 2658 / 87 des Rates vom 23.7.1987 über die zolltarifliche und statistische Nomenklatur sowie den Gemeinsamen Zolltarif, veröffentlich im ABl. L 256 vom 7.9.1987, S. 1-675.

Rechtsakten, oftmals Verordnungen.[503] Hinsichtlich der soeben getroffenen Feststellung, der Erlass des Gemeinsamen Zolltarifs der EU sei in der Rechtsaktform einer Verordnung sinnvoll, drängt sich die Frage auf, ob eine Zusammenführung dieser unterschiedlichen Rechtsakte in einer einheitlichen Verordnung möglich und sinnvoll wäre.

1. Möglichkeit der Zusammenführung in einer einheitlichen Verordnung

Nach Art. 296 UAbs. 1 AEUV entscheiden, wenn die Art des zu erlassenden Rechtsaktes nicht bereits durch Bestimmungen des EUV oder AEUV vorgegeben ist, die Organe von Fall zu Fall unter Einhaltung der geltenden Verfahren und Beachtung des in Art. 5 Abs. 4 EUV normierten Grundsatzes der Verhältnismäßigkeit selbst über diese.[504]

Demnach ist die Wahl so zu treffen, dass eine

> *„Erreichung der unionalen Regelungsziele unter möglichst weitgehender Schonung der mitgliedstaatlichen Kompetenzen“*[505]

gewährleistet wird.

Ist auch ein Erlass in einem anderen Rechtsakt möglich, der die Souveränität der Mitgliedstaaten weniger tangiert, ist dieser vorzuziehen.[506] Diese Vorgaben betreffen jedoch (nur) die Form des zu erlassenden Rechtsaktes.[507] Im Übrigen steht die Wahl des zu erlassenden Rechtsaktes im Ermessen der Unionsorgane, das insoweit keinen weitergehenden Vorgaben unterliegt.[508] Insbesondere die Entscheidung über die **Anzahl der zu (unter Beachtung des Grundsatzes der Verhältnismäßigkeit) erlassenden Rechtsakte** liegt im **Ermessen der Unionsorgane**. Eine Integration der Regelungen mehrerer Verordnungen in einer einheitlichen Verordnung erscheint daher grundsätzlich möglich.

Auch die **Integration völkerrechtlicher Abkommen**, die Regelungen des Gemeinsamen Zolltarifs der EU enthalten, in einer einheitlichen Verordnung im

---

503 Vgl. u.a. *Bleihauer*, in: Hübschmann / Hepp / Spitaler, Kommentar AO / FGO, Band XIV, Art. 20 ZK, Rn. 5 und 67ff.; *Friedrich*, in: Schwarz / Wockenfoth, Zollrecht, Band 1 / 1, Art. 20 ZK, Rn. 79ff.

504 *Calliess*, in: Calliess / Ruffert, EUV / AEUV, Kommentar, Art. 296 AEUV, Rn. 5; vgl. auch *Gellermann*, in: Streinz, EUV / AEUV, Kommentar, Art. 296 AEUV, Rn. 2f.

505 *Gellermann*, in: Streinz, EUV / AEUV, Kommentar, Art. 296 AEUV, Rn. 3.

506 *Calliess*, in: Calliess / Ruffert, EUV / AEUV, Kommentar, Art. 296 AEUV, Rn. 5; vgl. auch *Kotzur*, in Geiger / Khan / Kotzur, EUV / AEUV, Kommentar, Art. 296 AEUV, Rn. 1.

507 *Kotzur*, in: Geiger / Khan / Kotzur, EUV / AEUV, Kommentar, Art. 296 AEUV, Rn. 1.

508 *Calliess*, in: Calliess / Ruffert, EUV / AEUV, Kommentar, Art. 296 AEUV, Rn. 6.

Wege der Umsetzung ist grundsätzlich denkbar. Nach Ansicht des EuGH stellen die Bestimmungen völkerrechtlicher Abkommen auf dem Gebiet des Zollrechts zwar grundsätzlich einen

> *„integrierenden Bestandteil der Gemeinschaftsrechtsordnung"*[509]

dar, für deren

> *„einheitliche Anwendung innerhalb der Gemeinschaft"*[510]

er zuständig ist, im Fall des HS-Übereinkommens jedoch, das lediglich eine Berücksichtigung im Unionsrecht in Form der Übernahme der Nomenklatur des HS in die KN, vgl. Art. 3 HS-Übereinkommen, vorsah, sei ein Umsetzungsakt erforderlich.[511]

2. Vor- und Nachteile einer Zusammenführung in einer einheitlichen Verordnung

Schwieriger scheint allerdings, ob eine Zusammenführung sinnvoll ist. Größter **Vorteil eines Erlasses des Gemeinsamen Zolltarifs der EU in einer einheitlichen Verordnung** ist die **Aufhebung der** mit der derzeitigen Regelung des Gemeinsamen Zolltarifs der EU in mehreren, unterschiedlichen Rechtsakten einhergehenden **Unübersichtlichkeit des Gemeinsamen Zolltarifs der EU**. So erschwert nicht nur die Vielzahl der Rechtsakte, in denen für den Gemeinsamen Zolltarif der EU relevante Regelungen enthalten sind, das Auffinden derselben, sondern trägt die Verschiedenartigkeit der Rechtsakte zusätzlich zur Verwirrung und damit zu Anwendungsfehlern beim Umgang mit dem Gemeinsamen Zolltarif der EU bei. Durch eine Zusammenführung aller Regelungen in einer einheitlichen Verordnung würden insbesondere das Nachvollziehen von Verweisungsketten, das Überprüfen der Aktualität der verwiesenen Rechtsakte und das Auffinden derselben obsolet und alle für den Gemeinsamen Zolltarif der EU relevanten Regelungen **übersichtlich** in einem Rechtsakt zusammengeführt.

Um den Umgang mit dem Gemeinsamen Zolltarif der EU praxistauglicher und zweckmäßiger zu gestalten hat die Union zwar den TARIC eingeführt, der in der Praxis eine enorme Anwendungshilfe darstellt, der jedoch dem unbedarften

509 EuGH, Urteil vom 26.10.1982, Rs. 104 / 81 (Hauptzollamt Mainz / Kupferberg & Cie.), Slg. 1982, I-3641, Rn. 13.

510 EuGH, Urteil vom 26.10.1982, Rs. 104 / 81 (Hauptzollamt Mainz / Kupferberg & Cie.), Slg. 1982, I-3641, Rn. 14.

511 *Lux*, Zollrecht und Völkerrecht in der EU, ZfZ 8 / 2005, 254 (254f., 259f.).

Anwender zu Unrecht auch den Eindruck vermittelt, der eigentliche Rechtsakt und nicht lediglich eine informelle Datenbank zu sein.[512] Dies wiederum drängt den Umstand in den Hintergrund, dass es sich bei der Einreihung um einen **klassischen juristischen Subsumtionsvorgang** handelt.[513] So entstehen häufig Einreihungsfehler durch unzureichende Subsumtion unter die Tatbestandsmerkmale der Rechtsnormen des Gemeinsamen Zolltarifs der EU oder sogar völlige Missachtung der Tatsache, dass es sich bei den Warenbeschreibungen um einen gesetzlichen Tatbestand handelt, dessen Anwendung das Ergebnis eines juristischen Subsumtionsvorganges sein muss.[514] Wären alle für den Gemeinsamen Zolltarif der EU relevanten Regelungen in einer Verordnung zusammengeführt, entstünde bei dem Anwender eher der Eindruck, der Umgang mit den in dieser Verordnung enthaltenen Regelungen bedürfe - wie bei typischer erscheinenden, in einem Gesetz normierten Regelungen auch - einer bestimmten (juristischen) Methodik. Die Nutzung des TARIC würde damit stärker als Hilfsmittel der Anwendung, denn als die eigentliche Anwendung, erscheinen. Insofern könnte eine Zusammenführung aller Regelungen in einer einheitlichen Verordnung den Umstand, dass es sich bei dem Gemeinsamen Zolltarif um eine Rechtsnorm handelt, in den Vordergrund rücken.

Nachteil einer Zusammenführung aller Regelungen, die den Gemeinsamen Zolltarif der EU betreffen, in einer einheitlichen Verordnung dürfte hingegen sein, dass die so entstehende, alle Regelungen integrierende Verordnung sehr **umfangreich** wäre. Neben der KN und den Zollsätzen müsste sie die Zollpräferenzen, Zollaussetzungen, Zollkontingente und sonstigen zolltariflichen Maßnahmen sowie die entsprechenden Auflistungen enthalten. Inklusive aller notwendigen Anhänge könnte der Umfang dieser Verordnung drohen sogar den des ZK zu übertreffen.

Weiterer Nachteil einer Zusammenführung in einer einheitlichen Verordnung wäre, dass Änderungen dieser Verordnung nur unter Beachtung vieler Besonderheiten, z.B. völkerrechtlicher Vorgaben, europarechtlicher Vorgaben und unter größtmöglicher Wahrung der mitgliedstaatlicher Souveränität möglich wären und zu langwierigen und (voraussichtlich) sehr **zähflüssigen**

512 Vgl. zum TARIC *Lux*, in: von der Groeben / Schwarze / Hatje, Europäisches Unionsrecht, Band I, Vor Art. 31-32, Rn. 88ff.; sowie ähnlich zum Deutschen Gebrauchs-Zolltarif *Bleihauer*, Der Gemeinsame Zolltarif der EU, AW-Prax 5 / 96, 175 (179).

513 Vgl. zum Deutschen Gebrauchs-Zolltarif *Bleihauer*, Der Gemeinsame Zolltarif der EU, AW-Prax 5 / 96, 175 (179).

514 Vgl. zum Deutschen Gebrauchs-Zolltarif *Bleihauer*, Der Gemeinsame Zolltarif der EU, AW-Prax 5 / 96, 175 (179).

Änderungsprozessen führen würden.[515] Wie langwierig solche Änderungsprozesse sein können, haben nicht zuletzt der Reformprozess für den MZK und den UZK, die beide eine Vereinfachung und Vereinheitlichung des europäischen Zollrechts intendierten, gezeigt.

Damit einhergeht der wohl größte Nachteil der Zusammenführung in einer einheitlichen Verordnung, dass **kurzfristige Anpassungen** an **neue technische Entwicklungen oder politische Veränderungen** nur noch **unter erschwerten Bedingungen** möglich wären. Würden alle für den Gemeinsamen Zolltarif der EU relevanten Regelungen in einer Verordnung integriert, wären solche Anpassungen nur schwerlich oder jedenfalls unter enormen Anstrengungen möglich, so z.B. die Anpassung der KN und der entsprechenden Zollsätze an technische und politische Veränderungen im Rahmen der jährlichen Veröffentlichung zum 1. Januar des Folgejahres nach Art. 12 VO (EG) Nr. 2658 / 87[516]. Eine solche Inflexibilität jedoch würde dem Zweck der KN, alle erdenklichen existierenden und noch nicht existierenden Waren für zolltarifliche und statistische Zwecke aufzulisten und dazu die Warennomenklatur auf dem neuesten Stand zu halten, entgegenstehen.[517]

3. *Zwischenergebnis*

Aus Gründen der Praktikabilität und der Aktualität der KN erscheint der Erlass aller den Gemeinsamen Zolltarif der EU betreffenden Regelungen in einer integrierenden Verordnung nicht als sinnvoll. Ungeachtet der damit einhergehenden und nicht zu unterschätzenden praktischen Vorteile und Erleichterungen im Umgang mit dem Gemeinsamen Zolltarif der EU für den Anwender ist der strukturelle Nachteil einer einheitlichen Regelung in einer integrierenden Verordnung für den Sinn und Zweck des Gemeinsamen Zolltarifs bedeutender. So kann insbesondere dem Erfordernis der ständigen Aktualität des Warenkatalogs der KN aufgrund der mangelnden Flexibilität und der nur unter erschwerten Bedingungen möglichen Anpassung nicht in ausreichendem Maße Rechnung getragen werden. Wie erwähnt kommt die KN jedoch nicht nur dem Zolltarifrecht, sondern – da die Codierungen der KN insbesondere einer leichteren Warenbenennung dienen – einer Reihe weiterer Rechtsbereiche zu Gute.[518] Die

---

515 Vgl. *Friedrich*, in: Schwarz / Wockenfoth, Zollrecht, Band 1 / 1, Art. 20 ZK, Rn. 1.

516 ABl. L 256 vom 7.9.1987, S. 1-675.

517 Vgl. Erwägungsgründe der VO (EG) Nr. 2658 / 87, ABl. L 256 vom 7.9.1987, S. 1-675.

518 Vgl. auch *Bleihauer*, in: Hübschmann / Hepp / Spitaler, Kommentar AO / FGO, Band XIV, Art. 20 ZK, Rn. 18.

ständige Aktualität des Warenkatalogs der KN ist auch für diese Rechtsbereiche entscheidend.

Hinzukommt, dass Änderungsprozesse sich in aller Regel umso zähflüssiger gestalten je mehr Beteiligte daran teilnehmen, die (auch) Einzelinteressen verfolgen. Vor dem Hintergrund einer stetig wachsenden Europäischen Union erscheint die Schaffung eines Rechtsaktes, der bereits grundsätzlich eines ständigen Anpassungsprozesses bedarf, wenig praxistauglich und daher im Ergebnis nicht zu befürworten.

Als Zwischenergebnis lässt sich daher festhalten, dass der Erlass des Gemeinsamen Zolltarifs der EU in mehreren Rechtsakten durchaus sinnvoll ist, wobei die Kernregelungen zweckmäßiger Weise in einer Verordnung zu erlassen sind.

IV. Übertragung der Befugnis zum Erlass der jährlichen Anpassungen des Gemeinsamen Zolltarifs der EU auf die Kommission (als delegierter Rechtsakt oder Durchführungsrechtsakt)?

Zu überlegen bliebe noch, ob die Befugnis zum Erlass der gem. Art. 12 VO (EG) Nr. 2658 / 87[519] jährlich zu veröffentlichende vollständige Fassung der KN zusammen mit den entsprechenden autonomen und vertragsmäßigen Zollsätzen des Gemeinsamen Zolltarifs der EU als delegierter Rechtsakt oder Durchführungsrechtsakt der Kommission (allein) übertragen werden und somit aufwändige Abstimmungs- und Änderungsprozesse vermieden werden können.

Nach Art. 290 Abs. 1 AEUV kann die Befugnis zur Ergänzung oder Änderung nicht wesentlicher Vorschriften eines Gesetzgebungsaktes, d.h. eines Rechtsaktes, der in einem Gesetzgebungsverfahren angenommenen worden ist (vgl. Definition inArt. 289 Abs. 3 AEUV), auf die Kommission übertragen werden. Diese kann **delegierte Rechtsakte, vgl. Art. 290 Abs. 3 AEUV**, alleine oder unter Einbeziehung anderer Institutionen erlassen.[520] Die Ermächtigung der Kommission zu dieser Rechtssetzung muss nach Art. 290 Abs. 1 AEUV in einem Gesetzgebungsakt erfolgen und kann nach Art. 290 Abs. 2 AEUV bedingt werden.[521] So räumt Art. 290 Abs. 2 lit. a) AEUV dem Europäischen Parlament oder dem Rat einen Widerruf der Übertragung ein und Art. 290 Abs. 2 lit. b) AEUV macht

---

519 ABl. L 256 vom 7.9.1987, S. 1-675.

520 *Hetmeier*, in Lenz / Borchardt, EU-Verträge, Art. 290 AEUV, Rn. 21.

521 *Gellermann*, in: Streinz, EUV / AEUV, Kommentar, Art. 290 AEUV, Rn. 4; *Hetmeier*, in: Lenz / Borchardt, EU-Verträge, Art. 290 AEUV, Rn. 3, 15; *Schoo*, in: Schwarze, EU-Kommentar, Art. 290 AEUV, Rn. 8, 13.

das Inkrafttreten des delegierten Rechtsaktes von dem Umstand abhängig, dass Europäisches Parlament oder Rat keine Einwände erheben.

Delegierte Rechtsakte sind - da sie nicht in einem Gesetzgebungsverfahren angenommen worden sind - keine Gesetzgebungsakte, sondern stellen eine Art

„*exekutive Rechtsetzung durch die Kommission*“[522]

dar.[523] Welche Ergänzungen oder Änderungen als nicht wesentlich angesehen werden und damit delegiert werden können ist allerdings für jeden Gesetzgebungsakt gesondert zu ermitteln.[524] Als Faustformel lässt sich - nach scheinbar einhelliger Auffassung in der Literatur - wohl Folgendes festhalten: Grundlegende Vorgaben, z.B. hinsichtlich des Ziels des Gesetzgebungsaktes, müssen eher als wesentlich angesehen werden; punktuelle Änderungen, z. B. zwecks Anpassung an den Stand der Technik, können hingegen eher als nicht wesentlich angesehen werden.[525]

Nach **Art. 291 Abs. 2 AEUV** können der Kommission und ggf. dem Rat die Befugnis zur Erlass sog. Durchführungsrechtsakte übertragen werden.[526] Anders als delegierte Rechtsakte muss dies nicht in einem Gesetzgebungsakt erfolgen, sondern kann auch durch andere verbindliche Rechtsakte geschehen.[527]

Durchführungsrechtsakte dienen z.B. der

„*Ausfüllung oder Ergänzung unvollständiger Regelungen des Sekundärrechts*“[528]

und sollen zum einheitlichen Rechtsvollzug des Unionsrechts beitragen.[529] Den befugnisübertragenden verbindlichen Rechtsakt ändern können sie – anders als delegierte Rechtsakte – indes nicht.[530]

---

522 *Gellermann*, in: Streinz, EUV / AEUV, Kommentar, Art. 290 AEUV, Rn. 2.

523 *Gellermann*, in: Streinz, EUV / AEUV, Kommentar, Art. 289 AEUV, Rn. 2 und Rn. 16.

524 *Hetmeier*, in Lenz / Borchardt, EU-Verträge, Art. 290 AEUV, Rn. 7.

525 Vgl. *Hetmeier*, in: Lenz / Borchardt, EU-Verträge, Art. 290 AEUV, Rn. 7ff., 13; *König*, in: Schulze / Zuleeg / Kadelbach, Europarecht, S. 131, Rn. 100; *Gellermann*, in: Streinz, EUV / AEUV, Kommentar, Art. 290 AEUV, Rn. 6; *Schoo*, in: Schwarze, EU-Kommentar, Art. 290 AEUV, Rn. 10.

526 *Haratsch / Koenig / Nettesheim*, Europarecht, S. 151, Rn. 345; *Hetmeier*, in: Lenz / Borchardt, EU-Verträge, Art. 291 AEUV, Rn. 1.

527 *Hetmeier*, in: Lenz / Borchardt, EU-Verträge, Art. 291 AEUV, Rn. 5.

528 *Gellermann*, in: Streinz, EUV / AEUV, Kommentar, Art. 291 AEUV, Rn. 7.

529 Vgl. *König*, in: Schulze / Zuleeg / Kadelbach, Europarecht, S. 131, Rn. 100; *Hetmeier*, in: Lenz / Borchardt, EU-Verträge, Art. 291 AEUV, Rn. 8.

530 *Gellermann*, in: Streinz, EUV / AEUV, Kommentar, Art. 291 AEUV, Rn. 2.

Die **Abgrenzung** delegierter Rechtsakten von Durchführungsrechtsakten kann in der Praxis nicht immer trennscharf erfolgen.[531] Ein bedeutender Unterschied zwischen beiden dürfte jedoch sein, dass nur mit dem delegierten Rechtsakt auch der befugnisübertragende Rechtsakt geändert werden kann.[532]

Von der Möglichkeit die Befugnis zum Erlass eines delegierten Rechtsaktes oder eines Durchführungsrechtsaktes auf die Kommission zu übertragen hat auch der UZK an unterschiedlichen Stellen Gebrauch gemacht.[533] So sieht **Art. 58 Abs. 1 UZK** hinsichtlich der Verwaltung von Zollkontingenten und sonstiger Überwachung von Einfuhren und Ausfuhren eine Ermächtigung zum Erlass von Durchführungsvorschriften vor, solange nicht speziellere Regelungen vorrangig sind (wie z.B. VO (EG) Nr. 2505 / 96 über die Anpassung von Zollkontingenten).[534]

Eine Befugnisübertragung zum Erlass der gem. Art. 12 VO (EG) Nr. 2658 / 87[535] jährlich zu veröffentlichenden vollständigen Fassung der KN zusammen mit den entsprechenden autonomen und vertragsmäßigen Zollsätzen des Gemeinsamen Zolltarifs der EU als delegierter Rechtsakt oder Durchführungsrechtsakt (allein) auf die Kommission erscheint jedoch nicht ohne weiteres möglich zu sein. Selbst wenn damit aufwändige Abstimmungs- und Änderungsprozesse vermieden werden könnten bleibt zu berücksichtigen, dass **Art. 31 AEUV** für den Erlass der Zollsätze des Gemeinsamen Zolltarifs der EU die Entscheidungsbefugnis des Rates auf Vorschlag der Kommission vorsieht.[536] Dadurch wird der Einfluss der Mitgliedstaaten auf die Festlegung der Zollsätze, die nach Art. 16 Abs. 2 EUV jeweils durch einen Vertreter auf Ministerebene im Rat vertreten ist, gesichert.

Im Lichte der weitreichenden politischen und wirtschaftlichen Bedeutung des Gemeinsamen Zolltarifs erscheint diese (unmittelbare) Einflussnahme der Mitgliedstaaten auf die Zollsätze des Gemeinsamen Zolltarifs der EU (auch)

---

531 Vgl. *Gellermann*, in: Streinz, EUV / AEUV, Kommentar, Art. 291 AEUV, Rn. 2; *Schoo*, in: Schwarze, EU-Kommentar, Art. 290 AEUV, Rn. 2.

532 *Gellermann*, in: Streinz, EUV / AEUV, Kommentar, Art. 291 AEUV, Rn. 2; *Schoo*, in: Schwarze, EU-Kommentar, Art. 290 AEUV, Rn. 2.

533 *Zeilinger*, Der Unionszollkodex, ZfZ 6 / 2013, 141 (144); *Lux*, Einführung in den Zollkodex der Union - Teil I, in: ZfZ 2014, 177 (189).

534 *Lux*, Einführung in den Zollkodex der Union - Teil I, in: ZfZ 2014, 177 (189).

535 ABl. L 256 vom 7.9.1987, S. 1-675.

536 *Herrmann*, in Grabitz / Hilf / Nettesheim, Das Recht der Europäischen Union, Band I, Art. 31 AEUV, Rn. 5; *Waldhoff*, in: Calliess / Ruffert, EUV / AEUV, Kommentar, Art. 31 AEUV, Rn. 4.

durchaus nachvollziehbar. Eine Befugnisübertragung zum Erlass der gem. Art. 12 VO (EG) Nr. 2658 / 87 jährlich zu veröffentlichenden vollständigen Fassung der KN zusammen mit den entsprechenden autonomen und vertragsmäßigen Zollsätzen des Gemeinsamen Zolltarifs der EU als delegierter Rechtsakt oder Durchführungsrechtsakt (allein) auf die Kommission wäre daher im Lichte des Art. 31 AEUV nicht möglich und politisch (auch) wohl kaum gewollt.

C. Zwischenergebnis: Der Gemeinsamen Zolltarif der EU als eine Art Rechtsnorm *sui generis*

In Anbetracht obiger Ausführungen ist abschließend festzustellen, dass die Rechtsnormen des Gemeinsamen Zolltarifs der EU in mancher Hinsicht typische Eigenschaften einer Rechtsnorm aufweist, in anderer Hinsicht aber der Gemeinsame Zolltarif der EU besonders oder sogar einzigartig ist.

I. Für einen Normativakt typische Eigenschaften des Gemeinsamen Zolltarifs der EU

So weisen die Rechtsnormen des Gemeinsamen Zolltarifs der EU folgende typische Eigenschaften einer Rechtsnorm auf:

Sie setzen sich aus den gleichen Grundelementen zusammen wie eine typisch erscheinende Rechtsnorm, nämlich dem **Adressatenkreis**, der Geltungsanordnung, Tatbestand und Rechtsfolge und einer Umsetzung dieser Elemente unter eine sprachliche Formulierung.[537]

Sie folgen ebenfalls dem **Konditionalschema.**[538] Der Umgang mit ihnen bedarf - wie der Umgang mit jeder typischer erscheinenden Rechtsnorm - **klassischer juristischer Vorgehensweisen.**[539]

---

537 Siehe S. 57.

538 Siehe S. 59.

539 Vgl. *Bleihauer*, Der Gemeinsame Zolltarif der EU, AW-Prax 5 / 96, 175 (178); *Bleihauer / Schulte,* in: Witte / Wolffgang, Lehrbuch des Europäischen Zollrechts, S. 452, Rn. 1353f.; *Bleihauer*, in: Hübschmann / Hepp / Spitaler, Kommentar AO / FGO, Band XIV, Art. 20 ZK, Rn. 76; *Bleihauer*, „Marginalien“ zur Zolltarifrechtsausbildung, ddZ 7-8 / 2002, F41 (F41).

II. Für einen Normativakt untypische Eigenschaften des Gemeinsamen Zolltarifs der EU

Zu der klassischen juristischen Vorgehensweise im Umgang mit einer Rechtsnorm gehört die Subsumtion des Sachverhaltes unter die Tatbestandsmerkmale dieser Rechtsnorm.[540] Im Fall des Gemeinsamen Zolltarifs der EU ist damit gemeint, dass die Frage, ob eine tatsächlich existierende Ware in eine Unterposition der KN eingereiht werden kann, durch Subsumtion schrittweise ermittelt werden muss.[541] Anders als bei einer typisch erscheinenden Rechtsnorm ergeben sich im Fall des Gemeinsamen Zolltarifs der EU jedoch nachfolgende zwei Besonderheiten:

Wie bereits dargestellt nutzen die Rechtsnormen des Gemeinsamen Zolltarifs der EU zur Bezeichnung einer Ware nur selten ihren umgangssprachlichen Begriff sondern häufiger eine Reihe von Umschreibungen der objektiven Merkmale und Eigenschaften einer Ware.[542] Eine Subsumtion ist daher häufig erst möglich nachdem eine tatsächliche Untersuchung, d.h. eine **warenkundliche Bewertung**, der in Frage stehenden Ware vorgenommen worden ist.[543]

Weitere Besonderheiten sind die bereits analysierten **AV**, die systematisch als Teil des Einreihungsprozesses und damit als Teil des Subsumtionsvorganges einzuordnen sind.[544] Sie sehen inhaltliche Lösungen bei Konkurrenzproblemen vor und gewährleisten die Ermittlung einer klaren Tarifzuordnung, indem sie als

540 Vgl. *Muthorst*, Grundlagen der Rechtswissenschaft, S. 92f., Rn. 10f., S. 94, Rn. 12 und zusammenfassend S. 103, Rn. 29.

541 Vgl. *Bleihauer*, Der Gemeinsame Zolltarif der EU, AW-Prax 5 / 96, 175 (178); *Bleihauer / Schulte*, in: Witte / Wolffgang, Lehrbuch des Europäischen Zollrechts, S. 452, Rn. 1354; *Bleihauer*, in: Hübschmann / Hepp / Spitaler, Kommentar AO / FGO, Band XIV, Art. 20 ZK, Rn. 76; *Bleihauer*, „Marginalien" zur Zolltarifrechtsausbildung, ddZ 7-8 / 2002, F41 (F41).

542 Vgl. *Hülsmeier*, Erkenntnisprobleme bei der zolltariflichen Einreihung einer Ware – zugleich eine Anmerkung zum Urteil des Bundesfinanzhofs vom 18.12.2001, ZfZ 10 / 2002, 326 (330); *Alexander*, in: Witte, Zollkodex, Art. 20 ZK, Rn. 41.

543 *Bleihauer*, in: Hübschmann / Hepp / Spitaler, Kommentar AO / FGO, Band XIV, Art. 20 ZK, Rn. 79.

544 Vgl. *Landry / Harings*, in: Kilian / Heussen, Computerrechts-Handbuch, 1. Abschnitt, Teil 8, Rn. 39; *Bleihauer*, in: Hübschmann / Hepp / Spitaler, Kommentar AO / FGO, Band XIV, Art. 20 ZK, Rn. 27.

„verbindliche Einreihungsregeln“[545] und als *„Hilfsmittel“*[546] die *„aufeinander abgestimmte[n] Schritte“*[547]

der Einreihung vorschreiben.[548] Dabei basieren die AV auf dem HS, beanspruchen wie dieses Rechtsverbindlichkeit und sollen somit der einheitlichen Rechtsanwendung dienen.[549]

III. Einzigartige Eigenschaften des Gemeinsamen Zolltarifs der EU

Gänzlich ungewöhnlich sind vor allem das Erscheinungsbild des Gemeinsamen Zolltarifs und sein Erlass in einer Reihe unterschiedlicher Rechtsakte, die ihn so grundlegend von einem typisch erscheinenden Normativakt unterscheiden, dass er in dieser Hinsicht als einzigartig betrachtet werden kann. Oder kurz:

Ein Normativakt *sui generis*!

Wie bereits ausgeführt ergeben sich Tatbestandsmerkmale aus individuellen Warenbeschreibungen einer Codenummer, dem Wortlaut der Position und den jeweiligen Anmerkungen zu diesen Positionen, sowie den Anmerkungen zu den Abschnitten und Kapiteln, die selbst Rechtsqualität aufweisen.[550]

Anders als ein typisch erscheinender Normativakt ist schließlich, dass dem Gemeinsamen Zolltarif der EU der **Erlass in einer Reihe unterschiedlicher Rechtsakte** eher gerecht wird als der Erlass in einem einheitlichen Rechtsakt.[551] So scheint aus Gründen der Praktikabilität und der Aktualität der KN der Erlass aller den Gemeinsamen Zolltarif der EU betreffenden Regelungen in einer integrierenden Verordnung im Ergebnis weniger sinnvoll als der Erlass

545 *Bleihauer*, in: Hübschmann / Hepp / Spitaler, Kommentar zur AO / FGO, Band XIV, Art. 20 ZK, Rn. 74.

546 *Ovie*, Das Europäische Zollrecht, Teil 5, AW-Prax, 12 / 2007, 517 (518).

547 *Ovie*, Das Europäische Zollrecht, Teil 5, AW-Prax, 12 / 2007, 517 (518).

548 Vgl. *Landry / Harings*, in: Kilian / Heussen, Computerrechts-Handbuch, 1. Abschnitt, Teil 8, Rn. 39; *Bleihauer*, in: Hübschmann / Hepp / Spitaler, Kommentar AO / FGO, Band XIV, Art. 20 ZK, Rn. 27ff.

549 *Bleihauer / Schulte*, in: Witte / Wolffgang, Lehrbuch des Europäischen Zollrechts, S. 430, Rn. 1318; *Bleihauer*, Der Gemeinsame Zolltarif der EU, AW-Prax 5 / 96, 175 (178).

550 Vgl. *Bleihauer*, in: Hübschmann / Hepp / Spitaler, Kommentar AO / FGO, Band XIV, Art. 20 ZK, Rn. 29, 74f.; *Bleihauer / Schulte*, in: Witte / Wolffgang, Lehrbuch des Europäischen Zollrechts, S. 452, Rn. 1353; *Bleihauer / Schulte*, in: Witte / Henke, Fallsammlung Europäisches Zollrecht, S. 289.

551 Siehe S. 107ff.

in mehreren Rechtsakten, die dem Erfordernis einer ständigen Aktualität des Warenkatalogs der KN und der damit einhergehenden notwendigen (kurzfristigen) Anpassungsfähigkeit an technische und politische Veränderungen gerecht werden.[552]

552 Siehe S. 109ff.

Kapitel 4: Rechtsanwendungsschwierigkeiten des Gemeinsamen Zolltarifs der EU

Wie gezeigt stellt der Gemeinsame Zolltarif der EU einen Normativakt dar, der zwar mittels üblicher juristischer Methodik gehandhabt werden muss, jedoch zugleich Besonderheiten aufweist, aus denen praktische Rechtsanwendungsschwierigkeiten erwachsen. So entstehen häufig Fehler z.B. durch eine falsche oder unzureichende Subsumtion unter die Tatbestandsmerkmale der jeweiligen Rechtsnorm des Gemeinsamen Zolltarifs der EU. Im extremen Fall entstehen Fehler durch völlige Missachtung der Tatsache, dass es sich bei der Warenbeschreibung um einen gesetzlichen Tatbestand handelt, dessen Rechtsfolge der jeweilige Zollsatz, mit dem die Ware belastet wird sich als Ergebnis eines juristischen Subsumtionsvorganges, nämlich der Zuordnung der in Frage stehenden Ware zur Unterposition, ergeben muss.[553]

Das vorliegende Kapitel 4 widmet sich der Anwendung und dem Umgang mit dem Gemeinsamen Zolltarif der EU und stellt dar, welche spezifischen Schwierigkeiten damit einhergehen, worin häufige Fehlerquellen liegen und welche Konsequenzen dies hat.

A. Subsumtions- und Auslegungsschwierigkeiten

Nach Art. 57 Abs. 1 UZK ist eine Ware in die maßgebliche Unterposition der KN einzureihen. Dabei handelt es sich, wie bereits gezeigt, um einen schrittweise vorzunehmenden Subsumtionsvorgang, wobei die für die in Frage stehende Ware zutreffende Unterposition zu ermitteln ist.[554]

Erst nachdem die in Rede stehende Ware einer konkreten Unterposition zugeordnet worden ist, ergibt sich als Rechtsfolge der Zollsatz, mit dem die in Rede stehende Ware belastet wird.[555] Schwierigkeiten im Umgang mit dem Gemeinsamen Zolltarif der EU resultieren vielfach aus dem Erfordernis die Subsumtionsschritte einzuhalten und zunächst die maßgebliche vierstellige Positionen und erst im Anschluss (schrittweise) die fünfstellige, sechsstellige und sodann achtstellige Unterposition zu ermitteln.[556]

---

553 Vgl. *Friedrich*, in: Schwarz / Wockenfoth, Zollrecht, Band 1 / 1, Art. 20 ZK, Rn. 21.

554 Vgl. *Bleihauer*, in: Hübschmann / Hepp / Spitaler, Kommentar AO / FGO, Band XIV, Art. 20 ZK, Rn. 76ff.

555 *Friedrich*, in: Schwarz / Wockenfoth, Zollrecht, Band 1 / 1, Art. 20 ZK, Rn. 21.

556 *Alexander*, in: Witte, Zollkodex, Art. 20 ZK, Rn. 18.

I. Abgrenzung zwischen Tat- und Rechtsfrage

1. Tatfrage als (zwingende) Vorfrage

Schwierigkeiten entstehen z.B. durch fehlerhafte oder unzureichende Abgrenzung zwischen Tat- und Rechtsfrage. Wie bereits aufgezeigt, ist beim Umgang mit dem Gemeinsamen Zolltarif die warenkundliche Bewertung als Vorfrage von der eigentlichen Subsumtion strikt zu trennen. Zwar dient die warenkundliche Bewertung der Ermöglichung der Subsumtion unter eine Position oder Unterposition, sie darf diese jedoch nicht ersetzen.[557] Insofern ist stets zwischen der tatsächlichen Untersuchung der Ware im maßgeblichen Zeitpunkt (als vorausgehende Tatfrage) und der Einreihung einer in Frage stehenden Ware mit ihren spezifischen Merkmalen unter die Positionen und Unterpositionen des Gemeinsamen Zolltarifs der EU (als Rechtsfrage) zu unterscheiden.[558]

Erfolgt eine fehlerhafte Differenzierung oder unterbleibt eine warenkundliche Bewertung, ist der Ausgangspunkt der (anschließenden) Subsumtion nicht mehr richtig. Das richtige (Subsumtions-)Ergebnis kann zwar noch durch Zufall getroffen werden, nicht aber auf dem richtigen Weg, d.h. im Wege der im konkreten Fall eigentlich gebotenen schrittweisen Subsumtion unter bestimmte Positionen und Unterpositionen.[559]

Im nationalen (deutschen) Prozessrecht kommt eine weitere Konsequenz hinzu. Während die Feststellung der Beschaffenheit einer Ware nach § 118 Abs. 2 FGO allein Sache des Tatsachengerichts ist, ist die Frage der Subsumtion einer Ware unter eine Zolltarifposition nach § 115 Abs. 2 Nr. 1 FGO von grundsätzlicher Bedeutung und kann vom BFH voll überprüft werden.[560] § 115 Abs. 2 Nr. 1 und § 118 Abs. 2 FGO setzen daher eine strikte Differenzierung zwischen der Tat- und Rechtsfrage voraus.[561]

---

557 *Bleihauer*, in: Hübschmann / Hepp / Spitaler, Kommentar AO / FGO, Band XIV, Art. 20 ZK, Rn. 79.

558 So u.a. *Hülsmeier*, Erkenntnisprobleme bei der zolltariflichen Einreihung einer Ware – zugleich eine Anmerkung zum Urteil des Bundesfinanzhofs vom 18.12.2001, ZfZ 10 / 2002, 326 (326).

559 Vgl. *Bleihauer*, in: Witte / Wolffgang, Lehrbuch des Europäischen Zollrechts, S. 452f., Rn. 1354ff.

560 *Jäger*, Revisionsrechtliche Besonderheiten bei Entscheidungen in Zolltarifsachen, ZfZ 9 / 2008, 240 (242); vgl. auch bereits S. 79.

561 Siehe dazu auch S. 66.

2. *Einreihung als eigentliche Rechtsfrage*

Die Einreihung (als eigentliche Rechtsfrage) gestaltet sich nicht leichter oder weniger fehleranfällig. Sie wird vielmehr dadurch erschwert, dass der Gemeinsame Zolltarif der EU zur Bezeichnung einer Ware selten deren umgangssprachlichen Begriff nutzt, sondern häufiger ihre objektiven Merkmale und Eigenschaften umschreibt.[562] So finden sich viele naturwissenschaftliche und spezifisch technische Begriffe in den Positionswortlauten des Gemeinsamen Zolltarifs der EU.[563]

Insofern muss – bevor eine Ware der zutreffenden (Unter-)Position zugeordnet und damit eine Einreihung als Subsumtion vorgenommen werden kann — geklärt werden, ob die objektiven Merkmale und Eigenschaften der einzureihenden Ware unter dem Wortlaut der fraglichen Position bzw. Unterposition zu fassen sind. Dies stellt auch AV 1 heraus, die wie beschrieben als Teil des Tatbestandes anzusehen ist.[564] Demnach ist in erster Linie auf den Wortlaut einer Position und damit auf die jeweiligen objektiven Merkmalen und Eigenschaften einer Ware abzustellen.[565]

Dieser Forderung ist in der Praxis jedoch nicht einfach nachzukommen, da sich die objektiven Merkmalen und Eigenschaften einer Ware oftmals an der stofflichen Beschaffenheit einer Ware orientieren und zu diesem Zweck naturwissenschaftliche und spezifisch technische Begriffe bedienen.[566] Der *EuGH* stellte diesbezüglich mit Urteil vom 16. Dezember 1976, Rs. 38 / 76 (Industriemetall LUMA GmbH / Hauptzollamt Duisburg) fest:

> *„Wenn der Zolltarif auch in bestimmten Fällen auf die Art und Weise der Herstellung oder den Verwendungszweck der Ware abstellt, so greift er doch in der Regel im Interesse der Rechtssicherheit und leichteren Nachprüfbarkeit vorzugsweise auf Einordnungskriterien zurück, die auf den objektiven Beschaffenheitsmerkmalen und Eigenschaften des*

---

562 Vgl. *Hülsmeier*, Erkenntnisprobleme bei der zolltariflichen Einreihung einer Ware – zugleich eine Anmerkung zum Urteil des Bundesfinanzhofs vom 18.12.2001, ZfZ 10 / 2002, 326 (330); *Alexander*, in: Witte, Zollkodex, Art. 20 ZK, Rn. 41.

563 *Bleihauer*, in: Hübschmann / Hepp / Spitaler, Kommentar AO / FGO, Band XIV, Art. 20 ZK, Rn. 79.

564 Vgl. EuGH, Urteil vom 14.11.2011, verb. Rs. C-288 / 09, C-289 / 09 (British Sky Broadcasting und Pace), Slg. 2011, I-2851, Rn. 59f.

565 EuGH, Urteil vom 14.11.2011, verb. Rs. C-288 / 09, C-289 / 09 (British Sky Broadcasting und Pace), Slg. 2011, I-2851, Rn. 60.

566 Vgl. *Alexander*, in: Witte, Zollkodex, Art. 20 ZK, Rn. 42; *Bleihauer*, in: Hübschmann / Hepp / Spitaler, Kommentar zur AO / FGO, Band XIV, Art. 20 ZK, Rn. 79; auf den *Wolffgang*, in: Schulze / Zuleeg / Kadelbach, Europarecht, S. 2052, Rn. 115 verweist.

Erzeugnisses beruhen, deren Vorliegen im Zeitpunkt der Verzollung nachgeprüft werden kann."[567]

Wenngleich damit dem

„*Interesse der Rechtssicherheit und leichteren Nachprüfbarkeit*"[568]

gedient sein mag, bedeutet dies für den häufig naturwissenschaftlich und technisch nicht oder wenig versierten Zollbeamten, der z.B. die Abfertigung vornimmt und den Gemeinsamen Zolltarif der EU anwenden muss, eine Hürde im Subsumtionsvorgang, die er überwinden muss. Dies gilt umso mehr als (wohl) niemand alle Bereiche, die die Warennomenklatur, die wiederum alle erdenklichen Waren des internationalen Warenverkehrs auflistet, kennen dürfte und daher tatsächlich die Frage, ob die objektiven Merkmale und Eigenschaften einer Ware richtig erfasst und subsumiert werden, von den subjektiven Fähigkeiten desjenigen abhängt, der den Gemeinsamen Zolltarif der EU anwendet.

Hinzukommt, dass nicht alle objektiven Merkmale und Eigenschaften auf den ersten Blick erkennbar sind oder sich aus der Beschreibung der Ware entnehmen lassen, was wiederum die Gefahr birgt, dass diese unvollständig erfasst werden oder die Begriffe von dem (nicht technisch, wirtschaftlich oder naturwissenschaftlich bewanderten) Zollbeamten (sowie auch von den in einem Rechtstreit entscheidenden Richtern auf nationaler oder europäischer Ebene) falsch ausgelegt und im Ergebnis uneinheitlich angewendet werden.[569]

3. *Zwischenergebnis*

Deutlich wird hieraus, dass die Schwierigkeiten bei der Klärung der Tatfrage und der Einreihung als eigentlicher Rechtsfrage letztlich ähnlich gelagert sind und sich wechselseitig bedingen. Beide resultieren im Ergebnis daraus, dass oftmals die Merkmale und Eigenschaften einer Ware nicht auf den ersten Blick feststellbar sind und dadurch ihre warenkundliche Bewertung und die Beantwortung der Frage, ob diese Merkmale und Eigenschaften unter dem Wortlaut der fraglichen Position bzw. Unterposition zu subsumieren sind, erschwert werden.[570]

---

567 EuGH, Urteil vom 16.12.1976, Rs. 38 / 76 (Industriemetall LUMA GmbH / Hauptzollamt Duisburg), Slg. 1976, I-2027, Rz. 7.

568 EuGH, Urteil vom 16.12.1976, Rs. 38 / 76 (Industriemetall LUMA GmbH / Hauptzollamt Duisburg), Slg. 1976, I-2027, Rz. 7.

569 Vgl. *Bleihauer*, in: Hübschmann / Hepp / Spitaler, Kommentar AO / FGO, Band XIV, Art. 20 ZK, Rn. 79; *Alexander*, in Witte, Zollkodex, Art. 20 ZK, Rn. 41f.

570 *Alexander*, in: Witte, Zollkodex, Art. 20 ZK, Rn. 42.

Bereits eine klare Trennung zwischen Tat- und Rechtsfrage ist daher in der Praxis oftmals nicht einfach zu bewerkstelligen.[571]

Kommt der Rechtsanwender z.B. aufgrund mangelnder technischer, wirtschaftlicher oder naturwissenschaftlicher Kenntnis zu einer fehlerhaften Warenbeschreibung, kann dies nicht nur zur Anwendung eines unzutreffenden Zollsatzes führen, sondern auch Auswirkungen für den anzuwendenden Umsatzsteuersatz haben, vgl § 12 Abs. 2 UStG i.V.m. Anlage 2 des UStG. Insofern können teilweise empfindliche Nacherhebungen drohen.[572]

II. Fehlerquellen und Anwendungsschwierigkeiten

Eigene spezifisch zolltarifliche Rechtsbegriffe lassen sich im Gemeinsamen Zolltarif der EU kaum finden.[573] Vielmehr enthält der Gemeinsame Zolltarif der EU **viele unbestimmte Rechtsbegriffe**. Darunter sind solche Rechtsbegriffe zu verstehen,

> *„deren Inhalt nicht durch einen fest umrissenen Sachverhalt ausgefüllt wird, sondern bei der Rechtsanwendung auf einen gegebenen Tatbestand im Einzelfall einer Fixierung bedarf“*[574].

In Ermangelung einer Legaldefinition, d.h. einer

> *„in demselben oder einem späteren Gesetz enthaltene*[n] *Erläuterung eines Rechtsbegriffs“*[575],

die diese unbestimmten Rechtsbegriffe in Form der Anmerkungen, Unterpositionsanmerkungen oder Zusätzlichen Anmerkungen ausfüllen würde, sind daher die Zollverwaltung (als Rechtsanwender) und die ihre Anwendung

571 *Jäger*, Revisionsrechtliche Besonderheiten bei Entscheidungen in Zolltarifsachen, ZfZ 9 / 2008, 240 (242).

572 Vgl. *Die Zollverwaltung - Jahresstatistik 2015*, verfügbar unter: http://www.bundesfinanzministerium.de/Content/DE/Downloads/Broschueren_Bestellservice/2016-04-11-zollverwaltung-jahresstatistik-2015.pdf?__blob=publicationFile&v3 (letzter Abruf: 30.4.2017).

573 Vgl. *Buerstedde / Gelse*, Überraschungen – Anmerkungen zum BFH-Urteil vom 18.12.2001 zur zolltariflichen Einreihung von Überraschungseier-Figuren und der Besprechung von Rudolf Hülsmeier in: ZfZ 2002 Nr. 10, ZfZ 9 / 2003, 298 (304); *Hülsmeier*, Erkenntnisprobleme bei der zolltariflichen Einreihung einer Ware – zugleich eine Anmerkung zum Urteil des Bundesfinanzhofs vom 18.12.2001, ZfZ 10 / 2002, 326 (332).

574 *Creifelds / Weber*, Rechtswörterbuch, Unbestimmte Rechtsbegriffe, S. 347.

575 *Creifelds / Weber*, Rechtswörterbuch, Legaldefinition, S. 845.

überprüfenden Gerichte gezwungen, die nicht im Gemeinsamen Zolltarif der EU selbst definierten Rechtsbegriff auszulegen.[576] Subsumtions- und Auslegungsschwierigkeiten sind die Folge.

1. *Beispiele für das Existieren von Legaldefinitionen*

Legaldefinitionen sind in den Anmerkungen, den Unterpositionsanmerkungen und Zusätzlichen Anmerkungen des Gemeinsamen Zolltarifs der EU selten enthalten. *Bleihauer* nennt beispielhaft folgende Legaldefinitionen in den Anmerkungen: Anmerkung zu Kapitel 2 („Pellets"), Anmerkung 2 zu Kapitel 3 („Pellets"), Anmerkung 3 zu Kapitel 5 („Elfenbein"), Anmerkung 4 zu Kapitel 5 („Rosshaar"), Anmerkung 5 zu Kapitel 84 („Maschinen") und Anmerkung 3 zu Kapitel 96 („Pinselköpfe").[577] Exemplarisch soll hier die Definition von „Rosshaar" der Anmerkung 4 zu Kapitel 5 herausgegriffen werden, wonach unter „Rosshaar" *„Haare aus Mähne oder Schweif der Tiere von der Art der Pferde oder Rinder"* zu verstehen sind.

In den Unterpositionsanmerkungen und den Zusätzlichen Anmerkungen sind ebenfalls nur wenige Legaldefinitionen enthalten, so z.B. in der Unterpositionsanmerkung zu Kapitel 15 („erucasäurearmes Raps- oder Rübsenöl"), in der Zusätzlichen Anmerkung 2 zu Kapitel 15 („Lampenöl", „anderes nicht behandeltes Olivenöl" oder „rohe Öle"). Exemplarisch sei hier die Legaldefinition der Unterpositionsanmerkung zu Kapitel 15 „erucasäurearmes Raps- oder Rübsenöl" (i.S. der Unterpositionen 1514 11 und 1514 19) herausgegriffen, worunter *„fette Öle mit einem Erucasäuregehalt von weniger als 2 GHT"* zu verstehen sind.

Hinzukommt, dass die Legaldefinitionen (wie die hier exemplarisch aufgeführten auch) oftmals einen Begriff definieren, indem sie ihn beschreiben und dabei andere, neue unbestimmte Begriffe verwenden, die - sollten diese nicht ebenfalls legaldefiniert sein - wiederum auslegungsbedürftig wären.[578]

---

576 Vgl. *Bleihauer*, in: Hübschmann / Hepp / Spitaler, Kommentar AO / FGO, Band XIV, Art. 20 ZK, Rn. 79f.

577 Vgl. *Bleihauer*, in: Hübschmann / Hepp / Spitaler, Kommentar AO / FGO, Band XIV, Art. 20 ZK, Rn. 79, Fußnote 4.

578 *Buerstedde / Gelse*, Überraschungen – Anmerkungen zum BFH-Urteil vom 18.12.2001 zur zolltariflichen Einreihung von Überraschungseier-Figuren und der Besprechung von Rudolf Hülsmeier in: ZfZ 2002 Nr. 10, ZfZ 9 / 2003, 298 (298f.).

2. *Beispiele unbestimmter Rechtsbegriffe*

Unbestimmte Rechtsbegriffe lassen sich im Gemeinsamen Zolltarif der EU hingegen viele finden. Da ihre Ausfüllung nicht immer einfach ist, sind sie Gegenstand diverser Entscheidungen der Gerichte und Meinungsstreitigkeiten in der Literatur.

a. Festartikel *der Position 9505*

Infolge mangelnder Legaldefinitionen kann auch dann eine unionsweit unterschiedliche Anwendung der KN drohen, wenn ein auszulegender Begriff in den Mitgliedstaaten unterschiedlich interpretiert werden kann.[579] So umfasst z.B. Position 9505 *Fest-, Karneval- / Faschings- oder andere Unterhaltungsartikel, einschließlich Zauber und Scherzartikel*, wobei der Inhalt des Begriffs *Festartikel* nicht durch eine Anmerkung zum Kapitel 95 festgelegt wird. Insofern ist der Begriff durch Auslegung zu ermitteln.[580]

Die **Erläuterungen zum HS** stellen zwar klar, dass unter *Festartikeln* Dekorationsartikel für Feste zu fassen sind, die zum Dekorieren von Räumen, Tischen, etc. verwendet werden (wie z.B. Weihnachtskugeln als Dekorationsartikel für den Weihnachtsbaum), benennen jedoch (außer des Weihnachtsfestes) solche Feste nicht ausdrücklich. Die **Erläuterungen zur KN** zu Position 9505, die auf die Erläuterungen zum HS verweisen, liefern insofern Konkretisierungen, als sie vorgeben, dass ein Bezug zu einem bestimmten Tag oder Zeitraum im Jahr bestehen muss (festlicher Anlass) und dieser in der Gemeinschaft mit charakteristischen Emblemen und Bräuchen begangen wird. Da dies nicht nur religiöse Anlässe betrifft, führen die Erläuterungen zur KN zu Position 9505 exemplarisch Weihnachten, Ostern, Halloween, Valentinstag, Geburtstage und Hochzeiten an. Wenngleich damit einige bedeutende Feste, die innerhalb der Europäischen Union gefeiert werden, namentlich genannt sind, bleibt offen, in welchem Umfang auch Feste, die **nur in einigen Teilen der EU bzw. in einigen Kulturkreisen** gefeiert werden, umfasst sein sollen.[581]

Schwierig ist dabei, dass der Begriff eines Festes (und damit eines Festartikels) in den unterschiedlichen Kulturkreisen innerhalb der EU unterschiedlich belegt sein kann. Die Formulierung in den Erläuterungen zur KN zu Position 9505

579 *Bleihauer*, in: Hübschmann / Hepp / Spitaler, AO / FGO, ZK, Art. 20, Rn. 80.
580 *Bleihauer*, in: Hübschmann / Hepp / Spitaler, AO / FGO, ZK, Art. 20, Rn. 80.
581 *Bleihauer*, in: Hübschmann / Hepp / Spitaler, AO / FGO, ZK, Art. 20, Rn. 80.

von einer Gemeinschaft mit charakteristischen Emblemen und Bräuchen begangen wird,

lässt zwar Raum für Feste, die nur in einigen Teilen der EU begangen werden, gibt aber keinen Aufschluss darüber, wie groß dieser Teil sein muss. Auch der Rechtsprechung des EuGH sind insofern keine Größenvorgaben zu entnehmen. Daher wären grundsätzlich z.B. auch Dekorationsartikel für das Oktoberfest von Position 9505 umfasst, das hauptsächlich in Deutschland gefeiert wird.

Problematisch ist schließlich, ob ein Festartikel i.S. der Position 9505 mit **Aufdrucken, Verzierungen oder Symbolen** versehen sein muss, die einen eindeutigen Bezug zu dem jeweiligen festlichen Anlass herstellen. So mag zwar z.B. ein eindeutiger Bezug im Fall eines Keramik-Herzes mit der Aufschrift „Alles Gute zum Hochzeit“ oder dem Aufdruck zweier, ineinander verschlungener Eheringe hergestellt werden können, weniger eindeutig hingegen ist dies bereits bei einem Keramik-Herz, dem eine Aufschrift oder ein Aufdruck fehlt. Ähnliches gilt im Fall einer Verkündungsengel-Figur, die ihre Hände in betender Haltung vor dem Körper hält und damit einen klaren weihnachtlichen Bezug aufweist, und einer Schutzengel-Figur, der dieser symbolische Bezug fehlt.

Mit der **Durchführungsverordnung (EU) Nr. 554 / 2012**[582] hat die Kommission daher zwecks einheitlicher Anwendung und Auslegung der KN entschieden, ein dekorativer Zweif aus künstlichen Blumen (Weihnachtssternen) stelle keinen Festartikel i.S. der Position 9505 dar, da er keine Aufdruck, Verzierungen, Symbole oder Inschriften enthalte und daher nicht spezifisch für einen festlichen Anlass bestimmt sei.[583] Die von Wojciech Gęsina Firma Handlowa Faktor B. iW. Gęsina mit dem Argument eingereichte Nichtigkeitsklage zum EuG, dasss entscheidend sei, ob ein Festartikel innerhalb eines Mitgliedstaates und aufgrund seiner Verknüpfung mit der Festtradition und Festkultur in diesem Staat als solcher erkennbar sei, nicht aber, dass er zusätzliche Symbole, Verzierungen oder Inschriften enthalte, blieb ohne Erfolg und wurde als unzulässig abgewiesen.[584]

b. Spielzeug *der Position 9503*

Ein ähnlich berühmtes Beispiel eines unbestimmten Rechtsbegriffs ist der Begriff *Spielzeug* der Position 9503, dessen Auslegung Gegenstand des Urteils

582 ABl. L 166 vom 27.6.2012, S. 20-21.

583 ABl. L 166 vom 27.6.2012, S.20-21, Anhang.

584 Vgl. EuG, Beschluss vom 22.1.2014, Rs. T-468 / 12 (Firma Handlowa Faktor B. iW. Gęsina, Gęsina Wojciech), elektronische Sammlung (ECLI:EU:T:2014:46), Rechtsmittel eingelegt, Rs. C-138 / 14.

des **BFH** vom 18. Dezember 2001, Az. VII R 78 / 00 und in der Folge diverser Besprechungen in der Literatur war.[585]

Die Klägerin hatte die in Rede stehenden Nachbildungen verschiedener Tiere aus Kunststoff, die jeweils unter einem bestimmten Motto einer Sammelserie zuzuordnen waren (sog. Überraschungseier-Figuren), als Ziergegenstände in die Unterposition 3926 4600, die Beklagte hingegen als Spielzeug in die Position 9503 4930 eingereiht.[586] Der BFH entschied, der Begriff *Spielzeug* sei - mangels Legaldefinition - anhand der

> *„üblichen Auslegungskriterien festzustellen"*[587].

Die Verkehrsanschauung dürfe keine Rolle spielen, da die Vorschriften der KN weder unmittelbar noch mittelbar auf diese abstellten.[588] Nicht entscheidend sei, dass die Figuren einen niedrigen Verkaufspreis hätten und keinen besonderen künstlerischen Wert besäßen.[589] Maßgeblich sei — unter Bezugnahme auf das (rechtlich nicht verbindliche) Erkenntnismittel der Erläuterungen zum HS — vielmehr, dass die in Rede stehende Ware zur Unterhaltung bestimmt sei und einen Spielimpuls auslöse, wohingegen ihr dekorativer Charakter nur einen zusätzlichen (Neben-)Effekt darstelle.[590] Die Überraschungseier-Figuren lösten einen solchen Spielimpuls dadurch aus, dass die Tierfiguren mit Namen und kleinen Geschichten im Beipackzettel kindgerecht vorgestellt würden, somit identifiziert und individualisiert werden könnten und zum selbständigen Weiterspielen anregten.[591]

---

585 Vgl. z.B. *Hülsmeier*, Erkenntnisprobleme bei der zolltariflichen Einreihung einer Ware – zugleich eine Anmerkung zum Urteil des Bundesfinanzhofs vom 18.12.2001, ZfZ 10 / 2002, 326ff.; *Buerstedde / Gelse*, Überraschungen – Anmerkungen zum BFH-Urteil vom 18.12.2001 zur zolltariflichen Einreihung von Überraschungseier-Figuren und der Besprechung von Rudolf Hülsmeier in: ZfZ 2002 Nr. 10, ZfZ 9 / 2003, 298ff.

586 BFH, Urteil vom 18. 12.2001, Az. VII R 78 / 00, BFH / NV 2002, 690, Sachverhalt.

587 BFH, Urteil vom 18. 12.2001, Az. VII R 78 / 00, BFH / NV 2002, 690, Entscheidungsgründe II. 2.

588 BFH, Urteil vom 18. 12.2001, Az. VII R 78 / 00, BFH / NV 2002, 690, Entscheidungsgründe II. 2.

589 BFH, Urteil vom 18.12.2001, Az. VII R 78 / 00, BFH / NV 2002, 690, Entscheidungsgründe II. 3a.

590 BFH, Urteil vom 18.12.2001, Az. VII R 78 / 00, BFH / NV 2002, 690, Entscheidungsgründe II. 2.

591 BFH, Urteil vom 18.12.2001, Az. VII R 78 / 00, BFH / NV 2002, 690, Entscheidungsgründe II. 3a.

Der BFH sah seine Ansicht zudem durch eine nach dem für den in Rede stehenden Fall maßgeblichen Zeitpunkt neu eingefügte Erläuterung zur KN[592] bestätigt, die bei der Auslegung etwaiger noch bestehender Einreihungszweifel berücksichtigt werden dürfe, da ein Gegensatz zwischen der Tariflage vor und nach Einfügung der neuen Erläuterung nicht bestehe.[593] Eine Notwendigkeit der Vorlage der Auslegungsfrage des Begriffs „Spielzeug" der Position 9503 zum EuGH sah der BFH nicht.[594]

Für diese Auslegung und für die Entscheidung, die Auslegungsfrage dem EuGH nicht zur Vorabentscheidung vorzulegen, erntete der BFH in der **Literatur** viel Kritik. *Buerstedde / Gelse* kritisierten insbesondere die Art und Weise der Auslegung durch den BFH. Ihrer Ansicht nach wäre ein Abstellen auf die Verkehrsanschauung (anders als der BFH es ausdrücklich festgestellt hat) sehr wohl möglich gewesen, weil diese im Rahmen einer grammatischen Auslegung

> *„eine wesentliche Rolle bei der Entscheidungsfindung"*[595]

spiele.[596]

Hülsmeier kritisiert eine unzureichende Trennung zwischen Tat- und Rechtsfrage.[597] Seiner Auffassung nach stritten die Parteien nicht darüber, ob der Begriff *Spielzeug* i.S. der Position 9503 meine, dass durch die Ware ein Spielimpuls

---

592 Erläuterung zur KN 9503 / 3 Rz. 07.0 bis 10.0: *„Nachbildungen von Menschen zum Beispiel in Form von Film-, Märchen- oder Comicfiguren, Indianern, Astronauten oder Soldaten, ohne bewegliche Teile und ohne abnehmbare Kleidung, mit einer fest angebrachten Grundplatte, einem Sockel oder einer ähnlichen Standfläche, die der Figur erlaubt, ohne weitere Unterstützung in ihrer Position zu verharren"*.

593 BFH, Urteil vom 18.12.2001, Az. VII R 78 / 00, BFH / NV 2002, 690, Entscheidungsgründe II. 3b.

594 BFH, Urteil vom 18.12.2001, Az. VII R 78 / 00, BFH / NV 2002, 690, Entscheidungsgründe II. 4.

595 *Buerstedde / Gelse*, Überraschungen – Anmerkungen zum BFH-Urteil vom 18.12.2001 zur zolltariflichen Einreihung von Überraschungseier-Figuren und der Besprechung von Rudolf Hülsmeier in: ZfZ 2002 Nr. 10, ZfZ 9 / 2003, 298 (301).

596 *Buerstedde / Gelse*, Überraschungen – Anmerkungen zum BFH-Urteil vom 18.12.2001 zur zolltariflichen Einreihung von Überraschungseier-Figuren und der Besprechung von Rudolf Hülsmeier in: ZfZ 2002 Nr. 10, ZfZ 9 / 2003, 298 (299ff.).

597 *Hülsmeier*, Erkenntnisprobleme bei der zolltariflichen Einreihung einer Ware – zugleich eine Anmerkung zum Urteil des Bundesfinanzhofs vom 18.12.2001, ZfZ 10 / 2002, 326 (335).

ausgelöst werden müsse, sondern darüber, ob die in Rede stehende Ware überhaupt einen Spielimpuls auslöse.[598]

„Das Ergebnis lässt sich auch so formulieren: Die Parteien streiten nicht darüber, wie eine Ware einzureihen ist, sondern darüber, um was für eine Ware es sich handelt. Das wird deutlich, wenn man sich vergegenwärtigt, dass ein Gegenstand erst dann zu Recht Ware genannt werden kann, wenn er mit Begriffen erkannt wurde, die seine zweifelsfreie Einreihung in den Zolltarif ermöglichen. [...] Nach meiner Auffassung sind die mit diesen Begriffen erkannten Gegenstände (noch) keine Waren, da sie sich noch keiner Position zuordnen lassen [...]. Um auf den Rechtsbegriff „Spielzeug" der Position 9503 oder auf den Begriff „Ziergegenstand" der Upos. 392640 schließen zu können, wäre eine weitere Erkenntnis, also ein zusätzlicher Begriff erforderlich. Dieser Begriff, nämlich „Spielimpuls auslösend" oder „der Zierde dienend", den der Gegenstand als Eigenschaft aufweist, konstituiert in Verbindung mit den übrigen Begriffen die Ware, macht sie entweder zu einem Spielzeug oder zu einem Ziergegenstand. Da die Parteien aber gerade über diese Eigenschaften streiten, streiten sie darüber, um was für eine Ware es sich handelt."[599]

Zuzugeben ist, dass eine klare Trennung zwischen Tat- und Rechtsfrage in der Praxis oftmals schwer ist und selbst den Gerichten nicht einfach fällt.[600] Im vorliegenden Fall hatten die in Rede stehenden Figuren einen

„erzählfiktionalen Kontext"[601],

indem sie im Beipackzettel namentlich und mit einer kurzen Erzählung vorgestellt wurden.[602] Ob dieser Umstand bedeutet, dass die in Rede stehenden Figuren einen Spielimpuls auslösen, wäre – insoweit ist *Hülsmeier* zuzustimmen – eine Tatsachenfrage und grundsätzlich zuerst zu klären.[603] Erst im Anschluss wäre mittels Auslegung zu klären, ob Ziergegenstände der Unterposition 3926 4600

598 *Hülsmeier*, Erkenntnisprobleme bei der zolltariflichen Einreihung einer Ware – zugleich eine Anmerkung zum Urteil des Bundesfinanzhofs vom 18.12.2001, ZfZ 10 / 2002, 326 (335).

599 *Hülsmeier*, Erkenntnisprobleme bei der zolltariflichen Einreihung einer Ware – zugleich eine Anmerkung zum Urteil des Bundesfinanzhofs vom 18.12.2001, ZfZ 10 / 2002, (335).

600 Vgl. *Jäger*, Revisionsrechtliche Besonderheiten bei Entscheidungen in Zolltarifsachen, ZfZ 9 / 2008, 240 (242).

601 BFH, Urteil vom 18.12.2001, Az. VII R 78 / 00, BFH / NV 2002, 690, Sachverhalt.

602 BFH, Urteil vom 18.12.2001, Az. VII R 78 / 00, BFH / NV 2002, 690, Entscheidungsgründe II. 3a.

603 *Hülsmeier*, Erkenntnisprobleme bei der zolltariflichen Einreihung einer Ware – zugleich eine Anmerkung zum Urteil des Bundesfinanzhofs vom 18.12.2001, ZfZ 10 / 2002, (335).

anders als Spielzeug der Unterposition 9503 4930 keinen Spielimpuls auslösen dürfen.

Insofern stellt die Position 9503 ein Beispiel für die Schwierigkeiten im Umgang mit dem Gemeinsamen Zolltarif der EU aufgrund mangelnder Legaldefinitionen und der notwendigen Unterscheidung zwischen Tat- und Rechtsfrage sowie dem daraus folgenden Erfordernis einer separaten Betrachtung dar. Erstere scheint (immer noch) nicht in Gänze gelöst zu sein.

So urteilte das **FG Hamburg** im Jahr 2016[604] in einem Fall, in dem das Elektrotechnik-„Lernpaket Arduino"[605] in Frage stand, der Spielzeugbegriff i.S. der Position 9503 werde weder im HS noch in der KN definiert und sei unter Berücksichtigung der Erläuterungen zum HS und der Erläuterungen zur KN zu entwickeln.[606] Demnach sei eine Ware als Spielzeug anzusehen, wenn die

> *„Beschäftigung damit selbstzweckhaft ist, d.h. keinen von außerhalb des Spielzeugs an den Spieler herangetragenen Anforderungen genügen muss"*[607], da sie nur
> *„unter dieser Voraussetzung [...] im Wesentlichen unterhaltende Wirkung"*[608]

habe. Nach Auffassung des FG vermittelte die in Rede stehende Ware Kenntnisse auf spielerische Weise und sollte kreativ von Hobbyelektrikern eingesetzt werden.[609] Zu der Frage, ob die Ware einen Spielimpuls auslöse[610] bzw. ein solcher für die Position 9503 ausgelöst werden müsse, hat das FG Hamburg nicht ausdrücklich Stellung genommen. Mutmaßen ließe sich, dass der angeführte Selbstzweck des Spielzeugs ähnlich besetzt sein könnte und damit zum Ausdruck kommen sollte, dass ein Spielzeug zu nichts anderem anregen solle als zum Spielen selbst,

---

604 FG Hamburg, Urteil vom 27.6.2016, Az. 4 K 221 / 14, juris.

605 Bei der in Rede stehenden Ware mit der Bezeichnung „Lernpaket Arduino" handelte es sich um eine Open Source-Plattform zur Programmierung von Mikrocontrollern, die hauptsächlich in der Maß-, Steuer- und Regeltechnik eingesetzt wird, einen Programmierlehrgang enthielt und anhand von Beispielen die Steuerbefehle für Mikrocontroller verdeutlichte, vgl. FG Hamburg, Urteil vom 27.6.2016, Az. 4 K 221 / 14, juris, Tz. 2. Das FG Hamburg grenzte in seinem Urteil Lehrspielzeug, dass (auch) der Wissensvermittlung dient von Lernmaterialen ab, die dazu bestimmt sein, vorgegebene Inhalte zu erlernen oder den Wissenserwerb in einer Prüfung zu dokumentieren, vgl. FG Hamburg, Urteil vom 27.6.2016, Az. 4 K 221 / 14, juris, Tz. 26.

606 FG Hamburg, Urteil vom 27.6.2016, Az. 4 K 221 / 14, juris, Tz. 24.

607 FG Hamburg, Urteil vom 27.6.2016, Az. 4 K 221 / 14, juris, Tz. 26.

608 FG Hamburg, Urteil vom 27.6.2016, Az. 4 K 221 / 14, juris, Tz. 26.

609 FG Hamburg, Urteil vom 27.6.2016, Az. 4 K 221 / 14, juris, Tz. 29.

610 So wie es der BFH mit Urteil vom 18.12.2001, Az. VII R 78 / 00, BFH / NV 2002, 690, Entscheidungsgründe II. 2. gefordert hatte.

somit einen Spielimpuls auslösen müsse.[611] Abschließende Klarheit wurde indes (noch) nicht hergestellt.

c. Getränke *der Position 2202*

Mangels Legaldefinition ist auch der unbestimmte Rechtsbegriff *Getränke* i.S. der Position 2202 zu einem häufigen Gegenstand gerichtlicher Verfahren geworden. So stellte z.B. der **EuGH** in seinem – als „Bierhefe-Urteil" bekannt gewordenen — Urteil vom 26. März 1981, Rs. 114 / 80 (Ritter / Oberfinanzdirektion Hamburg) maßgeblich auf die

> „*objektiven und nachprüfbaren Kriterien*"[612] ab und urteilte
>
> „[u]*nter Getränken im Sinne dieser Tarifnummer sind daher alle Flüssigkeiten zu verstehen, die zum menschlichen Genuss geeignet und bestimmt sind, ohne dass es auf die eingenommene Menge oder die besonderen Zwecke ankommt, denen die verschiedenen Arten genießbarer Flüssigkeiten dienen können*"[613].
>
> „[V]*on rein subjektiven und veränderlichen Faktoren* [...] *wie zum Beispiel von der Art und Weise, in der ein Erzeugnis eingenommen wird, oder vom Zweck seiner Einnahme, je nachdem, ob es darum geht, beispielsweise den Durst zu löschen, die Gesundheit zu fördern oder andere Ergebnisse zu erreichen*"[614]

könne hingegen die Begriffsbestimmung nicht abhängig gemacht werden.

Ähnlich führte der **BFH** in seinem Urteil vom 30. März 2010, Az. VII R 35 / 09 aus,

> „*bei dem Ausdruck "andere Getränke" der Tarifnr. 22.02 GZT* [handele es sich] *um einen Gattungsbegriff, mit dem alle zum menschlichen Genuss geeigneten und bestimmten Flüssigkeiten gemeint sind, soweit sie nicht von einer anderen spezifischen Einteilung erfasst werden*"[615].

Der BFH stellte klar,

> „[e]*in Erzeugnis wäre nur dann als nicht trinkbar einzustufen, wenn es jedem Durchschnittsverbraucher aus gesundheitlichen oder geschmacklichen Gründen unmöglich wäre, das Erzeugnis unmittelbar ohne Verdünnung oder sonstige Beigabe zu trinken* [...]"[616].

---

611 Vgl. FG Hamburg, Urteil vom 27.6.2016, Az. 4 K 221 / 14, juris, Tz. 26.

612 EuGH, Urteil vom 26.3.1981, Rs. 114 / 80 (Ritter / Oberfinanzdirektion Hamburg), Slg. 1981, 895, Rn. 8.

613 EuGH, Urteil vom 26.3.1981, Rs. 114 / 80 (Ritter / Oberfinanzdirektion Hamburg), Slg. 1981, 895, Rn. 8.

614 EuGH, Urteil vom 26.3.1981, Rs. 114 / 80 (Ritter / Oberfinanzdirektion Hamburg), Slg. 1981, 895, Rn. 8.

615 BFH, Urteil vom 30.03.2010, Az. VII R 35 / 09, BStBl II 2011, 74, Rn. 8.

616 BFH, Urteil vom 30.03.2010, Az. VII R 35 / 09, BStBl II 2011, 74, Rn. 13.

Das vorinstanzlich zuständige FG Niedersachsen hatte mit Urteil vom 15. Januar 2009, Az. 16 K 425 / 06 darauf abgestellt, dass Waren Kapitel 22 zuzuordnen sein, wenn sie einer der vier Hauptgruppen (1.) Wasser, (2.) gegorene alkoholhaltige Getränke, (3.) durch destillieren hergestellte alkoholhaltige Flüssigkeiten und Getränke oder (4.) Speiseessig zuzuordnen sein, dies im steitgegenständlichen Fall verneint und betont, der Aggregatzustand der Ware sei letztlich nicht entscheidend.[617]

Das **FG Kassel** berief sich auf die Rechtsprechung des EuGH und BFH und stellte in seinem Urteil vom 25. November 2010, Az. 7 K 3205 / 08 heraus, die objektiv feststellbaren und tarifrechtlich maßgeblichen Kriterien der in Frage stehenden Sondennahrung würden durch den Umstand, dass diese

> *„nicht nur zum menschlichen Genuss bestimmt und geeignet ist, sondern darüber hinaus über eine Magen- oder Darmsonde dem Körper des jeweiligen Patienten zugeführt werden kann“*[618],

nicht beeinflusst.[619] Die Klägerin im Verfahren vor dem FG Kassel hatte vertreten, bei der Sondennahrung

> *„handele es sich um ein Produkt, dessen eigentlicher Sinn und Zweck der Ersatz fester Nahrung sei“*[620] und das
> *„gerade für diejenigen geschaffen worden [sei], die feste Nahrung auf natürlichem Wege nicht mehr zu sich nehmen könnten“*[621].

Sie hatte vorgetragen, die in Frage stehende Sondennahrung ermögliche die Versorgung Schwerstkranker, bei denen eine andere Form der Ernährung kaum noch oder gar nicht mehr möglich sei, weshalb die Sondennahrung in erster Linie auch durch Magen- und Darmsonden erfolge.[622] Dahinter steckte der Gedanke, dass die Sondennahrung in diesen Fällen die Ernährung des Schwerstkranken ersetze. Die Klägerin hatte daher die Sondennahrung als diabetisches Lebensmittel angesehen und der Position 2106 zugeordnet.[623]

Wenngleich diese Argumentation sachlogisch nachvollziehbar war, stellten die oben zitierten Urteile aus zollrechtlicher Sicht jedoch nicht der Verwendungszweck ab, sondern vielmehr auf die objektiven Merkmale und Eigenschaften

---

617 FG Niedersachsen, Urteil vom 15.1.2009, Az. 16 K 425 / 06, juris, Rn. 8.
618 FG Kassel, Urteil vom 25.11.2010, Az. 7 K 3205 / 08, BeckRS 2014, 13554, Rn. 38.
619 FG Kassel, Urteil vom 25.11.2010, Az. 7 K 3205 / 08, BeckRS 2014, 13554, Rn. 38.
620 FG Kassel, Urteil vom 25.11.2010, Az. 7 K 3205 / 08, BeckRS 2014, 13554, Rn. 12.
621 FG Kassel, Urteil vom 25.11.2010, Az. 7 K 3205 / 08, BeckRS 2014, 13554, Rn. 12.
622 FG Kassel, Urteil vom 25.11.2010, Az. 7 K 3205 / 08, BeckRS 2014, 13554, Rn. 12.
623 FG Kassel, Urteil vom 25.11.2010, Az. 7 K 3205 / 08, BeckRS 2014, 13554, Rn. 12.

der einzureihenden Ware. Mit seinem Urteil vom 30. April 2014, Rs. C-267 / 13 (Nutricia) urteilte der EuGH nunmehr, dass Sondennahrung nicht als trinkbare Flüssigkeit der Position 2202 der KN, sondern als Arzneimittel der Position 3004 zuzuordnen sei und stellte entscheidend darauf ab, dass die in Rede stehende Sondennahrung ausschließlich dazu bestimmt sei, den Patienten unter ärztlicher Aufsicht enteral verabreicht zu werden.[624] So hob er hervor:

> *„Weiterhin muss aus den objektiven Eigenschaften der im Ausgangsverfahren in Rede stehenden Erzeugnisse, insbesondere ihrem Einzelverkauf, ihrer Verwendung in einem therapeutischen Umfeld sowie der Tatsache, dass ihr Zweck die unter ärztlicher Aufsicht stehende Verabreichung mittels Magensonde an Patienten zur Verhütung oder Behandlung einer krankheits- oder leidensbedingten Unterernährung ist, geschlossen werden, dass diese Erzeugnisse zu therapeutischen oder prophylaktischen Zwecken im Sinne der Tarifposition 3004 hergestellt wurden.“*[625]

Mit seinem Urteil vom 15. Dezember 2016, Rs. C-700 / 15 (LEK) stellte der **EuGH** zudem heraus, dass für die Frage der Einreihung in die Position 3004 nicht die Aufmachung und Vermarktung der in Rede stehenden Ware als Arzneimittel maßgeblich sei.[626] Auch insofern ist aus zolltariflichen Erwägungen daher keine Abgrenzung zu Getränken möglich.

Konsequenz aller oben zitierten Urteilen zugrundeliegenden Konstellationen war, dass der Zollsatz, mit dem die jeweils in Frage stehende Ware belastet wurde, variierte. Nur in dem jüngsten Urteil des EuGH vom 30 April 2014, Rs. C-267 / 13 (Nutricia) war die Ware als Arzneimittel zollfrei. In den, dem BFH und dem FG Kassel zur Entscheidung vorliegenden, Fällen drohten zudem weitere Konsequenzen aus umsatzsteuerrechtlicher Sicht. So war in beiden Fällen die unter die Position 2202 eingereihte Sondennahrung nach § 12 Abs. 1 UStG mit dem Regelsteuersatz von 19 % zu versteuern. Wäre sie hingegen als Lebensmittelzubereitung unter die Position 2106 einzureihen gewesen, wäre die Sondennahrung nach § 12 Abs. 2 Nr. 1 UStG i.V.m. Nr. 33 der Anlage 2 UStG zu einem ermäßigten Steuersatzes von 7 % des Entgeltes zu versteuern gewesen.

---

624 EuGH, Urteil vom 30.4.2014, Rs. C-267 / 13 (Nutricia), elektronische Sammlung (ECLI:EU:C:2014:277), Rn. 24.

625 EuGH, Urteil vom 30.4.2014, Rs. C-267 / 13 (Nutricia), elektronische Sammlung (ECLI:EU:C:2014:277), Rn. 30.

626 EuGH, Urteil vom 15.12.2016, Rs. C-700 / 15 (LEK), elektronische Sammlung (ECLI:EU:C:2016:959), Rn. 45.

III. Subsumtionsfehler

Unter Subsumtionsfehlern können erstens solche Fehler verstanden werden, die dadurch entstehen, dass *gar keine Subsumtion* vorgenommen wird (nachfolgend „unechte" Subsumtionsfehler genannt). Zweitens fallen darunter auch solche Fehler, die dadurch entstehen, dass *fehlerhaft subsumiert* wird (nachfolgend „echte" Subsumtionsfehler genannt). Schließlich sind darunter *Fehler bei der Auslegung* eines Tatbestandsmerkmales einer Position bzw. Unterposition des Gemeinsamen Zolltarifs der EU zu verstehen.

1. „Unechte" Subsumtionsfehler

Diese Art von Fehler stellt streng genommen keinen Subsumtionsfehler im eigentlichen Wortsinn dar, sondern resultiert aus dem Umstand, dass die Notwendigkeit, eine Ware mittels klassischer juristischer Subsumtionstechnik einer Unterposition zuzuordnen, verkannt oder missachtet wird und keine Subsumtion erfolgt.

Wie bereits dargestellt, muss die Zuordnung einer Ware zu einer Unterposition das Ergebnis immer weiter differenzierender

> *„Gegenüberstellung von Möglichkeit und Folgerung"*[627]

sein, wobei überprüft wird, ob eine

> *„Ware mit ihren differenzierten Merkmalen unter die jeweiligen Wortlaute einer Position oder Unterposition zu fassen"*[628]

ist.[629] Rechtsfolge dieser Zuordnung der in Frage stehenden Ware zu einer Unterposition ist der Zollsatz, mit dem die Ware belastet wird.[630]

Mit wachsender Technisierung scheint jedoch dieses Erfordernis, unter Anwendung klassischer juristischer Subsumtionstechnik zu einem Einreihungsergebnis zu gelangen, in den Hintergrund zu rücken.[631] Informelle Datenbanken, die den Umgang mit dem Gemeinsamen Zolltarif der EU erleichtern sollen, vermitteln den Eindruck, eine saubere Subsumtion sei nicht (mehr) erforderlich.

---

627 *Bleihauer / Schulte*, in: Witte / Henke, Fallsammlung Europäisches Zollrecht, S. 290.

628 *Bleihauer*, in: Hübschmann / Hepp / Spitaler, Kommentar AO / FGO, Band XIV, Art. 20 ZK, Rn. 79.

629 Vgl. *Bleihauer*, in: Hübschmann / Hepp / Spitaler, Kommentar AO / FGO, Band XIV, Art. 20 ZK, Rn. 74ff.

630 *Friedrich*, in: Schwarz / Wockenfoth, Zollrecht, Band 1 / 1, Art. 20 ZK, Rn. 21.

631 So auch *Bleihauer*, Der Gemeinsame Zolltarif der EU, AW-Prax 5 / 96, 175 (179).

Exemplarisch sei hier insbesondere die elektronische Datenverarbeitung im EZT als auch der TARIC als Hilfsmittel der Anwendung des Gemeinsamen Zolltarifs der EU angeführt. So sind z.B. auch gem. Art. 17 UZK-DVO die entscheidungsbefugten Zollbehörden zwar verpflichtet, die zentrale Datenbank der Kommission, die European Binding Tariff Information (kurz: EBTI)[632] zu konsultieren, um kohärente Einreihungsentscheidungen zu treffen, der Einsatz einer elektronischen Datenbank kann indes auf für die zuständigen Zollbehörden keinesfalls eine sorgfältige eigene Subsumtion ersetzen, sondern vielmehr stets nur eine Überprüfung des eigenen Einreihungsergebnisses im Hinblick auf eine unionsweit einheitliche Anwendung des Gemeinsamen Zolltarifs der EU darstellen.

Das richtige Einreihungsergebnis mag zwar unter Einsatz einer elektronischen Datenbank (zufällig) gefunden werden, es ist jedoch nicht das Ergebnis eines sauberen Subsumtionsvorganges. Der Umstand, dass es sich bei dem Gemeinsamen Zolltarif der EU um eine Rechtsnorm handelt, deren Anwendung juristischer Vorgehensweisen bedarf, wird bei „unechten" Subsumtionsfehler schlicht verkannt oder ignoriert.

2. *„Echte" Subsumtionsfehler*

Als „echte" Subsumtionsfehler werden hier hingegen Fehler beim Subsumtionsvorgang bezeichnet. Damit sind insbesondere fehlerhafte Subsumtionsergebnisse, aber auch eine fehlerhafte Vorgehensweise gemeint. Letztere entsteht häufig dadurch, dass ein oder mehrere Subsumtionsschritte übersprungen und z.B. die Regelungen der AV außer Acht gelassen, Konkurrenzen zwischen Positionen oder Unterpositionen verkannt oder Zuweisungen oder Ausweisungen zu einem Kapitel missachtet werden. Wie wichtig jedoch eine präzise Vorgehensweise unter Beachtung aller Subsumtionsschritte für das Einreihungsergebnis ist, sollen die nachfolgend exemplarisch dargestellten Fälle aufzeigen:

a. *Beispiele für die Wichtigkeit der Beachtung der AV 1 bis AV 6*

aa. EuGH, Urteil vom 6. Februar 2014, Rs. C-2 / 13 (Humeau Beaupréau): Beachtung der AV 2a

Gegenstand des Urteils des EuGH vom 6. Februar 2014, Rs. C-2 / 13 (Humeau Beaupréau) waren Teile von Sportschuhen, die aus China in die EU eingeführt wurden. Während die französischen Zollbehörden in Anwendung der AV 2a

632 Verfügbar unter: http://ec.europa.eu/taxation_customs/dds2/ebti/ebti_consultation.jsp?Lang=de (letzter Abruf: 30.4.2017).

die Waren als Schuhe, die noch nicht zusammengesetzt gestellt worden seien, in die Unterposition 6404 1100 einreihte, vertrat der französische Schuhersteller Humeau Beaupréau die Auffassung, es handele sich um Schuhteile und reihte diese in die Unterpositionen 6406 1090, 6406 2010 und 6406 2090, 6406 9980 sowie 6307 9099 ein.[633] Diese unterschiedliche Einreihung führte zu einer erheblichen Differenz des Zollsatzes, mit dem die Waren bei der Einfuhr zu belasten waren.

Der EuGH zog streitentscheidend für die Frage, ob die in Rede stehenden Waren als noch nicht zusammengesetzte Schuhe angesehen werden könnten, die AV 2a zu Rate, wonach der Anwendungsbereich einer Position auf unvollständige oder unfertige bzw. zerlegte oder noch nicht zusammengesetzte Waren zu erweitern sei, wenn diese bereits die wesentlichen Beschaffenheitsmerkmale der vollständigen oder fertigen Ware aufweisen.[634] Da als wesentliche Beschaffenheitsmerkmale eines Schuhs das Umschließen und Schützen des Fußes durch die Kombination aus Oberteil und Laufsohle anzusehen sei und die in Rede stehenden Waren (vorbehaltlich einer Prüfung durch das vorlegende Gericht) diese Merkmale wohl aufwiesen, seien sie als noch nicht zusammengesetzte Schuhe anzusehen.[635]

Konsequenz dieser Entscheidung war ein erheblich höherer Zollsatz, mit dem die Waren bei der Einfuhr belastet wurden.

bb. EuGH, Urteil vom 12. Dezember 1996, Rs. C-38 / 95 (Ministero dello Finanze / Foods Import): Beachtung der Regelungen der AV 1, 3 und AV 4

In seinem Urteil vom 12. Dezember 1996, Rs. C-38 / 95 (Ministero dello Finanze / Foods Import) widmete sich der EuGH der Frage, ob für die Einreihung des in Rede stehenden Lengs (einer Kabeljauart) AV 1, 3 oder AV 4 zu beachten sei. AV1 erklärt für die Einreihung den Wortlaut der Positionen und Anmerkungen zu den Abschnitten und Kapiteln für maßgeblich, während AV 3 zu beachten ist, wenn eine Ware unter zwei oder mehr Positionen subsumierbar ist und AV 4, wenn trotz

633 EuGH, Urteil vom 6.2.2014, Rs. C-2 / 13 (Humeau Beaupréau), elektronische Sammlung (ECLI:EU:C:2014:2475), Rn. 15ff.

634 EuGH, Urteil vom 6.2.2014, Rs. C-2 / 13 (Humeau Beaupréau), elektronische Sammlung (ECLI:EU:C:2014:2475), Rn. 37ff.

635 EuGH, Urteil vom 6.2.2014, Rs. C-2 / 13 (Humeau Beaupréau), elektronische Sammlung (ECLI:EU:C:2014:2475), Rn. 34ff.

Anwendung der AV 1 bis AV 3 für eine Ware noch kein Einreihungsergebnis ermittelt werden konnte.

Der EuGH prüfte, ob AV 1 anwendbar und unter den Wortlaut der in Betracht kommenden Position eine Subsumtion des in Rede stehenden Lengs möglich sei.[636] Da der EuGH bereits mit Hilfe dieser Wortlautbetrachtung zu einem abschließenden Einreihungsergebnis gelangte, stellte er anschließend systematisch folgerichtig fest:

> *„Da die Allgemeine Tarifierungsvorschrift 1 eine Einreihung des Leng („Molva molva") in eine bestimmte Tarifstelle des GZT ermöglicht, brauchen die Tarifierungsvorschriften 3 und 4, die Fälle betreffen, in denen mehrere oder keine Tarifnummer in Betracht kommen, nicht angewendet zu werden."*[637]

Der EuGH würdigte damit den jeweiligen besonderen Anwendungsbereich der AV 3 und AV 4, die nur für den Fall mehrerer in Betracht kommender Positionen (AV 3) oder für den Fall, dass die Ware durch keine Position erfasst werden kann (AV 4), Anwendung finden. Eine Heranziehung der AV 3 oder AV 4 war im vorliegenden Fall, in dem bereits unter Beachtung der AV 1 das zutreffende Einreihungsergebnis ermittelt worden ist, nicht nur nicht mehr geboten, sondern wäre sogar systematisch falsch gewesen.

cc. Beispiel für die Wichtigkeit der Beachtung der Konkurrenzen zwischen Positionen oder Unterpositionen

Basis einer jeden Subsumtion ist es, die Konkurrenzen zwischen den Positionen oder Unterpositionen der KN zu beachten. Diesem Zweck dienen u.a. die AV, insbesondere AV 3, die zu beachten ist, wenn eine Ware unter zwei oder mehr Positionen subsumierbar ist.[638] Auch in einigen Anmerkungen der KN lassen sich Regelungen finden, wie Konkurrenzen vermieden werden bzw. aufzulösen sind.[639]

Wie wichtig die Beachtung dieser in den Anmerkungen enthaltenen Regelungen ist, hat der EuGH in jüngerer Vergangenheit mit seinem (bereits zur

---

636 EuGH, Urteil vom 12.12.1996, Rs. C-38 / 95 (Ministero dello Finanze / Foods Import), Slg. 1996, I-6543, Rn. 13.

637 EuGH, Urteil vom 12.12.1996, Rs. C-38 / 95 (Ministero dello Finanze / Foods Import), Slg. 1996, I-6543, Rn. 19.

638 Vgl. *Alexander*, in: Witte, Zollkodex, Art. 20 ZK, Rn. 16; *Bleihauer*, in: Hübschmann / Hepp / Spitaler, Kommentar AO / FGO, Band XIV, Art. 20 ZK, Rn. 77.

639 Vgl. *Bleihauer*, in: Hübschmann / Hepp / Spitaler, Kommentar AO / FGO, Band XIV, Art. 20 ZK, Rn. 77f.

Problematik der fehlenden Legaldefinition des Begriffspaars „Teile" und „Zubehör" angeführten) Urteil vom 15. Mai 2014, Rs. C-297 / 13 (I / O Data GmbH) bewiesen. In dem vorgelegten Fall standen

> *„in automatische Programmiersysteme eingesetzte elektrische Motoren, Power-Supplies, Laser, Generatoren, Kabel und Heat-Sealer"*[640]

in Rede, die aus den USA nach Deutschland importiert wurden.[641] Der EuGH musste entscheiden, ob diese Waren als eigenständige Waren in Anwendung von Anmerkung 2 lit. a) zu Abschn. XVI der KN in die Positionen 8422, 8456, 8501, 8504, 8543 und 8544 oder als Teile einer Maschine in die Position 8473 der KN einzureihen sind.[642]Anmerkung 2 lit. a), lit. b) zu Abschn. XVI der KN lauteten wie folgt:

> *„Teile von Maschinen (ausgenommen Teile von Waren der Positionen 8484, 8544, 8545, 8546 oder 8547)* [...] *sind nach folgenden Regeln einzureihen:*
>
> *a) Teile, die sich als Waren einer Position des Kapitel 84 oder 85 (ausgenommen die Positionen 8409, 8431, 8448, 8466, 8473, 8485, 8503, 8522, 8529, 8538 und 8548) darstellen, sind dieser Position zuzuweisen, ohne Rücksicht darauf, für welche Maschine sie bestimmt sind;*
>
> *b) andere Teile sind, wenn sie erkennbar ausschließlich oder hauptsächlich für eine bestimmte Maschine oder für mehrere in der gleichen Position (auch in Position 8479 oder Position 8543) erfasste Maschinen bestimmt sind, der Position für diese Maschine oder Maschinen oder, soweit zutreffend, der Position 8409, 8431, 8448, 8466, 8473, 8503, 8522, 8529 oder 8538 zuzuweisen. Teile, die hauptsächlich sowohl für Waren der Position 8517 als auch für Waren der Positionen 8525 bis 8528 bestimmt sind, gehören zu Position 8517;* [...]."[643]

Der EuGH stellt klar, dass nach Anmerkung 2 lit. a) zu Abschn. XVI der KN

> *„Maschinenteile anhand ihrer Beschaffenheitsmerkmale als eigenständige Waren in die spezifische Position eingereiht* [werden], *in die diese Waren fallen"*[644]

---

640 EuGH, Urteil vom 15.5.2014, Rs. C-297 / 13 (I / O Data GmbH), elektronische Sammlung (ECLI:EU:C:2014:331), Rn. 23.

641 EuGH, Urteil vom 15.5.2014, Rs. C-297 / 13 (I / O Data GmbH), elektronische Sammlung (ECLI:EU:C:2014:331), Rn. 23.

642 EuGH, Urteil vom 15.5.2014, Rs. C-297 / 13 (I / O Data GmbH), elektronische Sammlung (ECLI:EU:C:2014:331), Rn. 32, 42.

643 Vgl. EuGH, Urteil vom 15.5.2014, Rs. C-297 / 13 (I / O Data GmbH), elektronische Sammlung (ECLI:EU:C:2014:331), Rn. 8.

644 EuGH, Urteil vom 15.5.2014, Rs. C-297 / 13 (I / O Data GmbH), elektronische Sammlung (ECLI:EU:C:2014:331), Rn. 40.

und Anmerkung 2 lit. b) zu Abschn. XVI der KN gerade nicht anwendbar sei, da diese eine Tarifierungsregel für Maschinenteile vorsehe, auf die Anmerkung lit. a) zu Abschn. XVI der KN keine Anwendung finde.[645]

Aus der Zusammenschau der Anmerkung 2 lit. a) und lit. b) zu Abschn. XVI der KN ergebe sich daher,

> *„dass eine Einreihung eines Maschinenteils in die Position 8473 im Verhältnis zur Einreihung dieses Teils als Ware nach Buchst. a dieser Anmerkung subsidiär“*[646]

sei. Die Position 8473 der KN sei eine

> *„Auffangposition [...] und daher im Verhältnis zu den Positionen, die eine Einreihung eines Maschinenteils als eigenständige Ware ermöglichen, subsidiär“*[647].

Aus dieser Feststellung folgt, dass nicht eine Einreihung der Waren als Teile einer Maschine in die Position 8473 der KN, sondern eine Einreihung der Waren als (jeweils) eigenständige Waren in die Positionen 8422, 8456, 8501, 8504, 8543 und 8544 geboten war. Konsequenz dessen wiederum war, dass - anders als es das einführende Unternehmen vorgetragen hatte - die Waren nicht zollfrei, sondern mit einem Zollsatz belastet waren.

b. Beispiel für die Beachtung von Anmerkungen zu den Abschnitten und Kapiteln der KN

Die Anmerkungen zu den Abschnitten und Kapiteln der KN sind rechtsverbindlich.[648] Ihnen sind – zusammen mit der zu jeder Codenummer gehörenden individuellen Warenbeschreibung und dem Wortlaut der Position - die Tatbestandsmerkmale einer Position oder Unterposition des Gemeinsamen Zolltarifs der EU zu entnehmen.[649] Ihre Beachtung ist daher im Rahmen eines jeden Subsumtionsvorgangs zwingend.

---

645 EuGH, Urteil vom 15.5.2014, Rs. C-297 / 13 (I / O Data GmbH), elektronische Sammlung (ECLI:EU:C:2014:331), Rn. 48.

646 EuGH, Urteil vom 15.5.2014, Rs. C-297 / 13 (I / O Data GmbH), elektronische Sammlung (ECLI:EU:C:2014:331), Rn. 51.

647 EuGH, Urteil vom 15.5.2014, Rs. C-297 / 13 (I / O Data GmbH), elektronische Sammlung (ECLI:EU:C:2014:331), Rn. 49.

648 EuGH, Urteil vom 12.7.2012, Rs. C-291 / 11 (TNT Freight Management (Amsterdam)), elektronische Sammlung (ECLI:EU:C:2012:459), Rn. 31.

649 *Bleihauer*, in: Hübschmann / Hepp / Spitaler, Kommentar AO / FGO, Band XIV, Art. 20 ZK, Rn. 76; *Bleihauer / Schulte*, in: Witte / Wolffgang, Lehrbuch des Europäischen Zollrechts, S. 452, Rn. 1353; *Bleihauer / Schulte*, in: Witte / Henke, Fallsammlung

Exemplarisch dafür wie entscheidend eine (Ausweisungs-)Anmerkung für das Einreihungsergebnis sein kann, soll hier anhand des im Rahmen der Ausführungen zu den Schwierigkeiten der Abgrenzung zwischen Tat- und Rechtsfrage dargestellten Urteils des EuGH vom 30. April 2014, Rs. C-267 / 13 (Nutricia) aufgezeigt werden, in dem der EuGH Sondennahrung (wie bereits oben erwähnt) im Ergebnis nicht als trinkbare Flüssigkeit der Position 2202 der KN, sondern als Arzneimittel der Position 3004 zuordnete.

Ausgangspunkt der vom EuGH vorgenommenen Prüfung war die Feststellung der objektiven Merkmale und Eigenschaften der in Rede stehenden Sondennahrung.[650] Der EuGH prüfte, ob diese aufgrund ihrer objektiven Merkmale und Eigenschaften dem Begriff *Arzneimittel* der Position 3004 unterfallen oder ob die fragliche Sondennahrung von der in Anmerkung 1 lit. a) zu Kapitel 30 der KN umfasst und damit von vornherein aus dem Kapitel 30 ausgewiesen sei.[651]

Dazu führte er zunächst aus, die Anmerkung 1 lit. a) zu Kapitel 30 der KN weise

> „*diätische Nahrungsmittel sowie Getränke, die ohne zur täglichen Ernährung zu gehören, dennoch ausschließlich zu ernährungsbedingten Zwecken verwendet werden*“[652],

aus dem Kapitel 30 aus. Zweck der gegenständlichen Sondennahrung sei jedoch nicht die tägliche Ernährung, sondern

> „*die unter ärztlicher Aufsicht stehende Verabreichung mittels Magensonde an Patienten zur Verhütung oder Behandlung einer krankheits- oder leidensbedingten Unterernährung*“[653].

Diese sei

Europäisches Zollrecht, S. 289; EuGH, Urteil vom 12.7.2012, Rs. C-291 / 11 (TNT Freight Management (Amsterdam)), elektronische Sammlung (ECLI:EU:C:2012:459), Rn. 31.

650 EuGH, Urteil vom 30.4.2014, Rs. C-267 / 13 (Nutricia), elektronische Sammlung (ECLI:EU:C:2014:277), Rn. 19.

651 EuGH, Urteil vom 30.4.2014, Rs. C-267 / 13 (Nutricia), elektronische Sammlung (ECLI:EU:C:2014:277), Rn. 17ff.

652 EuGH, Urteil vom 30.4.2014, Rs. C-267 / 13 (Nutricia), elektronische Sammlung (ECLI:EU:C:2014:277), Rn. 28.

653 EuGH, Urteil vom 30.4.2014, Rs. C-267 / 13 (Nutricia), elektronische Sammlung (ECLI:EU:C:2014:277), Rn. 30.

„zu therapeutischen oder prophylaktischen Zwecken im Sinne der Tarifposition 3004 hergestellt“[654] worden und damit *„naturgemäß zur medizinischen Verwendung bestimmt“*[655].

Daher sei sie nicht von der Anmerkung 1 lit. a) zu Kapitel 30 der KN umfasst und folglich nicht von vornherein aus dem Kapitel 30 der KN auszuweisen.

3. Auslegungsfehler

Auslegungsfehler hängen oftmals mit dem Umstand zusammen, dass der Gemeinsame Zolltarif der EU kaum Legaldefinitionen enthält (vgl. *Kapitel 4 A. II. „Fehlerquellen und Anwendungsschwierigkeiten“*).

a. Alltagssprache versus zolltarifrechtliche Bedeutung

In Ermangelung einer Legaldefinition ist der jeweils in dem Wortlaut einer Position genannte Rechtsbegriff auszulegen, um sodann zu überprüfen, ob die in Frage stehende Ware mit ihren spezifischen Eigenschaften unter diese Position subsumiert werden kann. Da jedoch die Bedeutung des fraglichen Rechtsbegriffs in der Alltagssprache weit von der zolltarifrechtlich korrekten Bedeutung entfernt sein kann, ist diese Phase des Subsumtionsvorgangs besonders fehleranfällig.

Wie weit die Bedeutung in der Alltagssprache im Einzelnen von der zolltarifrechtlich korrekten Auslegung eines in einer Position genannten Rechtsbegriffs entfernt sein kann, zeigt das bereits zitierte Urteil des EuGH vom 26. März 1981, Rs. 114 / 80 (Ritter / Oberfinanzdirektion Hamburg). So wollte der vorlegende BFH wissen, ob der Begriff *Getränke* der Position 2202

> *„dahin zu verstehen sei, daß damit alle flüssigen, zum menschlichen Genuß bestimmten Produkte gemeint seien oder aber entsprechend dem normalen Sprachgebrauch lediglich Produkte, die dazu dienen, den Durst zu löschen“*[656].

Der Bedeutung des Begriffs in der Alltagssprache hätte wohl letztere Auslegung eher entsprochen, wonach der Begriff „Getränk“ für ein Produkt verwendet wird, mit dem der Durst gelöscht werden soll und andere flüssige und zum menschlichen Genuss geeignete Produkte (z.B. Speiseöle oder geklärte

654 EuGH, Urteil vom 30.4.2014, Rs. C-267 / 13 (Nutricia), elektronische Sammlung (ECLI:EU:C:2014:277), Rn. 30.

655 EuGH, Urteil vom 30.4.2014, Rs. C-267 / 13 (Nutricia), elektronische Sammlung (ECLI:EU:C:2014:277), Rn. 21.

656 EuGH, Urteil vom 26.3.1981, Rs. 114 / 80 (Ritter / Oberfinanzdirektion Hamburg), Slg. 1981, I-895, Rn. 4.

Brühen) außer Acht gelassen werden. Der EuGH stellte jedoch nicht auf den Zweck der Einnahme des Produktes ab, sondern darauf, dass es zum menschlichen Genuss geeignet und bestimmt war.[657] Er urteilte, zolltarifrechtlich sei die Auslegung, dass

> *„damit alle flüssigen, zum menschlichen Genuß bestimmten Produkte gemeint seien"*[658]

richtig.

Ähnlich aufwendig und damit für den alltäglichen Sprachgebrauch ungewöhnlich dürfte auch die folgende Ausführung des FG Hamburg in seinem Gerichtsbescheid vom 5. November 2007, Az. 4 K 108 / 06 zum Begriff *Suppe* sein. Das FG Hamburg formuliert:

> *„Der Begriff „Suppe" (von mittelhochdeutsch supfen, „Trinken") bezeichnet eine gewöhnlich warme, flüssige bis dünnbreiige Speise, die in der Regel aus Wasser, Gemüse, Fleisch, Fleischextrakten, Fetten, Gewürzen, Kochsalz und weiteren Zutaten - beispielsweise Nudeln – hergestellt wird."*[659]

Es fuhr weiter fort,

> *„dass der Verzehr der vollständigen Mahlzeit wegen des hohen Flüssigkeitsanteils ausschließlich mit einem Löffel möglich ist, was charakteristisch für Suppen ist und sie von anderen Gerichten, unter anderen Nudelgerichten, unterscheidet, denn diese können nicht nur mit dem Löffel, sondern grundsätzlich auch mit einer Gabel gegessen werden"*.[660]

b. Unterschiedliche Bedeutung in den einzelnen Sprachfassungen

Eine am Wortlaut der Positionen und Unterpositionen orientierte Auslegung kann zudem dadurch erschwert werden, dass einer Formulierung in den jeweiligen Sprachen der Mitgliedstaaten der EU eine unterschiedliche, voneinander abweichende Bedeutung zukommt. Dieser Herausforderung musste sich z.B. der **EuGH** in seinem Urteil vom 18. Oktober 1980, verb. Rs. 824 / 79 und 825 / 79 (Prodotti Alimentari Folci) stellen, in dem wild gewachsene, in Scheiben geschnittene und getrocknete Pilze mit Hut und Stiel in Rede standen.[661]

---

657 EuGH, Urteil vom 26.3.1981, Rs. 114 / 80 (Ritter / Oberfinanzdirektion Hamburg), Slg. 1981, I-895, Rn. 8.

658 EuGH, Urteil vom 26.3.1981, Rs. 114 / 80 (Ritter / Oberfinanzdirektion Hamburg), Slg. 1981, I-895 Rn. 4.

659 FG Hamburg, Gerichtsbescheid vom 5.11.2007, Az. 4 K 108 / 06, juris, Rn. 28.

660 FG Hamburg, Gerichtsbescheid vom 5.11.2007, Az. 4 K 108 / 06, juris, Rn. 33.

661 EuGH, Urteil vom 18.10.1980, verb. Rs. 824 / 79 und 825 / 79 (Prodotti Alimentari Folci), Slg. 1980, I-3053, Rn. 2.

Unter Rückgriff auf den Gemeinsamen Zolltarifs regelte eine für bestimmte Erzeugnisse aus Entwicklungsländern geltende Präferenzregelung in der deutschen, französischen, italienischen und niederländischen Fassung, dass für die Präferenzzwecke nur ganze Pilze i.R. der fraglichen Position begünstigt sein sollten, während der Wortlaut dieser Position auch in Stücke geschnittene Erzeugnisse einschloss.[662] In der englischen Fassung hingegen enthielt zwar die Präferenzregelung ebenfalls das einschränkende Erfordernis, dass die Pilze ganz sein mussten, der Wortlaut der Position enthielt jedoch keinerlei Aussage darüber, ob die Erzeugnisse ganz sein müssten oder in Stücke geschnitten sein dürften.[663]

Der EuGH urteilte, die in Rede stehenden, in Stücke geschnittenen Pilze unterfielen nicht der Präferenzregelung.[664] Er stellte fest, entstehungsgeschichtlich sei eine Beschränkung auf ganze Pilze intendiert gewesen, um auszuschließen, dass (unzulässiger Weise) Zuchtpilze in Konserven enthalten sein könnten, was wiederum im Fall in Stücke geschnittener Pilze schwieriger zu überprüfen und auszuschließen sei.[665] Da diesem Gedanken nur in der englischen Fassung Rechnung getragen werden könne, die – ohne damit im Widerspruch zu den anderen Sprachfassungen zu stehen – entsprechende Einschränkungen zulasse, sei der Wortlaut dieser Sprachfassung für die Auslegung als maßgeblich zu erachten.[666]

Das **FG Hamburg** urteilte in einer ähnlichen Situation im Jahr 2015[667], der Begriff eines Hakens i.S. der Position 8308 sei nicht definiert.[668] Auch seien weitergehende Rückschlüsse auf die Beschaffenheit außer der Zweckbestimmung

> *„für Kleidung, Schuhe, Planen, Täschnerwaren oder zum Fertigen oder Ausrüsten anderer Waren“*[669]

---

662 Vgl. EuGH, Urteil vom 18.10.1980, verb. Rs. 824 / 79 und 825 / 79 (Prodotti Alimentari Folci), Slg. 1980, I-3053, Rn.11.

663 EuGH, Urteil vom 18.10.1980, verb. Rs. 824 / 79 und 825 / 79 (Prodotti Alimentari Folci), Slg. 1980, I-3053,Tatbestand.

664 EuGH, Urteil vom 18.10.1980, verb. Rs. 824 / 79 und 825 / 79 (Prodotti Alimentari Folci), Slg. 1980, I-3053, Rn. 11.

665 EuGH, Urteil vom 18.10.1980, verb. Rs. 824 / 79 und 825 / 79 (Prodotti Alimentari Folci), Slg. 1980, I-3053, Rn. 8.

666 EuGH, Urteil vom 18.10.1980, verb. Rs. 824 / 79 und 825 / 79 (Prodotti Alimentari Folci), Slg. 1980, I-3053, Rn. 6ff.

667 FG Hamburg, Urteil vom 11.9.2015, Az. 4 K 165 / 14, juris, Revision anhängig beim BFH, Az. VII R 24 / 15.

668 FG Hamburg, Urteil vom 11.9.2015, Az. 4 K 165 / 14, juris, Tz. 25, Revision anhängig beim BFH, Az. VII R 24 / 15.

669 FG Hamburg, Urteil vom 11.9.2015, Az. 4 K 165 / 14, juris, Tz. 25; Revision anhängig beim BFH, Az. VII R 24 / 15.

nicht möglich. Nach dem deutschen Wortlaut der Erläuterungen zur Position 8308 blieben Zweifel, ob die in Rede stehenden Vorrichtungen zur Befestigung von Hundeleinen an einem Halsband in diese Position eingereiht werden könnten oder nicht.

Bei Berücksichtigung der maßgeblichen französischen und englischen Sprachfassung der Erläuterungen zum HS sei allerdings davon auszugehen, dass solche Waren, die neben dem reinen Haken zusätzlich über einen Drehwirbel oder Drehkopf verfügten (Karabinerhaken) nicht von Position 8308 erfasst sein sollen und demnach nur

> *„vergleichsweise einfache, jedenfalls nicht mit zusätzlichen Vorrichtungen ausgestattete Waren“*[670]

umfasst sein können.[671] So seien ausdrücklich „snap-hooks“ in der englischen Sprachfassung bzw. „porte-mousquetons“ in der französischen Sprachfassung aus der Position 8308 ausgenommen, die sich beide frei mit Karabinerhaken übersetzen ließen und einen Haken mit einer an einem Drehring befestigten Öse meinten.[672]

Eine historische Auslegung der Erläuterungen zur Position 8308, die der erkennende Senat des FG Hamburgs auf eine Auskunft der WCO stütze, decke zudem diese Auffassung,

> *„dass jedenfalls nach der den Willen der Verfasser der Erläuterungen wiedergebenden ursprünglichen französischen Sprachfassung keine schlichten (Karabiner-)Haken, sondern Waren, die aus einem Haken und einem Drehring bestehen, aus der Position 8308 ausgewiesen* […] *werden sollen“*[673].

Nach Auffassung des FG Hamburgs waren daher die in Rede stehenden Vorrichtungen zur Befestigung von Hundeleinen an einem Hundehalsband nicht in die Position 8308, sondern in die Position 7909 (andere Waren aus Zink) einzureihen.[674] Konsequenz dessen war, dass die Waren mit einem Drittlandszoll von

---

670 FG Hamburg, Urteil vom 11.9.2015, Az. 4 K 165 / 14, juris, Tz. 25; Revision anhängig beim BFH, Az. VII R 24 / 15.

671 FG Hamburg, Urteil vom 11.9.2015, Az. 4 K 165 / 14, juris, Tz. 25f.; Revision anhängig beim BFH, Az. VII R 24 / 15.

672 FG Hamburg, Urteil vom 11.9.2015, Az. 4 K 165 / 14, juris, Tz. 26; Revision anhängig beim BFH, Az. VII R 24 / 15.

673 FG Hamburg, Urteil vom 11.9.2015, Az. 4 K 165 / 14, juris, Tz. 26; Revision anhängig beim BFH, Az. VII R 24 / 15.

674 FG Hamburg, Urteil vom 11.9.2015, Az. 4 K 165 / 14, juris, Tz. 22; Revision anhängig beim BFH, Az. VII R 24 / 15.

5 % anstelle von (nur) 2,7 % belastet und im Ergebnis nachzuerheben gewesen sind.[675]

IV. Konsequenzen und Auswirkungen

Unmittelbare Konsequenz von Abgrenzungsschwierigkeiten und Subsumtionsfehlern ist, dass die Ware einer falschen Codenummer zugeordnet wird. Mittelbar haben diese z.B. auch Auswirkungen auf den Zollsatz, mit dem die jeweils in Frage stehende Ware belastet wird und der aufgrund der falschen Codenummer ebenfalls nicht richtig ist.

Den betroffenen Unternehmen können zudem teilweise empfindliche Nacherhebungen drohen. Wenngleich umgekehrt auch Erstattungen denkbar sind, kommen diese in der Praxis seltener vor.[676] Auch Auswirkungen auf den anzuwendenden Umsatzsteuersatz (Regelsteuersatz oder ermäßigter Steuersatz) sind u.U. zu befürchten, vgl. § 12 UStG i.V.m. Anlage 2 des UStG.

1. Konterkarieren einer einheitlichen Anwendung des Gemeinsamen Zolltarifs der EU

Auf **europäischer Ebene** können Subsumtionsfehler zu unterschiedlichen Anwendungen einer Position des Gemeinsamen Zolltarifs der EU im Handelsverkehr mit Drittstaaten führen und dem Ziel der Rechtsvereinheitlichung zum Zwecke der Schaffung einer in Art. 28 AEUV festgelegten Zollunion zuwiderlaufen.

So ist z.B. im Hinblick auf das in Art. 28 AEUV niedergelegte Ziel der EU, eine einheitliche Zollunion zu schaffen, festzustellen, dass Subsumtionsfehlern dieses Ziel konterkarieren können, indem sie unionsweit zu einer uneinheitlichen Auslegung und Anwendung der Positionen des Gemeinsamen Zolltarifs der EU führen können. Legen die Mitgliedstaaten die Tatbestandsmerkmale

---

675 FG Hamburg, Urteil vom 11.9.2015, Az. 4 K 165 / 14, juris, Tz. 22; Revision anhängig beim BFH, Az. VII R 24 / 15.

676 Im Jahr 2015 erfolgten aufgrund von Prüfungen des Prüfungsdienstes Erstattungen i.H.v. EUR 13,8 Mio. (Zölle und Einfuhrumsatzsteuer), Nacherhebungen und Rückforderungen hingegen i.H.v. EUR 106,4 Mio. (Zölle und Einfuhrumsatzsteuer); vgl. *Die Zollverwaltung - Jahresstatistik 2015*, verfügbar unter: http://www.bundesfinanzministerium.de/Content/DE/Downloads/Broschueren_Bestellservice/2016-04-11-zollverwaltung-jahresstatistik-2015.pdf?__blob=publicationFile&v3 (letzter Abruf: 30.4.2017).

einer Position unterschiedlich aus oder wenden sie die Regelungen des Gemeinsamen Zolltarifs der EU unterschiedlich an, werden die Rechtsvereinheitlichung und damit das Ziel einer Zollunion konterkariert.

Auf **internationaler Ebene** kann eine uneinheitliche Anwendung durch die Zollbehörden der einzelnen Mitgliedstaaten zudem einen Verstoß gegen Art. X Abs. 3 lit. a) i.V.m. Art. X Abs. 1 GATT[677] darstellen, wenn diese Unterschiede im Verwaltungsvorgang unumgänglich zu einer uneinheitlichen Klassifizierung von Waren führen.[678]

2. *Auswirkungen für Unternehmen*

Betroffenen Unternehmen können im Rahmen einer Außenprüfung Nacherhebungen drohen. Auch die Versagungen des ermäßigten (Umsatz-)Steuersatzes (§ 12 Abs. 2 Nr. 1 UStG i.V.m. Anlage 2 UStG) kann die Folge sein. Unabhängig davon, ob die Einreihung z.B. aufgrund subjektiven Unvermögens fehlerhaft vorgenommen oder aufgrund unterschiedlicher Belegung von Begriffsinhalten erschwert worden ist, sind zudem die finanziellen Auswirkungen für Unternehmen, die aus einer fehlerhaften Einreihung ergeben, häufig groß.

Praktisch zeigt sich ferner, dass Unternehmen häufiger Nacherhebungen drohen und nur deutlich seltener sich für die Unternehmen Erstattungen ergeben,

---

677 Art. X Abs. 3 lit. a) GATT 1994 lautet: "*Each contracting party shall administer in a uniform, impartial and reasonable manner all its laws, regulations, decisions and rulings of the kind described in paragraph 1 of this Article.*" Art. X Abs. 1 GATT 1994 lautet: „*Laws, regulations, judicial decisions and administrative rulings of general application, made effective by any contracting party, pertaining to the classification or the valuation of products for customs purposes, or to rates of duty, taxes or other charges, or to requirements, restrictions or prohibitions on imports or exports or on the transfer of payments therefore, or affecting their sale, distribution, transportation, insurance, warehousing inspection, exhibition, processing, mixing or other use, shall be published promptly in such a manner as to enable governments and traders to become acquainted with them. Agreements affecting international trade policy which are in force between the government or a government agency of any contracting party and the government or government agency of any other contracting party shall also be published. The provisions of this paragraph shall not require any contracting party to disclose confidential information which would impede law enforcement or otherwise be contrary to the public interest or would prejudice the legitimate commercial interests or particular enterprises, public or private.*"

678 *Dierksmeier*, EG-Zollrecht im Konflikt mit dem Recht der WTO, S. 67 und S. 70f.

z.B. weil der angewendete (unzutreffende) Zollsatz zu hoch gewesen ist.[679] Um bereits im Vorfeld Rechtssicherheit und Rechtsklarheit zu erlangen, kann es sich daher für Unternehmen anbieten, die Erteilung einer verbindlichen Zolltarifauskunft (vZTA) zu beantragen. Der Europäische Rechnungshof formulierte insofern in seinem Sonderbericht Nr. 2 / 2008:

> *„Eine verbindliche Zolltarifauskunft ist ein nützliches Instrument, mit dem die Wirtschaftsbeteiligten Gewissheit über die zolltarifliche Einreihung von Waren erlangen können, bevor Entscheidungen über die Einfuhr (oder Ausfuhr) getroffen werden. Sie fördert die einheitliche zolltarifliche Einreihung innerhalb der EU, die einem WTO-Postulat entspricht und ein Kernelement der Zollunion der Europäischen Gemeinschaft bildet.“*[680]

Die bereits erwähnte EBTI-Datenbank der Europäischen Kommission, über die gültige vZTA der EU-Mitgliedstaaten recherchiert werden können, legt nahe, dass hinsichtlich einiger Bereiche besonders häufig vZTA erteilt werden. So wurden z.B. seit 1. Januar 2016 in Deutschland auffallend mehr vZTA zu Abschnitt XVI Kapitel 84 bis 85

> *Maschinen, Apparate, mechanische Geräte und elektrotechnische Waren, Teile davon; Tonaufnahme- oder Tonwiedergabegeräte, Fernseh- Bild- und Tonaufzeichnungsgeräte oder Fernseh- Bild - und - Tonwiedergabegeräte, Teile und Zubehör für diese Geräte*

als zu Abschnitt IV Kapitel 16 bis 24

> *Waren der Lebensmittelindustrie; Getränke, alkoholische Flüssigkeiten und Essig; Tabak und verarbeitete Tabakstoffe*

erteilt.[681]

---

679 Im Jahr 2015 erfolgten aufgrund von Prüfungen des Prüfungsdienstes Erstattungen i.H.v. EUR 13,8 Mio. (Zölle und Einfuhrumsatzsteuer), Nacherhebungen und Rückforderungen hingegen i.H.v. EUR 106,4 Mio. (Zölle und Einfuhrumsatzsteuer); vgl. *Die Zollverwaltung - Jahresstatistik 2015*, verfügbar unter: http://www.bundesfinanzministerium.de/Content/DE/Downloads/Broschueren_Bestellservice/2016-04-11-zollverwaltung-jahresstatistik-2015.pdf?__blob=publicationFile&v3 (letzter Abruf: 30.4.2017).

680 Europäischer Rechnungshof, Sonderbericht Nr. 2 / 2008 über verbindliche Zolltarifauskünfte (VZTA), 2008 / C 103 / 01, Rz. 39, verfügbar auf http://eur-lex.europa.eu/legal-content/DE/TXT/?uri=CELEX%3A52008SA0002 (letzter Abruf: 30.4.2017); vgl. *Schoenfeld*, Rechtsschutz gegen verbindliche Zolltarifauskünfte, AW-Prax 1 / 2017, 3 (3).

681 Verfügbar auf http://ec.europa.eu/taxation_customs/dds2/ebti/ebti_home.jsp?Lang=de (letzter Abruf: 30.4.2017).

Gerade die Einreihung kombinierter Maschinen stellt Unternehmen häufig vor komplizierte zolltarifrechtliche Abgrenzungsfragen und führt je nach Codenummer zu erheblichen Unterschieden hinsichtlich des anzuwendenden Zollsatzes.[682] Zugleich ergeben sich durch den technischen Fortschritt und die laufende Entwicklung neuer Maschinen stetig neue Fragestellungen, die eine Einreihung erschweren.[683] Die Vielzahl der gerade in diesen Bereichen erlassenen Einreihungsverordnungen verstärkt dabei eher noch die bereits vorhandenen Einreihungsschwierigkeiten, als dass sie zu ihrer Auflösung und einer einheitlichen Anwendung des Gemeinsamen Zolltarifs der EU innerhalb der EU beitragen.[684]

Für Unternehmen ist daher die Gewissheit über das Ergebnis der Einreihung und damit einhergehend finanzielle Planungssicherheit auch vor diesem Hintergrund von besonderem Interesse. Schließlich mag ihr Interesse, dass die in Rede stehende Ware einer bestimmten Unterposition zugeordnet werden kann, zugleich (auch) wirtschaftlich motiviert sein, wie z.B. um einen günstigeren Zollsatz zu erlangen oder den ermäßigten (Umsatz-)Steuersatzes (§ 12 Abs. 2 Nr. 1 UStG i.V.m. Anlage 2 UStG) anwenden zu können.[685]

Allerdings ist seit der Geltung des UZK zu beachten, dass eine vZTA nicht mehr ein Verwaltungsakt mit ausschließlich begünstigender Wirkung ist, sondern – aufgrund ihrer (neuen) Bindungswirkung auch für den Wirtschaftsbeteiligten nach Art. 33 Abs. 2 lit. a) UZK – diesen zwingt, sich u.U. auch an eine (jedenfalls so) nicht erwünschte und damit belastende vZTA zu halten und diese bei der Ein- bzw. Ausfuhr den zuständigen Zollbehörden vorzulegen.[686] Insofern sollten Unternehmen auch nicht automatisch hinsichtlich jeder Ware eine vZTA beantragen und zugleich stets beantragte (und erteilte) vZTA nach Erhalt sorgsam überprüfen und ggf. mittels Anfechtungsklage nach Art. 44 Abs. 1 UZK und eines Antrags auf Aussetzung der Vollziehung nach Art. 45 Abs. 2 UZK des für

682 Vgl. detaillierte Untersuchung bei *Weerth*, Einheitliche Anwendung des Gemeinsamen Zolltarifs beim Zugang zum Europäischen Binnenmarkt?, S. 285ff.

683 *Weerth*, Einheitliche Anwendung des Gemeinsamen Zolltarifs beim Zugang zum Europäischen Binnenmarkt?, S. 285.

684 *Weerth*, Einheitliche Anwendung des Gemeinsamen Zolltarifs beim Zugang zum Europäischen Binnenmarkt?, S. 289.

685 *Weerth*, Einheitliche Anwendung des Gemeinsamen Zolltarifs beim Zugang zum Europäischen Binnenmarkt?, S. 240.

686 *Schoenfeld*, Rechtsschutz gegen verbindliche Zolltarifauskünfte, AW-Prax 1 / 2017, 3 (3f.).

sie belastenden Verwaltungsaktes gegen diese vorgehen.[687] Andernfalls sind sie nach Art. 33 Abs. 2 lit. a) UZK drei Jahre lang an diese vZTA gebunden.

B. Regelungsfehler

Neben diesen Schwierigkeiten in der Anwendung des Gemeinsamen Zolltarifs der EU können Regelungsfehler den Umgang mit dem Gemeinsamen Zolltarif der EU erschweren. Diese bestehen einerseits darin, dass der Gemeinsamen Zolltarif der EU Regelungslücken lässt; und andererseits darin, dass er systematische Fehler aufweist.

I. Regelungslücken

Neben unbestimmten Rechtsbegriffe und dem damit zusammenhängenden häufigen Fehlen von Legaldefinitionen weist der Gemeinsame Zolltarif der EU auch Regelungslücken auf.

1. Definition und Ausfüllung

Unter einer Regelungslücke versteht man eine

> *„unbefriedigende Unvollständigkeit innerhalb des Rechtsganzen“*[688],

dass also eine Regelung oder ein Regelungskomplex einen Fall nicht umfasst, der nach dem Sinn und Zweck der Regelung bzw. des Regelungskomplexes hätte umfasst werden sollen.[689]

Regelungslücken können planmäßig oder planwidrig sein.[690] Im ersten Fall spricht man von „unechten“ Regelungslücken, im zweiten Fall von „echten“ Regelungslücken.[691]

„Unechte“ Regelungslücken sind demnach solche, die

> *„vom Standpunkt eines künftigen besseren Rechts aus („de lege ferenda“)“*[692]

vermieden werden sollten.

---

687 *Schoenfeld*, Rechtsschutz gegen verbindliche Zolltarifauskünfte, AW-Prax 1 / 2017, 3 (3f.).

688 *Engisch*, Einführung in das juristische Denken, S. 236.

689 *Kroll-Ludwigs / Ludwigs*, Die richtlinienkonforme Rechtsfortbildung im Gesamtsystem der Richtlinienwirkungen, 2. Teil, ZJS 2 / 2009, 123 (125f.).

690 *Engisch*, Einführung in das juristische Denken, S. 241.

691 *Engisch*, Einführung in das juristische Denken, S. 241.

692 *Engisch*, Einführung in das juristische Denken, S. 241.

„Echte“ Regelungslücken hingegen sind solche, die

> *„im geltenden Recht („de lege lata“)“*[693]

auftreten und bereits dort vermieden werden müssten.

Daneben lassen sich Regelungslücken in

> *„„primäre Lücken“, also Lücken, die von vornherein einer gesetzlichen Regelung anhaften“*[694] und in
> *„„sekundäre Lücken“, d.h. Lücken, die erst nachträglich in Erscheinung treten, weil die Verhältnisse sich geändert haben“*[695]

unterteilen. Eine Regelungslücke kann folglich „primär“ und „echt“, „primär“ und „unecht“, sowie „sekundär“ und „echt“ oder „sekundär“ und „unecht“ sein.

Das BVerfG hat hinsichtlich „sekundärer“ Regelungslücken formuliert, dass jede Regelung

> *„einem Alterungsprozess unterworfen“*[696]

sei und festgestellt:

> *„Die tatsächliche oder rechtliche Entwicklung kann jedoch eine bis dahin eindeutige und vollständige Regelung lückenhaft, ergänzungsbedürftig und zugleich ergänzungsfähig werden lassen. Die verfassungsrechtliche Zulässigkeit der Lückensuche und -schließung findet ihre Rechtfertigung unter anderem darin, dass Gesetze einem Alterungsprozess unterworfen sind. Sie stehen in einem Umfeld sozialer Verhältnisse und gesellschaftspolitischer Anschauungen, mit deren Wandel sich auch der Norminhalt ändern kann (vgl. BVerfGE 34, 269 [288]). In dem Maße, in dem sich aufgrund solcher Wandlungen Regelungslücken bilden, verliert das Gesetz seine Fähigkeit, für alle Fälle, auf die seine Regelung abzielt, eine gerechte Lösung bereit zu halten.“*[697]

Dies trifft auch auf die KN des Gemeinsamen Zolltarifs der EU zu. Die KN dient dazu, alle erdenklichen Waren systematisch aufzulisten.[698] Grundsätzlich soll sie daher sowohl bereits existierende Waren als auch solche, die noch erfunden werden erfassen können. Tatsächlich führen jedoch insbesondere technische Neuerungen

693 *Engisch*, Einführung in das juristische Denken, S. 241.
694 *Engisch*, Einführung in das juristische Denken, S. 246.
695 *Engisch*, Einführung in das juristische Denken, S. 246.
696 BVerfG, Beschluss vom 3.4.1990, Rs. 1 BvR 1186 / 89, BVerfGE 82,6 (12).
697 BVerfG, Beschluss vom 3.4.1990, Rs. 1 BvR 1186 / 89, BVerfGE 82,6 (12).
698 Vgl. *Bleihauer / Schulte*, in: Witte / Wolffgang, Lehrbuch des Europäischen Zollrechts, S. 420, Rn. 1301; *Bleihauer*, in: Hübschmann / Hepp / Spitaler, Kommentar AO / FGO, Band XIV, Art. 20 ZK, Rn. 8; *Lux*, in: Regul, Gemeinschaftszollrecht, S. 75; *Wolffgang*, in: Schulze / Zuleeg / Kadelbach, Europarecht, S. 2051, Rn. 112.

zu Einreihungsschwierigkeiten. (Kurzfristige) Anpassungen der KN an neue technische Entwicklungen und die Schaffung entsprechender neuer (Unter-)Positionen sind immer wieder erforderlich, um die KN auf dem aktuellen Stand der Entwicklung halten zu können.

Regelungslücken sind mittels Auslegung oder Rechtsfortbildung zu füllen, wobei die Übergänge zwischen der Auslegung und der richterlichen Rechtsfortbildung fließend sind.[699] Während sich die Auslegung einer Regelung in den Grenzen ihres Wortlautes bewegt kann die richterliche Rechtsfortbildung die Grenzen des Wortsinns der Regelung ausloten.[700] Sie bedient sich dabei entweder der Analogie und füllt eine Regelungslücke durch Erstreckung des Wortlautes auf den eigentlich nicht umfassten Fall oder der teleologischen Reduktion und damit der Einengung einer Regelung.[701]

2. *„Echte Lücke": Einreihung einer Ware aus einem Bestandteil mit verschiedenen Funktionen*

Problematisch ist ferner die Einreihung einer Ware aus einem Bestandteil mit verschiedenen Funktionen. In diesem Fall können Konkurrenzen zwischen möglichen Unterpositionen entstehen, die durch die AV 3 nicht gelöst werden können.[702] Beispielhaft kann hier der E-Book-Reader, ein Lesegeräte für elektronische Bücher, das über eine zusätzliche Übersetzungs- oder Wörterbuchfunktion verfügt, genannt werden. Nachdem der BFH mit Beschluss vom 12. November 2013[703] dem EuGH den Fall im Wege des Vorabentscheidungsersuchens vorgelegt hatte, entschied dieser mit Urteil vom 11. Juni 2015[704], ein E-Book-Reader sei in die (Auffang-)Unterposition 8543 7090 (und nicht in die

699 *Honsell*, in: Staudinger, BGB, Buch 1, Einleitung zum BGB, Rn. 124.

700 *Möllers*, Doppelte Rechtsfortbildung contra legem?, EuR 1 / 2998, 20 (20); *Roth / Jopen*, in: Riesenhuber, Europäische Methodenlehre, S. 290f., Rn. 55ff.

701 Vgl. *Honsell*, in: Staudinger, BGB, Buch 1, Einleitung zum BGB, Rn. 127; *Kroll-Ludwigs / Ludwigs*, Die richtlinienkonforme Rechtsfortbildung im Gesamtsystem der Richtlinienwirkungen, 2. Teil, ZJS 2 / 2009, 123 (127).

702 *Bleihauer*, in: Hübschmann / Hepp / Spitaler, AO / FGO, ZK, Art. 20, Rn. 43; vgl. auch *Gellert / Hoell*, Unzulänglichkeiten der Einreihung von Waren mit mehreren tariflich relevanten Funktionen, BdZ F3 / 2017, F 9 (F 10); *Gellert / Hoell*, Unzulänglichkeiten der Einreihung von Waren mit mehreren tariflich relevanten Funktionen, BdZ F4 / 2017, F 17 (F 17ff.).

703 BFH, Beschluss vom 12.11.2013, Az. VII R 13 / 13, BFH / NV 2014, 475.

704 EuGH, Urteil vom 11.6.2015, Rs. C-58 / 14 (Amazon EU), elektronische Sammlung (ECLI:EU:C:2015:385).

Unterposition 8543 7010) einzureihen, da die KN keine Unterpositionen enthalte, die der Hauptfunktion der in Rede stehenden Ware entspreche.[705] Dabei sah der EuGH (ohne weitergehende Begründung) die Lesefunktion des E-Book-Readers als Hauptfunktion und die Übersetzungs- und Wörterbuchfunktion (nur) als Zusatzfunktionen an.[706]

Der BFH entschied in seinem anschließenden Urteil vom 26. Januar 2016[707], unter Berücksichtigung ihrer Hauptfunktion und unabhängig etwaiger Zusatzfunktionen sei die in Rede stehende Ware in die Unterposition 8543 7090 einzureihen, wobei es auf die AV 3a) nicht mehr ankomme.[708]

Dieses Ergebnis mag für einen solchen Fall eine Lösung bieten, in dem (eindeutig) eine Hauptfunktion der in Rede stehenden Ware ausgemacht werden kann. Für den Fall allerdings, in dem die Ware verschiedene Funktionen erfüllt, bietet diese Vorgehensweise keine Lösungsmöglichkeit an. AV 3a) wäre in diesem Fall nicht anwendbar, da sich jede Unterposition nur auf eine Funktionalität beziehen würde.[709] AV 3b) wäre ebenfalls nicht anzuwenden, da diese nur bei Mischungen, zusammengesetzten Waren aus verschiedenen Stoffen oder Bestandteilen und für den Einzelverkauf aufgemachten Warenzusammenstellungen herangezogen werden kann.[710] Insofern bliebe nur eine Anwendung der AV 3c), die die Ware der zuletzt in der KN genannten möglichen Unterposition zuweisen würde. Höchst fraglich erscheint allerdings, ob dies dem Warencharakter stets entsprechen würde.[711]

Partiell bieten einige Anmerkungen für diesen Fall eine Lösungsmöglichkeit an, indem sie für einige Bereiche der KN besonderen Regelungen zur Konkurrenzauflösung im Fall von Waren mit verschiedenen Funktionen vorsehen, so z.B. Anmerkung 3 zu Abschnitt XVI („*Maschinen, Apparate, mechanische Geräte*

705 EuGH, Urteil vom 11.6.2015, Rs. C-58 / 14 (Amazon EU), elektronische Sammlung (ECLI:EU:C:2015:385), Rn. 26.

706 EuGH, Urteil vom 11.6.2015, Rs. C-58 / 14 (Amazon EU), elektronische Sammlung (ECLI:EU:C:2015:385), Rn. 19.

707 BFH, Urteil vom 26.1.2016, Az. VII R 13 / 13, BFH / NV 2016, 1076.

708 BFH, Urteil vom 26.1.2016, Az. VII R 13 / 13, BFH / NV 2016, 1076, Rn. 17f.

709 *Bleihauer*, in: Hübschmann / Hepp / Spitaler, Kommentar AO / FGO, Band XIV, Art. 20 ZK, Rn. 43.

710 *Bleihauer*, in: Hübschmann / Hepp / Spitaler, Kommentar AO / FGO, Band XIV, Art. 20 ZK, Rn. 43ff.

711 So auch *Bleihauer*, in: Hübschmann / Hepp / Spitaler, Kommentar AO / FGO, Band XIV, Art. 20 ZK, Rn. 51.

und elektrotechnische Waren, davon Teile“)[712] oder auch Anmerkung 5 lit. e) zu Kapitel 84 („*Kernreaktoren, Kessel, Maschinen, Apparate und mechanische Geräte und andere elektrotechnische Waren, Teile davon; Tonaufnahme- oder Tonwiedergabegeräte, Bild- und Tonaufzeichnungs- oder –wiedergabegeräte für das Fernsehen, Teile und Zubehör für diese Geräte*“)[713].[714]

In Fällen, in denen derartige spezielle Regelungen in den Anmerkungen indes nicht vorgesehen sind, bleibt die Frage bestehen, wie solche Waren ihrem eigentlichen Charakter entsprechend eingereiht werden können.

3. „Echte“ Lücke: Fehlende (Unter-)Positionen

Im Hinblick auf technische Innovationen oder sonstige neue Entwicklungen unterliegt der Gemeinsame Zolltarif der EU, der alle bereits existierenden und noch nicht existierenden Waren umfassen soll, einem (fortwährenden) Reformbedarf.[715] Ist eine Anpassung an den aktuellen Stand der Entwicklung jedoch (noch) nicht erfolgt, bleibt nur der Weg der Auslegung bzw. Rechtsfortbildung, um eine technische Innovation unter die zur Verfügung stehenden (Unter-)Positionen zu subsumieren. Auch insofern liegt bei fehlenden (Unter-)Positionen eine „echte“ Regelungslücke vor.

4. Einreihung von Sondennahrung als Beispiel einer „unechten“ Lücke?

Die bereits in *Kapitel 4 A. II. 2. c. „Getränke der Position 2202“* dargestellte Thematik der Einreihung von Sondennahrung wirft neben der Frage nach dem Erfordernis

712 Anmerkung 3 zu Abschn. XVI lautet: „*Soweit nichts anderes bestimmt ist, sind kombinierte Maschinen aus zwei oder mehr Maschinen verschiedener Art, die zusammen arbeiten sollen und ein Ganzes bilden, sowie Maschinen, die ihrer Beschaffenheit nach dazu bestimmt sind, zwei oder mehrere verschiedene, sich abwechselnde oder ergänzende Tätigkeiten (Funktionen) auszuführen, nach der das Ganze kennzeichnenden Haupttätigkeit (Hauptfunktion) einzureihen* […].“.

713 Anmerkung 5 lit. e) zu Kapitel 84 lautet: „*Maschinen, in die eine automatische Datenverarbeitungsmaschine eingebaut ist oder die mit einer automatischen Datenverarbeitungsmaschine zusammenarbeiten und die eine eigene Funktion (andere als die Datenverarbeitung) ausführen, sind in die ihrer Funktion entsprechende Position oder, falls keine solche vorhanden ist, in die Sammelposition einzureihen* […].“.

714 Vgl. *Bleihauer*, in: Hübschmann / Hepp / Spitaler, Kommentar AO / FGO, Band XIV, Art. 20 ZK, Rn. 51.

715 Vgl. *Bleihauer*, in: Hübschmann / Hepp / Spitaler, Kommentar AO / FGO, Band XIV, Art. 20 ZK, Rn. 8; *Lux*, in: Regul, Gemeinschaftszollrecht, S. 75; *Wolffgang*, in: Schulze / Zuleeg / Kadelbach, Europarecht, S. 2051, Rn. 112.

einer Legaldefinition des Begriffs „Getränke" auch die Frage nach einer Ergänzung der KN um eine eigene (Unter-)Position für Sondennahrung auf.

Sondennahrung könnte einerseits aufgrund ihrer objektiven Merkmale, nämlich ihres flüssigen Zustandes und ihrer Eignung zum menschlichen Genuss, unter die Position 2202 als trinkbare Flüssigkeit eingereiht werden.[716] Gleichzeitig könnte Sondennahrung andererseits aufgrund ihres speziellen Verwendungszwecks, der Versorgung Schwerstkranker mit Nahrung, auch als diabetisches Lebensmittel der Position 2106 oder als Arzneimittel der Position 3004 zugeordnet werden.[717] Da allerdings weder Position 2202 noch Position 2106 oder Position 3004 zugleich den objektiven Merkmalen und dem Verwendungszweck der Sondennahrung umfänglich Rechnung zu tragen vermögen, wäre eine denkbare Lösungsmöglichkeit

„vom Standpunkt eines künftigen besseren Rechts aus („de lege ferenda")"[718],

eine eigene (Unter-)Position für Sondennahrung zu schaffen. Alternativ wäre auch eine Definition der Begriffe „Getränke", „diabetisches Lebensmittel" und „Arzneimittel" denkbar, die eine klare Abgrenzung ermöglichen und eine Einreihung der Sondennahrung jeweils abhängig von ihrer Zusammensetzung in die Position 2202 (als Getränk), 2106 (als diabetisches Lebensmittel) oder in die Position 3004 (als Arzneimittel) ermöglichen würde. Letztere Möglichkeit würde – anders als z.B. die Schaffung einer neuen HS-Position – geringere Abstimmungs- und Änderungsprozesse erforderlich machen und dennoch eine sachgerechte Einreihung entsprechend der jeweiligen Zusammensetzung einer Sondennahrung ermöglichen.

Eine Lösung für die Schwieirgkeit der Einreihung von Sondennahrung sieht der Gemeinsame Zolltarif - trotz zahlreicher gerichtlicher Verfahren, die diese Problematik aufgezeigt haben[719] - gegenwärtig nicht vor. Fraglich ist insofern, ob diese Regelungslücke daher (noch) als unplanmäßig oder (mittlerweile) als

---

716 Vgl. auch EuGH, Urteil vom 26.3.1981, Rs. 114 / 80 (Ritter / Oberfinanzdirektion Hamburg), Slg. 1981, I-895, Rn. 8; BFH, Urteil vom 3003.2010, Az. VII R 35 / 09, BStBl II 2011, 74, Rn. 8.

717 Vgl. FG Kassel, Urteil vom 25.11.2010, Az. 7 K 3205 / 08, BeckRS 2014, 13554, Rn. 12; EuGH, Urteil vom 30. 04.2014, Rs. C-267 / 13 (Nutricia), elektronische Sammlung (ECLI:EU:C:2014:277), Rn. 24.

718 *Engisch*, Einführung in das juristische Denken, S. 241.

719 So z.B.: EuGH, Urteil vom 26.3.1981, Rs. 114 / 80 (Ritter / Oberfinanzdirektion Hamburg), Slg. 1981, I-895; BFH, Urteil vom 30.3.2010, Az. VII R 35 / 09, BStBl II 2011, 74; EuGH, Urteil vom 30. 4.2014, Rs. C-267 / 13 (Nutricia NV), elektronische Sammlung (ECLI:EU:C:2014:277).

> *„planmäßiges Nichtvorhandensein“*[720]

einer Regelung anzusehen ist. Diese Frage wird letztlich nur durch etwaige künftige Änderungen zu verifizieren oder zu falsifizieren sein.

5. *Auswirkungen*

Die Frage der künftigen Vermeidung einer „unechten Lücke“ kann nicht durch Auslegung oder Rechtsfortbildung gelöst werden, sondern nur durch Reformierung des Rechts.[721] Ähnliches gilt auch für „echte“ Regelungslücken, die ebenfalls das Risiko einzelfallbezogener, uneinheitlicher Rechtsanwendung mit sich bringen und damit das Ziel einer Rechtsvereinheitlichung zum Zwecke der Verwirklichung einer Zollunion konterkarieren könnten.[722]

Zwar helfen Einreihungsverordnungen, jedoch kurieren diese letztlich „an den Symptomen“. Mit Blick auf technische Innovationen oder sonstige neue Entwicklungen scheint daher zum Zwecke der Vermeidung sowohl „echter“ als auch „unechter“ Regelungslücken ein (fortwährender) Reformprozess zur Vervollständigung der KN der beste Weg zu sein, um der Rechtsklarheit beim Rechtsanwender zu dienen und damit letztlich zu einer einheitlicheren Rechtsanwendung beizutragen.

II. Widersprüche

Neben Lücken, die die Geschlossenheit eines Regelungskomplexes beinträchtigen, kann ein Regelungskomplex auch Widersprüche aufweisen, die seine Einheitlichkeit tangieren.[723] Nach *Engisch* können solche Widersprüche u.a. in Form „gesetzestechnischer“ Widersprüche und in Form von „Normwidersprüche“ auftreten.[724]

Ein „gesetzestechnischer“ Widerspruch liegt nach *Engisch* bei

> *„Uneinheitlichkeit der Terminologie“*[725],

720 *Engisch*, Einführung in das juristische Denken, S. 241.
721 *Engisch*, Einführung in das juristische Denken, S. 241f.
722 Vgl. *Weerth*, Europäische Rechtsquellen des Zollrechts, in AW-Prax 3 / 2002, 102 (102).
723 *Engisch*, Einführung in das juristische Denken, S. 241f.
724 *Engisch*, Einführung in das juristische Denken, S. 273ff.
725 *Engisch*, Einführung in das juristische Denken, S. 273.

also z.B. dann vor, wenn innerhalb eines Regelungskomplexes derselbe Begriff uneinheitlich angewendet wird.[726] Ein „Normwiderspruch" soll hingegen vorliegen, wenn beispielsweise eine Norm etwas gebietet, was eine andere wiederum verbietet.[727]

Ein „gesetzestechnischer" Widerspruch kann durch Auslegung aufgelöst werden.[728] Im Fall eines „Normwiderspruches" ist hingegen zunächst zu fragen, ob der Widerspruch dadurch gelöst werden kann, dass eine Regelung der anderen vorgeht (z.B. als lex specialis, lex superior oder lex posterior).[729] Erst wenn dies unmöglich ist, ist der Widerspruch mittels

> *„sachentsprechende*[r] *Regel*"[730],

z.B. durch Rechtsfortbildung oder Reformierung zu beheben.

1. Gefahr „gesetzestechnischer" Widersprüche durch sprachliche Abweichungen in den einzelnen Fassungen des Gemeinsamen Zolltarifs der EU in den Mitgliedstaaten der EU

Der Gemeinsame Zolltarif der EU birgt durch seine Veröffentlichung in den unterschiedlichen Sprachen der Mitgliedstaaten der EU ein besonderes Risiko einer

> *„Uneinheitlichkeit der Terminologie*"[731]

in den einzelnen Sprachen und damit eines „gesetzestechnischen" Widerspruchs.

So kann, wie dargestellt, z.B. der Formulierung des Wortlautes einer Position oder Unterposition in den jeweiligen Sprachen der Mitgliedstaaten der EU eine unterschiedliche, voneinander abweichende Bedeutung zukommen. Abweichende Verwaltungs- und Gerichtsentscheidungen in den einzelnen Mitgliedstaaten der EU können die Folge sein.

Um in einem solchen Fall eine einheitliche Rechtsanwendung zu gewährleisten, orientiert sich der EuGH bei einer am Wortlaut orientierten Auslegung am französischen und englischen Text der KN.[732] Diesen beiden Amtssprachen der

726 *Engisch*, Einführung in das juristische Denken, S. 273f.
727 *Engisch*, Einführung in das juristische Denken, S. 274.
728 *Engisch*, Einführung in das juristische Denken, S. 274.
729 *Engisch*, Einführung in das juristische Denken, S. 275.
730 *Honsell*, in: Staudinger, BGB, Buch 1, Einleitung zum BGB, Rn. 124.
731 *Engisch*, Einführung in das juristische Denken, S. 273.
732 EuGH, Urteil vom 18.10.1980, verb. Rs. 824 / 79 und 825 / 79 (Prodotti Alimentari Folci), Slg. 1980, I-3053, Rn. 6.

EU sind insbesondere deshalb bedeutsam, da nach Art. 20 des HS-Übereinkommens für das HS der englische und französische Wortlaut des HS verbindlich ist.[733]

So hatte der EuGH z.B. in seinem bereits dargestellten Urteil vom 16. Oktober 1980, verb. Rs. 824 / 79 und 825 / 79 (Prodotti Alimentari Folci) zur Frage der Auslegung „ganzer Pilze", festgestellt, dass eine für bestimmte Erzeugnisse aus Entwicklungsländern geltende Präferenzregelung (unter Rückgriff auf die Codenummern der KN) in der deutschen, französischen, italienischen und niederländischen Fassung regelte, dass nur ganze Pilze i.R. der in Rede stehenden Position begünstigt sein sollten, während der Wortlaut der Position selbst auch in Stücke geschnittene Erzeugnisse einschloss.[734] In der englischen Fassung sah die Präferenzregelung einschränkend vor, dass nur ganze Pilze erfasst seien.[735] Der Wortlaut der Position selbst hingegen enthielt keinerlei Aussage darüber, ob die Erzeugnisse ganz oder in Stücke geschnitten vorliegen müssten.[736]

Der EuGH urteilte, die in Rede stehenden, in Stücke geschnittenen Pilze unterfielen nicht der Präferenzregelung und stellte maßgeblich auf den Wortlaut der englischen Fassung ab.[737]

2. *Gefahr von „Normwidersprüche" durch Abweichungen der KN vom HS*

Ein „Normwiderspruch" liegt vor, wenn z.B. eine Norm etwas gebietet, was eine andere verbietet.[738] Im Fall eines „Normwiderspruches" ist daher zu prüfen, ob eine Regelung der anderen vorgeht (z.B. als *lex specialis*, *lex superior* oder *lex posterior*).[739] Sollte dies nicht der Fall sein, ist der Widerspruch mittels

> *„sachentsprechende*[r] *Regel*"[740],

z.B. Rechtsfortbildung oder durch Reformierung zu beheben.

---

733 *Alexander*, in: Witte, Zollkodex, Art. 20 ZK, Rn. 40.

734 EuGH, Urteil vom 18.10.1980, verb. Rs. 824 / 79 und 825 / 79 (Prodotti Alimentari Folci), Slg. 1980, I-3053, Tatbestand

735 EuGH, Urteil vom 18.10.1980, verb. Rs. 824 / 79 und 825 / 79 (Prodotti Alimentari Folci), Slg. 1980, I-3053, Tatbestand

736 EuGH, Urteil vom 18.10.1980, verb. Rs. 824 / 79 und 825 / 79 (Prodotti Alimentari Folci), Slg. 1980, I-3053, Tatbestand.

737 EuGH, Urteil vom 18.10.1980, verb. Rs. 824 / 79 und 825 / 79 (Prodotti Alimentari Folci), Slg. 1980, I-3053, Rn. 11.

738 *Engisch*, Einführung in das juristische Denken, S. 274.

739 *Engisch*, Einführung in das juristische Denken, S. 275.

740 *Honsell*, in: Staudinger, BGB, Buch 1, Einleitung zum BGB, Rn. 124.

a. *Gefahr von „Normwidersprüchen" durch Abweichungen der KN vom HS*

Mit Blick auf den Gemeinsamen Zolltarif der EU gilt dies insbesondere für das Verhältnis der Regelungen der Nomenklatur des HS zu denen der KN.

Nach Art. 3 Abs. 1 lit. a) des HS-Übereinkommens ist jede Vertragspartei dieses völkerrechtlichen Abkommens dazu verpflichtet die Codenummern der Nomenklatur des HS (unverändert) zu übernehmen. Dementsprechend basiert die KN auf dem sechsstelligen Code der Unterpositionen des HS und erweitert diesen um zwei zusätzliche Stellen, die Unterpositionen KN, zu einem achtstelligen Code der Unterpositionen.[741] Auch die AV des HS sowie die Anmerkungen zu den Abschnitten, Kapiteln und Unterpositionen des HS müssen nach Art. 3 Abs. 1 lit. a) HS-Übereinkommen Beachtung finden.

aa. Grundsatz: Kohärenz

Vor diesem Hintergrund kann von einer grundsätzlichen Kohärenz der Regelungen ausgegangen werden. Exemplarisch sei hier die dem Urteil des EuGH vom 12. Juli 2012, Rs. C-291 / 11 (TNT Freight Management (Amsterdam)) zugrunde liegende Frage der Einreihung von Blutalbumin aus Rinderblut, das als Nährboden für Zellen genutzt wurde, für den menschlichen oder tierischen Verzehr jedoch nicht geeignet war, in die Position 3002 oder der Position 3502, angeführt.[742]

Der vorlegende Hoge Raad der Nederlanden hatte den EuGH im Wege des Vorabentscheidungsverfahres nach Art. 267 AEUV um

> *„Auslegung einer Anmerkung zu einem Kapitel des HS"*[743]

ersucht.

Der EuGH stellte im Rahmen einer Vorbemerkung klar,

> *„dass eine solche Auslegung jedenfalls nicht erforderlich ist, da diese Bestimmungen auf Unionsebene nur nach Maßgabe der KN anwendbar sind, die auf der Grundlage des HS geschaffen wurde* […]"[744].

---

741 Vgl. *Ovie / Wolffgang*, in: Wolffgang / Simonsen / Rogmann, AWR-Kommentar, Band II, S. 50, Rn. 199; *Bleihauer*, Der Gemeinsame Zolltarif der EU, AW-Prax 5 / 96, 175 (177); *Bleihauer / Schulte*, in: Witte / Wolffgang, Lehrbuch des Europäischen Zollrechts, S. 424, Rn. 1308; *Alexander*, in: Witte, Zollkodex, Art. 20 ZK, Rn. 13.

742 EuGH, Urteil vom 12.7.2012, Rs. C-291 / 11 (TNT Freight Management (Amsterdam)), elektronische Sammlung (ECLI:EU:C:2012:459), Rn. 16f.

743 EuGH, Urteil vom 12.7.2012, Rs. C-291 / 11 (TNT Freight Management (Amsterdam)), elektronische Sammlung (ECLI:EU:C:2012:459), Rn. 24.

744 EuGH, Urteil vom 12.7.2012, Rs. C-291 / 11 (TNT Freight Management (Amsterdam)), elektronische Sammlung (ECLI:EU:C:2012:459), Rn. 25.

Er urteilte, dass für die Frage der Einreihung die therapeutische Wirkung der in Rede stehenden Ware maßgeblich sei, da sowohl nach den Erläuterungen des HS die Position 3002 nur Blutalbumin erfasse, das zu therapeutischen oder prophylaktischen Zwecken verwendet wird (während die Position 3502 nicht zu therapeutischen oder propyhlaktischen Zwecken verwendetes Blutalbumin erfasse), als auch die KN dem Kapitel 30 allein Waren mit pharmazeutischer Wirkung und dem Kapitel 35 („Eiweißstoffe; modifizierte Stärke; Klebstoffe; Enzyme") solche ohne therapeutische Wirkung zuordne.[745]

Das in Rede stehende Blutalbumin selbst hatte keine therapeutische oder prophylaktische Wirkung.[746] Es wurde allerdings zur Herstellung von Antikörpern verwendet, die wiederum zu therapeutischen Zwecken eingesetzt wurden.[747] Weder das HS noch die KN sahen jedoch für die Position 3002 oder für die 3502 vor, dass dem Blutalbumin selbst therapeutische oder prophylaktische Wirkung zukommt.[748] Der EuGH urteilte daher, dass aufgrund der Verwendung zur Herstellung von Antikörpern auch bei Blutalbumin von einer Ware zu therapeutischen Zwecken ausgegangen werden könne, das somit unter die Position 3002 einzureihen sei.[749]

Da in diesem konkreten Fall die Regelungen der Nomenklatur des HS und der KN im maßgeblichen Punkt kohärent waren, musste der EuGH nicht entscheiden, welche Regelung im Fall widersprüchlicher Vorgaben vorrangig gewesen wäre.

bb. Ausnahme: Divergenz

Eine Ausnahme besteht indes dann, wenn die Regelungen der Nomenklatur des HS und der KN divergieren. Ob dies tatsächlich der Fall ist, muss indes stets durch saubere Einhaltung aller Subsumtionsschritte überprüft werden. Beispielhaft sei hier der dem Urteil des EuGH vom 14. April 2011, verb. Rs. C-288 / 09 und C-289 / 09 (British Sky Broadcasting und Pace), zugrunde liegende Fall

---

745 EuGH, Urteil vom 12.7.2012, Rs. C-291 / 11 (TNT Freight Management (Amsterdam)), elektronische Sammlung (ECLI:EU:C:2012:459), Rn. 6, 11ff. und Rn. 16f.

746 EuGH, Urteil vom 12.7.2012, Rs. C-291 / 11 (TNT Freight Management (Amsterdam)), elektronische Sammlung (ECLI:EU:C:2012:459), Rn. 27.

747 EuGH, Urteil vom 12.7.2012, Rs. C-291 / 11 (TNT Freight Management (Amsterdam)), elektronische Sammlung (ECLI:EU:C:2012:459), Rn. 34.

748 EuGH, Urteil vom 12.7.2012, Rs. C-291 / 11 (TNT Freight Management (Amsterdam)), elektronische Sammlung (ECLI:EU:C:2012:459), Rn. 37.

749 EuGH, Urteil vom 12.7.2012, Rs. C-291 / 11 (TNT Freight Management (Amsterdam)), elektronische Sammlung (ECLI:EU:C:2012:459), Rn. 34, 47.

erwähnt, in dem der EuGH eine Abweichung der Erläuterungen der KN von den Erläuterungen des HS durch konsequente Anwendung der Anmerkungen zur KN zu lösen vermochte.

So ordneten die Erläuterungen des HS der Position 8521 Videogeräte und der Position 8528 des HS Fernsehempfangsgeräte zu; die Erläuterungen zur KN zu der Unterposition 8521 9000 sprachen indes sowohl von einer Aufzeichnungs- als auch eine Wiedergabefunktion.[750] Eine (alternative) Zuordnung der in Rede stehenden Set-Top-Boxen, die mit einer Kommunikationsfunktion und einer Festplatte ausgestattet und sowohl zum Empfang als auch zur Aufzeichnung von Fernsehsignalen geeignet waren, war daher nach den Erläuterungen des HS als problematisch anzusehen.[751] Nach den Erläuterungen der KN hingegen erschien eine alternative Zuordnung möglich.[752] Insofern ergab sich die Konsequenz, dass auf Ebene der Position ein Merkmal scheinbar gerade nicht erfüllt sein sollte, um in eine bestimmte Positon eingereiht werden zu können, das in einem späteren Subsumtionsschritt (nämlich auf Ebene der Unterposition) hätte wieder (unproblematisch) erfüllt sein konnte.

Der EuGH stellt daher fest:

> *„Nach der Rechtsprechung des Gerichtshofs tragen die zur KN von der Kommission und zum HS von der Weltzollorganisation ausgearbeiteten Erläuterungen erheblich zur Auslegung der einzelnen Tarifpositionen bei, ohne jedoch rechtsverbindlich zu sein* [...]. *Der Inhalt der KN-Erläuterungen, die nicht die HS-Erläuterungen ersetzen, sondern als Ergänzungen zu betrachten* [...] *und zusammen mit diesen heranzuziehen sind, muss daher den Bestimmungen der KN entsprechen und darf deren Bedeutung nicht verändern* [...]. *Stellt sich heraus, dass die Erläuterungen zur KN dem Wortlaut der Position der KN und der Anmerkungen zu den Abschnitten oder Kapiteln zuwiderlaufen, sind sie folglich nicht zu berücksichtigen* [...].“[753]

Allerdings war nach der Anmerkung 3 zu Abschnitt XVI der KN, zu dem auch die in Rede stehenden Position 8521 und 8528 gehörten, im Fall der Erfüllung mehrerer verschiedener Funktionen, die in Rede stehende Ware nach ihrer

750 EuGH, Urteil vom 14.4.2011, verb. Rs. C-288 / 09 und C-289 / 09 (British Sky Broadcasting und Pace), Slg. 2011, I-2851, Rn. 6f.,17.

751 EuGH, Urteil vom 14.4.2011, verb. Rs. C-288 / 09 und C-289 / 09 (British Sky Broadcasting und Pace), Slg. 2011, I-2851, Rn. 62.

752 EuGH, Urteil vom 14.4.2011, verb. Rs. C-288 / 09 und C-289 / 09 (British Sky Broadcasting und Pace), Slg. 2011, I-2851, Rn. 69.

753 EuGH, Urteil vom 14.4.2011, verb. Rs. C-288 / 09 und C-289 / 09 (British Sky Broadcasting und Pace plc), Slg. 2011, I-2851, Rn. 63ff.

jeweiligen Hauptfunktion einzureihen.[754] Vor diesem Hintergrund schlussfolgerte der EuGH, für die Einreihung sei nicht entscheidend, ob die in Rede stehende Ware entweder eine Aufzeichnungs- oder Fernsehempfangsfunktion aufweise, sondern welche Funktion dominiere.[755] Im vorliegenden Fall sei dies aus Sicht des Verbrauchers die Fernsehempfangsfunktion und damit im Ergebnis die in Rede stehenden Set-Top-Boxen somit der Unterposition 8528 7113 zuzuweisen.[756]

Der EuGH musste die Abweichung der Erläuterung zur KN von der Erläuterung zum HS damit letztlich gar nicht mehr auflösen, sondern zeigte, dass bei konsequenter Einhaltung aller Subsumtionsschritte diese sprachliche Abweichungen der Erläuterungen nicht zu einem Widerspruch führte. Er zeigte damit zugleich allerdings auch, wie wichtig eine genaue, schrittweise Subsumtion ist, um fehlerhafte Einreihungsergebnisse zu vermeiden.

b. Widersprüche und systematische Konflikte als unauflösbare Subsumtions hindernisse

Sehr selten treten wirkliche Widersprüche oder systematische Konflikte im Gemeinsamen Zolltarif der EU auf, die einer Einreihung (d.h. einem „sauberen Subsumtionsergebnis") tatsächlich entgegenstehen.[757] Für die Anwendung des Gemeinsamen Zolltarifs der EU stellen sie jedoch, falls sie auftreten, eine enorme Schwierigkeit dar.

aa. Abstraktes Beispiel: Widerspruch zwischen einer Einreihungsverordnung oder Zusätzlichen Anmerkungen und den Vorgaben des HS-Übereinkommens

Gemäß Art. 3 Abs. 1 des HS-Übereinkommens sind alle Vertragsparteien des HS-Übereinkommens zur unveränderten Übernahme der Regelungen nach Art. 3 Abs. 1 des HS-Übereinkommens verpflichtet. Gemäß Art. 216 Abs. 2 AEUV

754 EuGH, Urteil vom 14.4.2011, verb. Rs. C-288 / 09 und C-289 / 09 (British Sky Broadcasting und Pace), Slg. 2011, I-2851, Rn. 70.

755 EuGH, Urteil vom 14.4.2011, verb. Rs. C-288 / 09 und C-289 / 09 (British Sky Broadcasting und Pace), Slg. 2011, I-2851, Rn. 69.

756 EuGH, Urteil vom 14.4.2011, verb. Rs. C-288 / 09 und C-289 / 09 (British Sky Broadcasting und Pace), Slg. 2011, I-2851, Rn. 79ff.

757 *Bleihauer*, Nomenklaturdefizite im Zolltarifrecht und ihre Folgen in der Praxis, in: Koszinowski, Unionszollkodex und Entwicklungen im internationalen Handel, S. 105 (106).

ist das HS-Übereinkommen auch für die Organe der EU verbindlich.[758] Der EU stehen somit keine eigenständigen Änderungsbefugnisse der Positionen, Unterpositionen oder Anmerkungen zu. Neue Positionen oder Unterpositionen können nur auf Ebene der WCO entwickelt und in das HS (und damit letztlich auch in die KN) eingefügt werden. Eine enge Ausnahmeregelung sieht Art. 5 Abs. 2 des HS-Übereinkommens vor, der den Vertragsparteien

such textual adaptions as may be necessary to give effect to the HS in its domestic law

ermöglicht. Hingegen dürfen sich Änderungen oder Ergänzungen des Bedeutungsumfangs einer (Unter-)Position, die die EU in Form einer Einreihungsverordnung oder einer Zusätzlichen Anmerkung vornehmen möchte, nur in den vom HS-Übereinkommen gezogenen Grenzen bewegen.[759] Weitergehende Untergliederungen der Nomenklatur bleiben der EU also möglich, allerdings darf der Sinngehalt der Regelungen des HS dadurch nicht konterkariert werden.[760]

Der EuGH umschrieb die sich daraus für die EU zu beachtenden Grenzen wie folgt:

„Der Rat hat der Kommission, die mit den Zollsachverständigen der Mitgliedstaaten zusammenarbeitet, auf diesem Gebiet ein weites Ermessen bei der näheren Angabe des Inhalts der Tarifpositionen, die für die Einreihung einer bestimmten Ware in Frage kommen, eingeräumt (vgl. Urteile vom 18. September 1990 in der Rechtssache C-265 / 89, Vismans Nederland, Slg. 1990, I-3411, Randnr. 13, und vom 13. Dezember 1994 in der Rechtssache C-401 / 93, GoldStar Europe, Slg. 1994, I-5587, Randnr. 19).
Dennoch hat die Kommission aufgrund ihrer Befugnis zum Erlaß der Maßnahmen gemäß Artikel 9 Absatz 1 Buchstaben a, b, d und e der Verordnung Nr. 2658 / 87 nicht das Recht, den Inhalt der Tarifpositionen zu ändern, die auf der Grundlage des durch das Übereinkommen eingeführten Harmonisierten Systems geschaffen worden sind, denn die Gemeinschaft hat sich gemäß Artikel 3 dieses Übereinkommens verpflichtet, die Tragweite dieser Tarifpositionen nicht zu verändern.“[761]

Ein Widerspruch zwischen einer Einreihungsverordnung oder einer Zusätzlichen Anmerkung und den Vorgaben des HS-Übereinkommens darf folglich nicht entstehen. Ein solcher kann z.B. entstehen, wenn eine Einreihungsverordnung

758 *Alexander*, in: Witte, Zollkodex, Art. 20, Rn. 33.
759 *Alexander*, in: Witte, Zollkodex, Art. 20, Rn. 33.
760 *Bleihauer*, Zum Verhältnis zwischen Zusätzlichen Anmerkungen und Positionswortlauten des Zolltarifs, ZfZ 6 / 2014, 165 (165).
761 EuGH, Urteil vom 14.12.1995, Rs. C-267 / 94 (Frankreich / Kommission), Slg. 1995, I-4845, Rn. 19f.

einer Unterposition eine Ware zuordnet, die nach dem Wortlaut des HS-Übereinkommens eigentlich nicht unter diese Unterposition fällt.[762]

In diesem Fall ist die streitige Einreihungsverordnung (bzw. Teile dieser – je nach Entscheidung des EuGH) durch den EuGH im Rahmen einer Nichtigkeitsklage *ex tunc* und *erga omnes* für nichtig zu erklären, vgl. Art. 263, 264 Abs. 1 AEUV.[763] Als Gestaltungsklage wird dabei erst durch das Urteil des EuGH die auch einer rechtswidrigen Verordnung zukommende Geltung aufhebt und nicht etwa nur eine bestehende Nichtigkeit bestätigt.[764] Daher darf eine für nichtig erklärte Einreihungsverordnung (bzw. der für nichtig erklärte Teil einer Einreihungsverordnung) nicht mehr von den Zollbehörden der Mitgliedstaaten der EU angewendet werden.[765] Solange jedoch der EuGH eine Einreihungsverordnung (noch) nicht für nichtig erklärt hat, ist diese für die Zollbehörden der Mitgliedstaaten der EU (weiterhin) verbindlich, um eine unionsweit einheitliche Auslegung der KN gewährleisten zu können und muss von diesen auch angewendet werden.[766]

Anders als den von der Einreihungsentscheidung durch die Zollbehörden betroffenen natürlichen oder juristischen Personen, z.B. Unternehmen (vgl. Art. 263 Abs. 4 AEUV), ist den Zollbehörden der Mitgliedstaaten die Erhebung einer Nichtigkeitsklage zum EuGH gerade nicht möglich, vgl. Art. 19 Abs. 3 EUV i.V.m. Art. 263 AEUV. Wenngleich die Zollbehörden der Mitgliedstaaten folglich grundsätzlich verpflichtet sind einen Abgabenbescheid gemäß den Vorgaben der - wenn auch selbst für zweifelhaft erachteten - Einreihungsverordnung zu erlassen, bleibt ihnen jedoch gemäß Art. 8 VO (EG) Nr. 2658 / 87 die Möglichkeit, den sog. Ausschuss für die Nomenklatur anzurufen.[767]

Dieser besteht gemäß Art. 7 VO (EG) Nr. 2658 / 87 aus Vertretern der Mitgliedstaaten der EU und einem, den Vorsitz des Ausschusses führenden, Vertreter der Kommission. Der Ausschuss für die Nomenklatur kann gemäß einem genau festgelegten Verfahren (vgl. Art. 10 VO (EG) Nr. 2658 / 87) - in den Grenzen der Vorgaben des HS - Maßnahmen hinsichtlich der Einreihung

762 Vgl. *Alexander*, in: Witte, Zollkodex, Art. 20, Rn. 33.

763 So z.B. erfolgt durch den EuGH mit Urteil vom 14.12.1995, Rs. C-267 / 94 (Frankreich / Kommission), Slg. 1995, I-4845, Rn. 41; vgl. auch *Alexander*, in: Witte, Zollkodex, Art. 20, Rn. 38.

764 Vgl. *Cremer*, in: Calliess / Ruffert, EUV / AEUV, 5. Aufl. 2016, Art. 263 AEUV, Rn.1 m.w.N.

765 Vgl. *Alexander*, in: Witte, Zollkodex, Art. 20, Rn. 32a, 38.

766 Vgl. *Alexander*, in: Witte, Zollkodex, Art. 20, Rn. 32a.

767 *Alexander*, in: Witte, Zollkodex, Art. 20, Rn. 32a.

in die (Unter-)Positionen der KN treffen, vgl. Art. 9 Abs. 1 lit. a) VO (EWG) Nr. 2658 / 87.

bb. Konkretes Beispiel: Schweineleberpastete

Obwohl die Zuordnung einer Ware zu einer Position bzw. Unterposition dem Konditionalschema folgt, kann es sein, dass die ermittelte Rechtsfolge nicht dem Sinn und Zweck der Norm entspricht.[768] Der Rechtsanwender, der sich an die gebotenen (und eigentlich richtigen) Subsumtionsschritte hält, ermittelt zwangsläufig ein dem Sinn und Zweck der Position bzw. Unterposition nicht entsprechendes und damit letztlich fehlerhaftes Ergebnis. Der Rechtsanwender hingegen, der (unter Missachtung der eigentlich gebotenen Subsumtionsschritte) den Bedeutungsgehalt hinter den Warenbeschreibungen in den Vordergrund rückt, kann ggf. zum richtigen Subsumtionsergebnis gelangen.

Da es sich bei dem Gemeinsamen Zolltarif der EU um eine Rechtsnorm handelt, deren Positionen und Unterpositionen den Tatbestand und die Höhe des Abgabensatzes die Rechtsfolge bildet, ergibt sich insofern ein systematischer Widerspruch, der nicht ungelöst bleiben kann.[769]

Ein Beispiel ist die von *Bleihauer* angeführte „Schweineleberpastete“, die zwar richtigerweise in die Unterposition 1602 2090 einzureihen ist, dieses Einreihungsergebnis jedoch nicht durch saubere Subsumtion ermittelt werden kann, da AV 1 die Anwendung von AV 2 b) i.V.m. AV 6 sperrt und folglich die Unterposition 1602 4930 als Subsumtionsergebnis ermittelt werden müsste.[770] *Bleihauer* schlägt vor, diesen Widerspruch durch Ergänzung der Warenlinie „von Schweinen“ um den Zusatz „außer Lebern“ zu beheben.[771]

---

768 Vgl. zum Aufbau der Rechtsnorm u.a. *Bleihauer / Schulte*, in: Witte / Henke, Fallsammlung Europäisches Zollrecht, S. 289.

769 Vgl. zum Tatbestands und zur Rechtsfolge *Bleihauer / Schulte*, in: Witte / Henke, Fallsammlung Europäisches Zollrecht, S. 289; *Bleihauer / Schulte*, in: Witte / Wolffgang, Lehrbuch des Europäischen Zollrechts, S. 442, Rn. 1353; *Bleihauer*, Der Gemeinsame Zolltarif der EU, AW-Prax 5 / 96, 175 (178).

770 *Bleihauer*, Nomenklaturdefizite im Zolltarifrecht und ihre Folgen in der Praxis, in: Koszinowski, Unionszollkodex und Entwicklungen im internationalen Handel, S. 105 (107f.).

771 *Bleihauer*, Nomenklaturdefizite im Zolltarifrecht und ihre Folgen in der Praxis, in: Koszinowski, Unionszollkodex und Entwicklungen im internationalen Handel, S. 105 (108).

Dieser Vorschlag erscheint auch insofern sinnvoll als der Gemeinsame Zolltarif der EU für Lebensmittel Sonderregelungen vorsieht, dass die im Fall einer Zubereitung der in Rede stehenden Ware aus unterschiedlichen Stoffen, die Anwendung der AV 2 sperren.[772] So ist z.B. die Anmerkung 2 Satz 2 zu Kapitel 16 lex specialis zur AV 2b).[773]

cc. Konkretes Beispiel: Arzneimittel

Zum Gegenstand aktueller Rechtsprechung und Diskussionsbeiträge in der Literatur wurden jüngst die Positionen 3003 und 3004.

(1.) Position 3004

So diskutierte *Bleihauer* das Verhältnis zwischen Zusätzlichen Anmerkungen und Positionswortlauten des Zolltarifs am Beispiel der Position 3004, bei dem die Zusätzliche Anmerkung 1 einem Einreihungsergebnis nach kumulativer Prüfung und Bejahung aller Tatbestandsvoraussetzungen entgegenstehe.[774] Anders als die Tatbestandsvoraussetzungen der Position 3004, deren Quelle das HS sei und die in allen Mitgliedsstaaten des HS-Übereinkommens einheitlich sei, sehe die (rein unionsrechtlich erlassene) Zusätzliche Anmerkung 1 zu Kapitel 30 vor, dass die in Rede stehende Ware einen therapeutischen oder prophylaktischen Zweck erfülle.[775] Zwar sei eine weitergehende Untergliederung der Nomenklatur den Mitgliedsstaaten des HS-Übereinkommens möglich, allerdings dürfe der Sinngehalt der Regelungen des HS dadurch nicht konterkariert werden.[776] Vorliegend führe aber allein der von der Zusätzlichen Anmerkung 1 vorgegebene therapeutische oder prophlaktische Zweck dazu, dass trotz Bejahung aller Tatbestandsvoraussetzungen der Position 3004 die Erfüllung eben dieses Zwecks (ergänzend) noch geprüft werden müsste.[777] Dies sei nicht nur im Lichte von Art. 3 des HS-Übereinkommens, der die unveränderte Übernahme aller Komponenten des HS durch die Mitgliedstaaten des HS-Übereinkommens vorsehe,

772 *Gellert*, Zolltarifrecht, S. 33.

773 *Gellert*, Zolltarifrecht, S. 36.

774 Vgl. *Bleihauer*, Zum Verhältnis zwischen Zusätzlichen Anmerkungen und Positionswortlauten des Zolltarifs, ZfZ 6 / 2014, 165 (166).

775 *Bleihauer*, Zum Verhältnis zwischen Zusätzlichen Anmerkungen und Positionswortlauten des Zolltarifs, ZfZ 6 / 2014, 165 (165f.).

776 *Bleihauer*, Zum Verhältnis zwischen Zusätzlichen Anmerkungen und Positionswortlauten des Zolltarifs, ZfZ 6 / 2014, 165 (165).

777 *Bleihauer*, Zum Verhältnis zwischen Zusätzlichen Anmerkungen und Positionswortlauten des Zolltarifs, ZfZ 6 / 2014, 165 (166).

sondern auch aus systematischer Sicht bedenklich.[778] Es widerspreche nicht zuletzt auch dem Konditionalschema, da die

> „*klassische* [...] *Normenstruktur einer Wenn-Dann-Relation*"[779]

im Fall einer Ware, die diesen Zweck jedoch nicht erfülle, zu brechen drohe.

Konsequenzen ergäben sich (über die zollrechtliche Frage der Einreihung hinaus) auch aus umsatzsteuerrechtlicher Sicht hinsichtlich der Frage, ob die in Rede stehende Ware gem. § 12 Abs. 2 Nr. 1 i.V.m. Anlage 2 UStG dem ermäßigten Steuersatz von 7 % unterliegen könne.[780] Eine Regelung zur Lösung des systematischen Konflikts könnte auf Ebene der Positionswortlaute und Anmerkungen getroffen werden. Zwecks Schaffung von Rechtssicherheit und Rechtsklarheit schlägt *Bleihauer* daher die

> „*Aufnahme eines Vorbehalts in die Zus. Anm. 1 Kap. 30, welcher auf die weiteren Merkmale des Positionswortlauts verweist*"[781] und „*zwingend prophylaktischen oder therapeutischen Zwecken*"[782]

als Tatbestandsvoraussetzung für eine Einreihung als Arzneimittel der Position 3004 vorschreibe, vor.

Bleihauer führt zutreffend aus, dass den Vertragsparteien des HS-Übereinkommens, die zur unveränderten Übernahme der Regelungen nach Art. 3 Abs. 1 des HS-Übereinkommens verpflichtet sind, keine eigenständigen Änderungsbefugnisse der Positionen, Unterpositionen oder Anmerkungen zustehen. Jedwede Änderung, Ergänzung, Streichung oder Neuregelung muss sich in den vom HS-Übereinkommen gezogenen Grenzen bewegen. Insofern können auch neue Positionen oder Unterpositionen nur auf Ebene der WCO entwickelt und in das HS (und damit die KN) eingefügt werden. Allerdings erlaubt Art. 3 Abs. 2 des HS-Übereinkommens den Vertragsparteien des HS-Übereinkommens, dass

> *such textual adaptions as may be necessary to give effect to the HS in its domestic law.*

---

778 *Bleihauer*, Zum Verhältnis zwischen Zusätzlichen Anmerkungen und Positionswortlauten des Zolltarifs, ZfZ 6 / 2014, 165 (165).

779 *Bleihauer*, Zum Verhältnis zwischen Zusätzlichen Anmerkungen und Positionswortlauten des Zolltarifs, ZfZ 6 / 2014, 165 (166).

780 *Bleihauer*, Zum Verhältnis zwischen Zusätzlichen Anmerkungen und Positionswortlauten des Zolltarifs, ZfZ 6 / 2014, 165 (165).

781 *Bleihauer*, Zum Verhältnis zwischen Zusätzlichen Anmerkungen und Positionswortlauten des Zolltarifs, ZfZ 6 / 2014, 165 (167).

782 *Bleihauer*, Zum Verhältnis zwischen Zusätzlichen Anmerkungen und Positionswortlauten des Zolltarifs, ZfZ 6 / 2014, 165 (167).

Insofern bliebe eine Verortung neuer Legaldefinitionen **in den Zusätzlichen Anmerkungen der KN** auf europäischer Ebene möglich, wenn diese zur effektiveren Umsetzung des Sinngehalts des HS innerhalb der EU erforderlich wären.

(2.) Position 3003

Mit seinem Urteil vom 17. September 2015[783] entschied der EuGH hinsichtlich der Position 3003:

> „[S]*chon aus dem Wortlaut von Anmerkung 1 Buchst. a zu Kapitel 30 der KN* [folgt], *dass diätetische Nahrungsmittel oder Getränke, die ausschließlich zu ernährungsbedingten Zwecken verwendet werden, mit Ausnahme von intravenös zu verabreichenden Nährstoffzubereitungen nicht zu diesem Kapitel gehören* [...]. *Daher können Erzeugnisse, die ausschließlich für zur täglichen Ernährung gehörende Nährstoffzubereitungen hergestellt werden, nicht als „Arzneiwaren, die aus zwei oder mehr zu therapeutischen oder prophylaktischen Zwecken gemischten Bestandteilen bestehen" im Sinne der Position 3003 der KN eingereiht werden.*"[784]

Vorausgegangen war dieser Entscheidung ein Vorabentscheidungsersuchen des BFH[785], der den EuGH - mit Blick auf eine zuvor ergangene Entscheidung des Upper Tribunal UK[786], von der der BFH abweichen wollte, - ersucht hatte,

> „*zur Sicherung einer einheitlichen Rechtsauslegung in der Union*"[787]

hinsichtlich der Abgrenzung der Positionen 3003 und 2106 Stellung zu nehmen. Während nach Ansicht des BFH (wie auch der Vorinstanz, dem FG Hamburg[788]) die in Frage stehenden Aminosäuremischungen R-1 und R-2 der Position 2106 zuzuordnen sind, hatte das Upper Tribunal UK diese als Arzneiwaren in die Position 3003 eingereiht.[789]

In Rede standen Aminosäuremischungen, die zur

---

783 EuGH, Urteil vom 17.9.2015, Rs. C-344 / 14 (Kyowa Hakko Europe), elektronische Sammlung (ECLI:EU:C:2015:615).

784 EuGH, Urteil vom 17.9.2015, Rs. C-344 / 14 (Kyowa Hakko Europe), elektronische Sammlung (ECLI:EU:C:2015:615), Rn. 35.

785 BFH, Beschluss vom 20.5.2014, Az. VII R 37 / 12, BFH / NV 2014, 1483.

786 Upper Tribunal UK (Tax and Chancery Chamber), Entscheidung vom 27.9.2013, Case No: FTC / 61 / 2012.

787 BFH, Beschluss vom 20.5.2014, Az. VII R 37 / 12, BFH / NV 2014, 1483, Rn. 24.

788 FG Hamburg, Urteil vom 19.9.2014, Az. 4 K 21 / 11, BeckRS 2012, 96663.

789 BFH, Beschluss vom 20.5.2014, Az. VII R 37 / 12, BFH / NV 2014, 1483, Tatbestand; vgl. auch Upper Tribunal UK (Tax and Chancery Chamber), Entscheidung vom 27.9.2013, Case No: FTC / 61 / 2012.

> *„Herstellung von Säuglingsnahrung für kuhmilchallergische Kinder nach den Vorgaben des Abnehmers zusammengestellt“*[790]

verwendet wurden und nach Auffassung des BFH lediglich

> *„einen krankheitsauslösenden Bestandteil der normalen Ernährung, ohne auf die Allergie einzuwirken, sie zu beseitigen oder zu mindern“*[791]

substituierten.

Der BFH kritisierte, dass solche Waren nach Auffassung des Upper Tribunal UK als Arzneiwaren zu behandeln seien,

> *„da sie die ernährungsphysiologischen Bedürfnisse des Kleinkinds erfüllten und zudem in der Lage seien, die zugrunde liegenden allergischen Symptome zu behandeln“* [792], wobei nicht entscheidend wäre,
> *„ob durch die Behandlung das Leiden tatsächlich geheilt werden könne“*[793].

Er hielt dem Upper Tribunal UK entgegen, dieses verkenne,

> *„dass das Abklingen der – infolge der Einnahme der allergieauslösenden Stoffe aufgetretenen – Symptome auf der Umstellung der Säuglingsernährung (Ersetzen der Milchproteine durch die Aminosäuremischungen) beruht und gerade nicht durch eine durch die Aminosäuren geförderte Ausbildung des Immunsystems hervorgerufen wird“*[794].

Damit erfüllten die in Rede stehenden Waren weder einen therapeutischen noch prophylaktischen Zweck, der nur gegeben sei, wenn die Waren geeignet seien,

---

790 BFH, Beschluss vom 20.5.2014, Az. VII R 37 / 12, BFH / NV 2014, 1483, Rn. 18.

791 BFH, Beschluss vom 20.5.2014, Az. VII R 37 / 12, BFH / NV 2014, 1483, Rn. 18.

792 So BFH, Beschluss vom 20.5.2014, Az. VII R 37 / 12, BFH / NV 2014, 1483, Rn. 24; in der Entscheidung des Upper Tribunals UK (Tax and Chancery Chamber) vom 27.9.2013, Case No: FTC / 61 / 2012, Tz. 19 heißt es wie folgt: “*Use for the purpose of treatment of a disease by control or prevention of the symptoms, in my judgment, falls within the concept of "therapeutic“ as used in those numbered headings.*” und Tz. 20: “[…] *it may have the effect of clearing up eczema or, through temporary administration, colic, although it could not cure the underlying milk allergy.*”

793 So BFH, Beschluss vom 20.5.2014, Az. VII R 37 / 12, BFH / NV 2014, 1483, Rn. 24; in der Entscheidung des Upper Tribunals UK (Tax and Chancery Chamber) vom 27.9.2013, Case No: FTC / 61 / 2012, Tz. 79 heißt es wie folgt: “*To satisfy 30.03, the imported product must, on the basis of it objective properties, be for therapeutic or prophylactic uses, whereas these pre-mixes neither cured nor prevented the relevant medical conditions. They were in reality used as food substitutes which avoided the intake of offending substances by patients with those medical conditions.*”

794 BFH, Beschluss vom 20.5.2014, Az. VII R 37 / 12, BFH / NV 2014, 1483, Rn. 25.

„auf eine Krankheit einzuwirken, sie zu heilen, zu lindern oder zumindest ihre Verschlimmerung oder Folgeerkrankung zu verhindern“[795].

Der BFH argumentiert insofern:

„Das entspricht der allgemeinen „selbstverständlichen“ Verwendung der aus dem griechischen stammenden Begriffe Prophylaxe und Therapie: Prophylaxe ist die Verhütung einer Krankheit durch vorbeugende Maßnahmen, Therapie die Heilbehandlung von Krankheiten.“[796]

Das Upper Tribunal UK hingegen hatte nach den repetierenden Ausführung des BFH geurteilt, die

„Unterscheidung danach, ob mithilfe der Ware ein Leiden geheilt oder die Symptome unter Kontrolle gehalten oder unterdrückt werden könnten, sei gekünstelt“[797].
„Die Verwendung von Stoffen zum Zweck der Behandlung einer Erkrankung, indem deren Symptome kontrolliert oder ihnen vorgebeugt werde, Fall unter den Begriff „therapeutisch“ i.S.d. Überschriften zu Kap. 3003 und 3004 KN.“[798]

Der EuGH schloss sich der Auffassung des BFH an und argumentierte,

„aus den HS-Erläuterungen [ergebe sich], *dass Lebensmittelzubereitungen, die nur Nährstoffe enthalten, nicht als „Arzneiwaren“ in die Position 30.03 des HS, die der Position 3003 der KN entspricht, eingereiht werden können* [...]. *Dies trifft insbesondere auf Erzeugnisse zu, bei denen es sich um eine reine Austauschnahrung handelt, die keine arzneilichen Wirkstoffe gegen Allergien enthält.“*[799]

Er antwortete folglich auf die ihm vom BFH vorgelegte Frage:

„Nach alledem ist [...] die KN dahin auszulegen ist, dass Aminosäuremischungen wie die im Ausgangsverfahren in Rede stehenden, die für die Nahrungszubereitung für Säuglinge

---

795 BFH, Beschluss vom 20.5.2014, Az. VII R 37 / 12, BFH / NV 2014, 1483, Rn. 21.
796 BFH, Beschluss vom 20.5.2014, Az. VII R 37 / 12, BFH / NV 2014, 1483, Rn. 21.
797 So BFH, Beschluss vom 20.5.2014, Az. VII R 37 / 12, BFH / NV 2014, 1483, Rn. 24; in der Entscheidung des Upper Tribunals UK (Tax and Chancery Chamber) vom 27.9.2013, Case No: FTC / 61 / 2012, Tz. 19 heißt es wie folgt: “*To make a distinction in the application of these categories of Chapter 30 as between products that cure a disease and products that control or suppress its symptoms seems to me in any event artificial.*”
798 So BFH, Beschluss vom 20.5.2014, Az. VII R 37 / 12, BFH / NV 2014, 1483, Rn. 24; in der Entscheidung des Upper Tribunals UK (Tax and Chancery Chamber) vom 27.9.2013, Case No: FTC / 61 / 2012, Tz. 19 heißt es wie folgt: “*Use for the purpose of treatment of a disease by control or prevention of the symptoms, in my judgment, falls within the concept of „therapeutic“ as used in those numbered headings.*”
799 EuGH, Urteil vom 17. 9.2015, Rs. C-344 / 14 (Kyowa Hakko Europe), elektronische Sammlung (ECLI:EU:C:2015:615), Rn. 36.

und Kleinkinder mit Kuhmilchproteinallergie verwendet werden, als „Lebensmittelzubereitungen" in die Position 2106 dieser Nomenklatur einzureihen sind, soweit sie aufgrund ihrer objektiven Merkmale und Eigenschaften keine genau umschriebenen therapeutischen und prophylaktischen Eigenschaften aufweisen, deren Wirkung sich auf bestimmte Funktionen des menschlichen Organismus konzentriert, und daher nicht zur Verhütung oder Behandlung einer Krankheit oder eines Leidens angewandt werden können und auch nicht naturgemäß zu einer medizinischen Verwendung bestimmt sind; dies festzustellen ist Sache des nationalen Gerichts."[800]

Mit seinem Urteil vom 31. Mai 2016[801] entschied in der Folge der BFH abschließend, das zuständige HZA habe die streitgegenständlichen Aminosäuremischungen zu Recht in die Position 2106 eingereiht.[802] Im Lichte des vorangegangenen Urteils des EuGH begründete der BFH seine getroffene Entscheidung dabei wie folgt:

„*Die Ausweisungsanmerkung und die inhaltlich dazugehörende Erläuterung stellen klar, dass die besondere Eignung einer Ware für eine bestimmte Art der Ernährung (z.B. eine diätetische) nicht zu ihrer Einreihung als Arzneimittel führt, auch wenn diese Art der Ernährung zur Verhütung oder Behandlung einer Krankheit oder eines Leidens notwendig oder sinnvoll ist, z.B. im Fall von Sojaprodukten bei Laktoseüberempfindlichkeit, fettreduzierten Lebensmitteln bei erhöhten Cholesterinwerten. Ein therapeutischer oder prophylaktischer Zweck ist hier mangels unmittelbarer Kausalität nicht gegeben, kausal ist vielmehr die Vermeidung gesundheitsbeeinträchtigender Stoffe.*"[803]

Im Ergebnis war damit hier *casus cnactus*, ob die in Rede stehende Ware, die in die Position 3003 eingereiht werden soll, zwingend einen therapeutischen oder prophylaktischen Zweck erfüllen muss. Insofern erscheint das abschließende Urteil des BFH[804] nur folgerichtig und systematisch zutreffend zu sein. Zuzugeben bleibt dem Upper Tribunal UK aus rein praktischer Sicht dennoch, dass eine Abgrenzung oftmals schwer fallen dürfte und die Frage, ob (jedenfalls) eine Einwirkung auf ein Krankheitsbild möglich ist, letztlich eine Sachverhaltsfrage bleiben wird.

---

800 EuGH, Urteil vom 17.9.2015, Rs. C-344 / 14 (Kyowa Hakko Europe), elektronische Sammlung (ECLI:EU:C:2015:615), Rn. 37.

801 BFH, Urteil vom 31.5.2016, Az. VII R 37 / 12, BFH / NV 2016, 1660.

802 BFH, Urteil vom 31.5.2016, Az. VII R 37 / 12, BFH / NV 2016, 1660, Rn. 13.

803 BFH, Urteil vom 31.5.2016, Az. VII R 37 / 12, BFH / NV 2016, 1660, Rn. 18.

804 BFH, Urteil vom 31.5.2016, Az. VII R 37 / 12, BFH / NV 2016, 1660.

c. *Widersprüche aufgrund divergierender Verwaltungsauffassungen*

Aus Sicht eines Unternehmens, als durch den Gemeinsamen Zolltarif der EU Betroffenem, entfalten schließlich divergierende Auffassungen der Zollbehörden der einzelnen Mitgliedstaaten der EU (z.B. manifestiert in verbindlichen Zolltarifauskünften) praktische, häufig finanzielle Auswirkungen. Exemplarisch sei hier das Urteil des EuGH vom 15. September 2005, Rs. C-495 / 03 (Intermodal Transports) genannt, in dem der EuGH zu beurteilen hatte,

> *„ob ein nationales Gericht, bei dem ein Rechtsstreit über die Einreihung einer Ware in die KN anhängig ist und vor dem sich jemand auf eine von den Zollbehörden eines anderen Mitgliedstaates einem nicht an diesem Rechtsstreit Beteiligten erteilte verbindliche Zolltarifauskunft in Bezug auf eine ähnliche Ware beruft, verpflichtet ist, dem Gerichtshof Auslegungsfragen vorzulegen, wenn es der Auffassung ist, dass diese verbindliche Zolltarifauskunft nicht in Einklang mit der KN steht, und es eine andere als die in dieser verbindlichen Zolltarifauskunft vorgenommene Einreihung in den Zolltarif vornehmen will“*[805].

Hintergrund dieses Vorabentscheidungsverfahrens nach Art. 267 AEUV war eine bei dem Gerechtshof te Amsterdam von der Firma Intermodal Transports BV eingereichte Klage gegen einen Nachzahlungsbescheid der niederländischen Behörden, der in Widerspruch zu einer von den finnischen Zollbehörden der Firma Sisu Terminal Systems Oy als Berechtigten für eine ähnliche Ware erteilten verbindlichen Zolltarifauskunft stand.[806] Nach Auffassung des Gerechtshof te Amsterdam stand die von den finnischen Zollbehörden erteilte verbindliche Zolltarifauskunft nicht in Einklang mit der KN, jedoch sei eine Vorlage zum EuGH nicht von Nöten.[807] Der im Wege einer Kassationsbeschwerde angerufene Hoge Raad der Niederlande sah dies kritischer und legte dem EuGH den Fall vor.

Der EuGH stellt zwar fest, die Firma Intermodal verfüge

> *„über kein persönliches Recht […], sich auf die von den finnischen Behörden erteilte verbindliche Zolltarifauskunft zu berufen“*[808].

805 EuGH, Urteil vom 15.9.2005, Rs. C-495 / 03 (Intermodal Transports), Slg. 2005, I-8151, Rn. 26.

806 EuGH, Urteil vom 15.9.2005, Rs. C-495 / 03 (Intermodal Transports), Slg. 2005, I-8151, Rn. 18f.

807 EuGH, Urteil vom 15.9.2005, Rs. C-495 / 03 (Intermodal Transports), Slg. 2005, I-8151, Rn. 20f.

808 EuGH, Urteil vom 15.9.2005, Rs. C-495 / 03 (Intermodal Transports), Slg. 2005, I-8151, Rn. 27.

Er urteilte letztlich aber doch,

> *„dass dann, wenn im Rahmen eines bei einem nationalen Gericht anhängigen Rechtsstreits über die zolltarifliche Einreihung einer bestimmten Ware eine eine ähnliche Ware betreffende Zolltarifauskunft vorgelegt wird, die einem an diesem Rechtsstreit Beteiligten von Zollbehörden eines anderen Mitgliedstaats erteilt worden ist, und wenn dieses Gericht die in dieser verbindlichen Zolltarifauskunft vorgenommene zolltarifliche Einreihung für falsch hält, die beiden letztgenannten Umstände,*
>
> - *wenn es sich um ein Gericht handelt, dessen Entscheidungen mit Rechtsmitteln des innerstaatlichen Rechts angefochten werden können, nicht zur Folge haben könne, dass dieses Gericht verpflichtet wird, dem Gerichtshof Auslegungsfragen vorzulegen;*
> - *wenn es sich um ein Gericht handelt, dessen Entscheidungen nicht mehr mit Rechtsmitteln des innerstaatlichen Rechts angefochten werden können, für sich allein nicht automatisch zur Folge haben können, dass dieses Gericht verpflichtet wird, dem Gerichtshof Auslegungsfragen vorzulegen“*[809].

Der EuGH führte zur Begründung aus, das Europarecht bzw. die zollrechtlichen Regelungen sähen Mechanismen vor, die sicherstellten, dass widersprüchliche Verwaltungsauffassungen in den einzelnen Mitgliedstaaten der EU nur von vorläufiger Art seien.[810] So böten einerseits die zollrechtlichen Regelungen selbst die Möglichkeit des Widerrufs oder der Ungültigkeitserklärung einer verbindlichen Zolltarifauskunft, andererseits könne eine verfestigte und allgemeine Verwaltungspraxis der Mitgliedstaaten der EU durch die Kommission zum Gegenstand eines Vertragsverletzungsverfahrens (Art. 258 AEUV) beim EuGH gemacht werden.[811]

Praktisch bedeutet dies, dass einem Unternehmen – im Fall eines ungünstigen Bescheids trotz einer einem anderen Unternehmen erteilten günstigeren verbindlichen Zolltarifauskunft – nur die Hoffnung bleibt, das angerufene nationale Gericht ließe sich überzeugen oder die Kommission möge sich entschließen, den EuGH anzurufen. Eine Möglichkeit, das angerufene nationale Gericht zu verpflichten, um eine einheitliche Anwendung des Gemeinsamen Zolltarifs der EU durch die Zollbehörden der Mitgliedstaaten der EU zu erreichen, hat das einzelne Unternehmen indes nicht.

---

809 EuGH, Urteil vom 15.9.2005, Rs. C-495 / 03 (Intermodal Transports), Slg. 2005, I-8151, Rn. 45.

810 EuGH, Urteil vom 15.9.2005, Rs. C-495 / 03 (Intermodal Transports), Slg. 2005, I-8151, Rn. 41.

811 EuGH, Urteil vom 29.4.2004, Rs. C-387 / 99 (Kommission / Deutschland), Slg. 2004, I-3751, Rn. 42; sowie u.a. EuGH, Urteil vom 15.9.2005, Rs. C-495 / 03 (Intermodal Transports), Slg. 2005, I-8151, Rn. 42ff.

Auch besteht eine Vorlagepflicht der nationalen Gerichte zum EuGH im Wege eines Vorabentscheidungsverfahrens erst im Fall einer letztinstanzlichen Entscheidung, vgl. Art. 267 UAbs. 3 AEUV. Eine Ausnahme hat der EuGH mit seinem Urteil vom 22. Oktober 1987, Rs. 314 / 85 (Foto-Frost / Hauptzollamt Lübeck-Ost) nur für den Fall angenommen, dass das nicht in letzter Instanz entscheidende nationale Gericht von der Ungültigkeit einer Regelung des sekundären Unionsrechts ausgehen möchte, denn dann seien die einheitliche Anwendung des Unionsrechts und die Rechtssicherheit gefährdet.[812]

Da die nationalen Zollbehörden keine Organe der EU sind, besteht schließlich keine Möglichkeit für ein Unternehmen, die Rechtmäßigkeit ihrer Handlungen, z.B. die Erteilung einer verbindlichen Zolltarifauskunft, im Rahmen einer Nichtigkeitsklage nach Art. 263 UAbs. 4 AEUV von dem EuGH überprüfen zu lassen.[813]

Insofern stellen divergierende Auffassungen der Zollbehörden der einzelnen Mitgliedstaaten der EU aus Sicht von Unternehmen ein durchaus handfestes Problem dar, gegen das sie sich nur vor den nationalen Behörden selbst (z.B. im Wege eines Einspruchs gegen einen Bescheid) oder vor den nationalen Gerichten (z.B. im Wege einer Klage) wehren können. Die Vorlagepflicht nationaler Gerichte zum EuGH, die eigentlich verhindern soll,

> *„dass sich in einem Mitgliedstaat eine Rechtsprechung herausbildet, die mit den Nomen des Gemeinschaftsrechts nicht in Einklang steht“*[814],

greift hier teilweise erst zu spät ein.

C. Schwierigkeiten aufgrund der Regelung in mehreren Rechtsakten

Wenngleich eine Regelung in mehreren Rechtsakten im Fall des Gemeinsamen Zolltarifs der EU sinnvoll ist, um eine flexible Anpassung der KN zu ermöglichen und dem Erfordernis der ständigen Aktualität des Warenkatalogs der KN

---

812 Vgl. EuGH, Urteil vom 22.10.1987, Rs. 314 / 85 (Foto-Frost / Hauptzollamt Lübeck-Ost), Slg. 1987, 4199, Rn. 12ff.; sowie auch *Hermann*, Die Reichweite der gemeinschaftsrechtlichen Vorlagepflicht in der neueren Rechtsprechung des EuGH EuZW 2006, 231 (232).

813 Vgl. *Herrmann*, Die Reichweite der gemeinschaftsrechtlichen Vorlagepflicht in der neueren Rechtsprechung des EuGH, EuZW 2006, 231 (233).

814 *Herrmann*, Die Reichweite der gemeinschaftsrechtlichen Vorlagepflicht in der neuen Rechtsprechung des EuGH, EuZW 2006, 231 (232) m.w.N.

gerecht zu werden, erschwert die Vielzahl der Rechtsakte, in denen die für den Gemeinsamen Zolltarif der EU relevanten Regelungen enthalten sind, das Auffinden derselben und trägt zur Verwirrung und damit zu Anwendungsfehlern beim Umgang mit dem Gemeinsamen Zolltarif der EU bei.

I. Auffinden der relevanten Regelungen

Insbesondere das Nachvollziehen von Verweisungsketten, das Überprüfen der Aktualität der mittels Verweisung benannten Rechtsakte und die Zuhilfenahme rechtlich nicht verbindlicher Regelungen stellen eine besondere Herausforderung dar.

Beispielhaft sei hier das Urteil des EuGH vom 23. Januar 2014, Rs. C-380 / 12 (X) erwähnt, in dem Bleicherde zum Reinigen und Entfärben von Speiseölen in Rede stand. Der vorlegende Hoge Raad der Nederlanden hatte zu entscheiden, ob eine Einreihung in die Position 2508 (wie es die Klägerpartei vertreten hatte) oder in die Position 3802 (wie es die Zollbehörden vertreten hatten) richtig sei.

1. Anmerkungen und Erläuterungen

Der EuGH, den der Hoge Raad der Nederlanden im Wege des Vorabentscheidungsverfahrens anrief, um die Kriterien für die (allein vom nationalen Gericht vorzunehmende) zolltarifliche Einreihung aufzuzeigen, untersuchte die **Anmerkung** 1 zu Kapitel 25 der KN und nahm die (nicht verbindlichen) **Erläuterungen** des HS zu Position 3802 (des HS) zu Hilfe. Er stellte heraus,

> „[j]*edoch sind die Erläuterungen zum HS, auch wenn sie nicht rechtlich verbindlich sind, wichtige Hilfsmittel, um eine einheitliche Anwendung des Gemeinsamen Zolltarifs zu gewährleisten, und können deshalb als wertvolle Erkenntnismittel für die Auslegung des Tarif angesehen werden* [...]“[815],

und urteilte:

> *„Daher schließt, wie die Kommission zutreffend ausführt, Anmerkung 1 zu Kapitel 25 der KN, ausgelegt im Lichte der Erläuterungen zum HS zu Position 3802 aus, dass Stoffe, die einer Behandlung unterworfen sind, durch die ihre Oberflächenstruktur verändert worden ist, in Position 2508 der KN eingereiht werden, so dass sie in Position 3802 der KN einzureihen sind.“*[816]

---

815 EuGH, Urteil vom 23.1.2014, Rs. C-380 / 12 (X), elektronische Sammlung (ECLI:EU:C:2014:21), Rn. 48.

816 EuGH, Urteil vom 23.1.2014, Rs. C-380 / 12 (X), elektronische Sammlung (ECLI:EU:C:2014:21), Rn. 50.

Neben der Unübersichtlichkeit des Regelungsgeflechts führt diese, für den Rechtsanwender nicht einfach nachzuvollziehende, Zuhilfenahme rechtlich nicht verbindlicher Regelungen leicht zu fehlerhaften Einreihungsergebnissen. Regelungen werden nicht aufgefunden oder missachtet. Eine uneinheitliche Rechtsanwendung ist die Folge.

2. Vielzahl von Einreihungsverordnungen

Diese Unübersichtlichkeit des Regelungsgeflechts kommt auch durch die Vielzahl von Einreihungsverordnungen zum Ausdruck.[817] Diese stellen gleichsam eine Art Indikator für die Unübersichtlichkeit und die damit vielfach einhergehende Unzulänglichkeit des Gemeinsamen Zolltarifs der EU dar.

Besonders herausfordernd wird es für den Rechtsanwender, wenn eine Einreihungsverordnung oder deren Begründungen den Vorgaben des HS widersprechen, vgl. *Kapitel 4 B. „Regelungsfehler"*.

Ähnlich erhebliche Auswirkungen können Einreihungsverordnungen aber auch für das Umsatzsteuerrecht haben, so z.B. die Einreihungsverordnung der Kommission hinsichtlich sog. Fotobücher[818]. Nach § 12 Abs. 2 Nr. 1 UStG i.V.m. Nr. 49 lit. a) Anlage 2 zum UStG unterliegen Bücher, Broschüren und ähnliche Drucke dem ermäßigten Steuersatz von 7 %.

Mit der o.g. Einreihungsverordnung entschied allerdings die Kommission im Dezember 2015, dass sog. Fotobücher

> *„mit gedruckten vollfarbigen, personalisierten Fotos und kurzem Text zu den Aktivitäten, Veranstaltungen, Personen usw. auf dem jeweiligen Foto"*

in die Position 4911 (*andere Drucke, einschließlich Bilddrucke und Fotografien*) und nicht in die Position 4901 (*Bücher, Broschüren und ähnliche Drucke, auch in losen Bogen oder Blättern*) einzureihen seien, da die Ware nicht zum Lesen bestimmt sei und verwies insofern auf die Erläuterungen zum HS zu Position 4901 Abs. 1. Demnach gehören in die Position 4901

> *im Allgemeinen alle Erzeugnisse des Buchhandels und andere Waren zu Lesen, gedruckt, mit oder ohne Illustrationen.*

Wenngleich man in Zweifel ziehen kann, ob ein Fotobuch mit persönlichen Anmerkungen nicht zumindest auch zum Lesen dieser Anmerkungen gedacht

817 Vgl. *Weerth*, Einheitliche Anwendung des Gemeinsamen Zolltarifs beim Zugang zum Europäischen Binnenmarkt?, S. 171, der in den Jahren 2003 bis 2006 allein von 51 Einreihungsverordnungen ausging.

818 Durchführungsverordnung (EU) Nr. 2015 / 2254 vom 2.12.2015, ABl. L 321, S. 8.

ist, hat diese Entscheidung der Kommission aus Sicht des deutschen Umsatzsteuerrechts zur Folge, dass § 12 Abs. 2 Nr. 1 UStG i.V.m. Nr. 49 lit. a) Anlage 2 zum UStG nicht (mehr) anzuwenden und die Lieferung eines Fotobuches zum Regelsteuersatz (von 19 %) zu versteuern wäre. Wie überraschend die Einreihungsentscheidung der Kommission gewesen ist zeigt dabei insbesondere die Reaktion des BMF, das mit einem BMF-Schreiben aus April 2016 reagierte und erklärte es bis zum 1. Januar 2017 nicht beanstanden zu wollen, sollten Lieferungen von Fotobüchern weiterhin dem ermäßigten Steuersatz von 7 % unterworfen werden.[819]

Zwar hat die EU mit der Einführung des TARIC eine praxistaugliche Anwendungshilfe für den Gemeinsamen Zolltarif der EU geschaffen, diese wiederum birgt jedoch die Gefahr, dass der Umstand, dass es sich bei der Einreihung um einen klassischen juristischen Subsumtionsvorgang handelt, in den Hintergrund gedrängt wird.[820] Für den Anwender entsteht im Gegenteil der Eindruck, der TARIC sei die eigentliche Rechtsnorm und nicht lediglich die informelle Datenbank, die deren Anwendung erleichtern soll.[821]

II. Umgang mit mehreren, gleichzeitig anzuwendenden Regelungen

Hinzukommt, dass im Rahmen der Einreihung oftmals mehrere, gleichzeitig anzuwendende Regelungen zu beachten sind. Beispielhaft kann hier wiederum das Urteil des EuGH vom 23. Januar 2014, Rs. C-380 / 12 (X) hervorgehoben werden, in dem der EuGH zum Zwecke der Einreihung von Bleicherde zum Reinigen und Entfärben von Speiseölen in die Position 3802 der KN die (rechtlich unverbindlichen) Erläuterungen zum HS zur Hilfe nahm.[822] Der EuGH wandte damit zugleich rechtlich verbindliche und rechtliche unverbindliche Regelungen an, um eine in Rede stehende Ware einzureihen. Wenngleich dieser Weg systematisch richtig gewesen ist, ist er aus Sicht des Rechtsanwenders doch ungewöhnlich und fehleranfällig.

---

819 BMF, Schreiben vom 20.4.2016, III C 2 – S 7225 / 12 / 10001, BStBL I 2016, 483; dem folgt auch LSF Sachsen, Verfügung vom 11.8.2016, 213-S 7210 / 1 / 1-2016 / 15377, BeckVerw SA 332484.

820 Vgl. ähnlich zum Deutschen Gebrauchs-Zolltarif *Bleihauer*, Der Gemeinsame Zolltarif der EU, AW-Prax 5 / 96, 175 (179).

821 Vgl. zum TARIC *Lux*, in: von der Groeben / Schwarze / Hatje, Europäisches Unionsrecht, Band I, Vor Art. 31-32, Rn. 88ff.; sowie ähnlich zum Deutschen Gebrauchs-Zolltarif *Bleihauer*, Der Gemeinsame Zolltarif der EU, AW-Prax 5 / 96, 175 (179).

822 EuGH, Urteil vom 23.1.2014, Rs. C-380 / 12 (X), elektronische Sammlung (ECLI:EU:C:2014:21), Rn. 50.

III. Verflechtung mit anderen Regelungen

Schwierigkeiten entstehen schließlich dadurch, dass Verflechtungen von Regelungen, z.B. durch die Verflechtung der KN mit dem HS, des Zolltarifrechts mit dem Präferenzrecht oder durch den Rückgriff nationaler Regelungen auf die Codenummern der KN richtig erkannt und entsprechend behandelt werden müssen.

So übernimmt die KN nicht nur den sechsstelligen Code der Unterpositionen des **HS**, Art. 3 Abs. 1 lit. a) des HS-Übereinkommens und erweitert diesen, sondern ist auch durch die auf das HS zurückgehenden **AV** eng mit diesem verbunden.[823] Darüber hinaus finden die Anmerkungen des HS zu den Abschnitten, Kapiteln und Positionen auch im Rahmen der KN Beachtung und werden z.B. im TARIC mit aufgeführt.[824]

Zolltarifliche Entscheidungen können zudem eng mit **Fragen des Warenursprungs- und Präferenzrechts** verknüpft sein. Beispielhaft sei das Urteil des EuGH vom 16. Oktober 1980, verb. Rs. 824 / 79 und 825 / 79 (Prodotti Alimentari Folci) erwähnt. In dem, dem Urteil zugrundeliegenden, Fall hing die Anwendung einer für bestimmte Erzeugnisse (hier: in Stücken geschnittenen Pilzen) aus Entwicklungsländern geltenden Präferenzregelung davon ab, ob der Wortlaut einer Position auch in Stücke geschnittene Pilze umfasste oder nur ganze Pilze.[825] Der EuGH urteilte nach der englischen Fassung unterfielen die in Rede stehenden, in Stücke geschnittenen Pilze nicht der Präferenzregelung.[826]

Wie bereits beschreiben haben **vertragliche Präferenzzollsätze** ihre Grundlage in völkerrechtlichen Abkommen zwischen der EU und bestimmten Staaten oder Staatengruppen.[827] Im Fall der Einfuhr einer Ware in die EU aus einem Drittland mit dem ein entsprechendes Abkommen besteht sind daher zudem

---

823 Vgl. *Bleihauer*, in: Witte / Wolffgang, Lehrbuch des Europäischen Zollrechts, S. 424, Rn. 1307 sowie S. 430ff., Rn. 1318ff.; *Alexander*, in: Witte, Zollkodex, Art. 20 ZK, Rn. 13, 16; *Ovie / Wolffgang*, in: Wolffgang / Simonsen / Rogmann, AWR-Kommentar, Band II, S. 50, Rn. 199.

824 Vgl. EuGH, Urteil vom 14.11.2011, verb. Rs. C-288 / 09, C-289 / 09 (British Sky Broadcasting und Pace), Slg. 2011, I-2851, Rn. 4.

825 Vgl. EuGH, Urteil vom 18.10.1980, verb. Rs. 824 / 79 und 825 / 79 (Prodotti Alimentari Folci), Slg. 1980, I-3053, Rn. 11.

826 EuGH, Urteil vom 18.10.1980, verb. Rs. 824 / 79 und 825 / 79 (Prodotti Alimentari Folci), Slg. 1980, I-3053, Rn. 6ff.

827 Vgl. *Wolffgang*, in: Schulze / Zuleeg / Kadelbach, Europarecht, S. 2053, Rn. 119; *Ovie / Wolffgang*, in: Wolffgang / Simonsen / Rogmann, AWR-Kommentar, Band II, S. 52, Rn. 208ff.

die Regelungen des jeweiligen Abkommens zu beachten. In dem, dem Urteil des EuGH vom 25. Februar 2010, C-386 / 08 (Brita) zugrundeliegenden, Fall wollte das vorlegende FG Hamburg wissen,

> *„ob die Zollbehörden des Einfuhrstaats im Rahmen des Verfahrens nach Art. 32 des Protokolls EG-Israel an den vorgelegten Ursprungsnachweis und die Antwort der Zollbehörden des Ausfuhrstaats gebunden sind*“[828].

Der EuGH stellte mit Blick auf das Assoziierungsabkommen EG-Israel heraus,

> „[…] *dass ein vom Rat der Europäischen Union gemäß den Art. 217 AEUV und 218 AEUV geschlossenes Abkommen mit einem Drittland für die Europäische Union eine Handlung eines Unionsorgans im Sinne von Art. 267 Abs. 1 Buchst. b AEUV darstellt, dass die Bestimmungen eines solchen Abkommens seit dessen Inkrafttreten ein wesentlicher Bestandteil des Unionsrechts sind und dass der Gerichtshof in dem durch diese Rechtsordnung gesteckten Rahmen zur Vorabentscheidung über die Auslegung dieses Abkommens befugt ist* […]“[829].

Er urteilte, dass das Assoziierungsabkommen EG-Israel die Zuständigkeit für die Bestimmung des Ursprungs der Waren den Zollbehörden des Ausfuhrstaates zuweise und die Behörden des Einfuhrstaates deren Feststellungen daher grundsätzlich als rechtmäßig anerkennen müssten.[830] Dies gelte auch im Fall einer nachträglichen Prüfung, es sei denn, die Antworten der Zollbehörden des Ausfuhrstaates enthalten nicht alle erforderlichen Angaben, um den tatsächlichen Ursprung der Waren feststellen zu können.[831]

Damit eng verknüpft ist die Verflechtung des Gemeinsamen Zolltarifs mit Regelungen aus anderen Rechtsbereichen. Wie erwähnt, finden die Codierungen der KN auch über das Zolltarifrecht hinausgehende Verwendung.[832] Insofern haben zolltarifrechtliche Entscheidungen auch für andere Rechtsbereiche Auswirkungen. Hier kann beispielhaft die Problematik der Einreihung von Sondennahrung angeführt werden, die u.a. aus Sicht des deutschen **Umsatzsteuerrechts** für den anzuwendenden Umsatzsteuersatz bedeutsam ist. So wäre Sondennahrung im Fall der Einreihung unter Position 2202 nach § 12 Abs. 1 UStG mit dem Regelsteuersatz von 19 % zu versteuern, während sie als Lebensmittelzubereitung

---

828 EuGH, Urteil vom 25.2.2010, Rs. C-386 / 08 (Brita), Slg. 2010, I-1280, Rn. 59.

829 EuGH, Urteil vom 25.2.2010, Rs. C-386 / 08 (Brita), Slg. 2010, I-1280, Rn. 39.

830 EuGH, Urteil vom 25.2.2010, Rs. C-386 / 08 (Brita), Slg. 2010, I-1280, Rn. 61f.

831 EuGH, Urteil vom 25.2.2010, Rs. C-386 / 08 (Brita), Slg. 2010, I-1280, Rn. 64ff.

832 Vgl. auch *Bleihauer*, in: Hübschmann / Hepp / Spitaler, Kommentar AO / FGO, Band XIV, Art. 20 ZK, Rn. 18.

der Position 2106 nach § 12 Abs. 2 Nr. 1 UStG i.V.m. Nr. 33 der Anlage 2 UStG zu einem ermäßigten Steuersatzes von 7 % zu versteuern wäre.

Ähnliche Auswirkungen zeigen sich auch bei dem dargestellten Fall der sog. Fotobücher, hinsichtlich derer aufgrund der Einreihungsverordnung der Kommission[833] eine Versteuerung zum ermäßigten Steuersatz i.H.v. 7 % nach § 12 Abs. 2 Nr. 1 UStG i.V.m. Nr. 49 lit. a) Anlage 2 zum UStG grundsätzlich nicht mehr möglich ist. Faktisch ist bis zum 1. Januar 2017 noch eine Einreihung in die Position 4901 *Bücher, Broschüren und ähnliche Drucke, auch in losen Bogen oder Blättern* anstelle von 4911 *andere Drucke, einschließlich Bilddrucke und Fotografien* möglich, da das BMF mit einem BMF-Schreiben aus April 2016 erklärte, es bis zu diesem Zeitpunkt nicht beanstanden zu wollen, sollten Lieferungen von Fotobüchern weiterhin dem ermäßigten Steuersatz von 7 % unterworfen werden.[834]

833 Durchführungsverordnung (EU) Nr. 2015 / 2254, ABl L 231 vom 2.12.2015, S. 8-9.
834 BMF, Schreiben vom 20.4.2016, III C 2 – S 7225 / 12 / 10001, BStBL I 2016, 483.

Kapitel 5: Handlungsempfehlungen für den Umgang mit dem Gemeinsamen Zolltarif der EU und Reformbedarf des Gemeinsamen Zolltarifs der EU

Die aufgezeigten Rechtsanwendungsschwierigkeiten werfen die Frage auf, wie der Umgang mit dem Gemeinsamen Zolltarif der EU erleichtert und eine (unionsweit) einheitliche Anwendung seiner Regelungen sichergestellt werden kann. Das folgende Kapitel fasst daher Maßnahmen zur Vermeidung der vielfältigen Rechtsanwendungsschwierigkeiten als Handlungsempfehlungen für den Umgang mit dem Gemeinsamen Zolltarif der EU zusammen und zeigt seinen Reformbedarf auf.

A. Handlungsempfehlungen für den Umgang mit dem Gemeinsamen Zolltarif der EU

I. Empfehlung 1: Bewusstsein für die Bedeutung des Zolltarifrechts

Sowohl auf Seiten der Zollverwaltung (als Rechtsanwender des Gemeinsamen Zolltarifs der EU) als auch auf Seiten der Unternehmen (als von den Auswirkungen dieser Rechtsanwendung durch die Verwaltung Betroffenen) erscheint ein Bewusstsein für die besondere Bedeutung des in gesonderten Rechtsakten geregelten Zolltarifrechts (im Spannungsverhältnis zwischen Eigenständigkeit und Abhängigkeit) zum im UZK geregelten Zollrecht wünschenswert.

Die Vorstellung, zolltarifrechtliche Fragen könnten allein mit Hilfe einer Software beantwortet werden, die nach Eingabe der Ware die passende Codenummer zu tage befördere, ist nicht nur falsch, sondern lenkt auch von dem Umstand ab, dass sich die Rechtsnormen des Gemeinsamen Zolltarifs der EU aus den gleichen Grundelementen wie eine typisch erscheinende Rechtsnorm zusammensetzen und der Umgang mit ihnen ebenso juristischer Vorgehensweisen bedarf wie der mit einer typisch(er) erscheinenden Rechtsnorm auch.

II. Empfehlung 2: Abgrenzung von Tat- und Rechtsfrage zur Vermeidung von Rechtsanwendungsschwierigkeiten

Insofern gilt es auch bei den Rechtsnormen des Gemeinsamen Zolltarifs der EU, zwischen Tat- und Rechtsfrage zu unterscheiden und Schwierigkeiten und

Fehler hinsichtlich dieser Abgrenzung durch eine strikte Trennung zwischen diesen beiden zu vermeiden.[835]

Wie dargestellt schlagen auch *Hülsmeier* und *Bleihauer* eine schrittweise Vorgehensweise vor, bei der die Tatfrage und die Rechtsfrage als einzelne und voneinander unabhängige Schritte betrachtet und geprüft werden.[836] Beiden ist zuzugeben, dass mit Hilfe dieser Methoden eine Vermischung tatsächlicher und rechtlicher Aspekte vermieden wird. Durch die Trennung der warenkundlichen Beurteilung von der eigentlichen Subsumtion kann zudem dem Charakter der Einreihung als klassischem Subsumtionsvorgang Rechnung getragen werden.[837]

Merkmale und Eigenschaften einer Ware müssen nicht auf den ersten Blick feststellbar sein, wodurch ihre warenkundliche Bewertung und die Frage, ob diese Merkmale und Eigenschaften unter dem Wortlaut der fraglichen Position bzw. Unterposition zu fassen sind, erschwert werden.[838] Da jedoch die Frage, ob eine bestimmte Ware dem in einer Position verwendeten Begriff unterfällt, als eigentlicher Subsumtionsvorgang für die Verwirklichung des Ziels einer europaweit einheitlichen Anwendung und Auslegung des Gemeinsamen Zolltarifs der EU von noch größerer Relevanz ist als die Vorfrage nach der Feststellung der Beschaffenheit einer Ware, ist auch insofern eine Trennung zu befürworten.[839]

Für die von *Bleihauer* empfohlene Vorgehensweise spricht, dass auf diese Weise sichergestellt wird, dass die Anwendung des Gemeinsamen Zolltarifs der EU tatsächlich das Ergebnis einer juristischen Vorgehensweise (einer geneuen Subsumtion) darstellt.[840]

Zudem sollte bei Unsicherheiten hinsichtlich der warenkundlichen Bewertung einer Ware der Rat von Experten z.B. in Form eines Gutachtens eingeholt

---

835 Siehe S. 64ff.

836 Vgl. *Hülsmeier*, Erkenntnisprobleme bei der zolltariflichen Einreihung einer Ware – zugleich eine Anmerkung zum Urteil des Bundesfinanzhofs vom 18.12.2001, ZfZ 10 / 2002, 326 (326); *Bleihauer / Schulte*, in: Witte / Henke, Fallsammlung Europäisches Zollrecht, S. 289f.

837 Vgl. *Bleihauer / Schulte*, in Witte / Wolffgang, Lehrbuch des Europäischen Zollrechts, S. 452f., Rn. 1355ff.

838 Vgl. *Alexander*, in: Witte, Zollkodex, Art. 20 ZK, Rn. 41f.

839 Vgl. *Jäger*, Revisionsrechtliche Besonderheiten bei Entscheidungen in Zolltarifsachen, ZfZ 2008, 240 (243f.).

840 Vgl. *Bleihauer / Schulte*, in: Witte / Henke, Fallsammlung Europäisches Zollrecht, S. 288f.

werden, die zur Frage einer warenkundlichen Bewertung einer Ware insbesondere aus naturwissenschaftlicher oder technischer Sicht Stellung nehmen können.[841]

III. Empfehlung 3: Schrittweise Subsumtion zwecks Vermeidung von Subsumtionsfehlern

Schwierigkeiten bei der Einreihung i.S. des Art. 57 Abs. 1 UZK resultieren vielfach daraus, dass diese nicht als Subsumtionsvorgang begriffen und entsprechend vorgegangen wird. Um derartige Fehler zu vermeiden ist daher eine schrittweise Subsumtion zu empfehlen.

Zudem sollten bei Auslegungsfragen die Erläuterungen zu den Positionen des HS sowie die Erläuterungen zur KN als maßgeblich Erkenntnismittel für die Anwendung und Auslegung des Gemeinsamen Zolltarifs der EU zu Rate gezogen werden.[842] Wenngleich die Erläuterungen zu den Positionen und Unterpositionen des HS rechtlich nicht verbindlich sind, präzisieren sie doch die Kapitel und Unterpositionen des HS inhaltlich und dienen - ebenso wie die nicht zum Tatbestand des Gemeinsamen Zolltarifs gehörenden Erläuterungen zur KN - der Auslegung des Gemeinsamen Zolltarifs der EU.[843]

Des Weiteren sollte der Umstand, dass die für den Gemeinsamen Zolltarif der EU relevanten Regelungen in einer Vielzahl von Rechtsakten sind und deren Auffinden für den (nicht versierten) Rechtsanwender eine Herausforderung darstellen kann, stärker ins Bewusstsein genommen werden. Da der Erlass aller den Gemeinsamen Zolltarif der EU betreffenden Regelungen in einer integrierenden Verordnung insbesondere aufgrund des Erfordernisses ständiger Aktualität der KN und der damit einhergehenden ständig notwendigen Anpassungsprozesse nicht als praxistauglich erscheint bleibt nur zu empfehlen, genau zu subsumieren und alle Subsumtionsschritte einzuhalten um solche Prüfungspunkte, die einen Rückgriff auf eine andere Regelung bzw. in einem anderen Rechtsakt enthaltene

---

841 *Lyons*, EC Customs Law, S. 160.

842 Vgl. z.B. EuGH, Urteil vom 09.12.1997, Rs. 143 / 96 (Knubben Speditions GmbH / Hauptzollamt München), Slg. 1997, I-7039; sowie EuGH, Urteil vom 23.1.2014, C-380 / 12 (X), elektronische Sammlung (ECLI:EU:C:2014:21), Rn. 48.

843 Vgl. *Alexander*, in: Witte, Zollkodex, Art. 20 ZK, Rn. 29f.; *Bleihauer*, in: Hübschmann / Hepp / Spitaler, Kommentar AO / FGO, Band XIV, Art. 20 ZK, Rn. 64; *Ovie / Wolffgang*, in: Wolffgang / Simonsen / Rogmann, AWR-Kommentar, Band II, S. 50, Rn. 201; EuGH, Urteil vom 14.11.2011, verb. Rs. C-288 / 09, C-289 / 09 (British Sky Broadcasting und Pace), Slg. 2011, I-2851, Rn. 63; *Bleihauer / Schulte*, in: Witte / Wolffgang, Fallsammlung Europäisches Zollrecht, S. 291f.

Regelung erforderlich machen, zu identifizieren und entsprechend vorgehen zu können.

Nationale Gerichte, die die Rechtsanwendung durch die Zollverwaltung überprüfen, sollten bei Zweifelsfragen über die Auslegung der Tatbestandsmerkmale einer Position von ihrem nach Art. 267 UAbs. 2 AEUV gewährten Recht Gebrauch machen bzw. müssen als letztinstanzlich entscheidendes Gericht eines Mitgliedstaates ihrer nach Art. 267 UAbs. 3 AEUV festgelegten Pflicht nachkommen und dem EuGH diese Auslegungsfrage vorlegen. Auf diese Weise könnte dem Erfordernis unionsweit einheitlicher Auslegung der Tatbestandsmerkmale einer Position des Gemeinsamen Zolltarifs der EU und der unionsweit einheitlichen Einreihung der Waren Rechnung getragen werden.

So würde der EuGH im Wege des Vorabentscheidungsverfahrens nach Art. 267 UAbs. 1 lit. b) AEUV über die ihm vorgelegte Auslegungsfrage entscheiden und dabei zwar nicht die jeweils in Frage stehende Ware einreihen, wohl aber die für die Auslegung bzw. Einreihung maßgeblichen Kriterien aufzeigen, anhand derer das vorlegende Gericht wiederum die Einreihung vornehmen müsste.[844]

B. Reformbedarf des Gemeinsamen Zolltarifs der EU

Da Rechtsnormen ebenso wie die sie konkretisierende Lebenswirklichkeit häufig einem Wandel unterliegen, können insbesondere Legaldefinitionen und Tatbestandspräzisierungen für mehr Rechtssicherheit und Rechtsklarheit sorgen.[845]

Zur Vermeidung der dargestellten Regelungslücken und zwecks Auflösung der Widersprüche sollten **neue Legaldefinitionen** in den Positionsanmerkungen (HS) oder in den Zusätzliche Anmerkungen (KN) aufgenommen werden, um mehr Rechtsklarheit für den Rechtsanwender zu erzeugen und zu einer einheitlicheren Rechtsanwendung beizutragen. Entscheidend wäre allerdings, dass alle neuen Legaldefinitionen mit den Vorgaben des HS in Einklang stehen müssen.

Würden diese in den Positionsanmerkungen verortet werden, wäre zudem eine Umsetzung allein auf Ebene der WCO möglich. Den Vertragsparteien des HS-Übereinkommens, die zur unveränderten Übernahme der Regelungen nach Art. 3 Abs. 1 des HS-Übereinkommens verpflichtet sind, stehen insofern keine eigenständigen Änderungsbefugnisse der Positionen, Unterpositionen oder Anmerkungen zu. Jedwede Änderung, Ergänzung, Streichung oder Neuregelung

844 EuGH, Urteil vom 23.1.2014, C-380 / 12 (X), elektronische Sammlung (ECLI:EU:C:2014:21), Rn. 34f.

845 *Zippelius*, Juristische Methodenlehre, S. 20.

müsste sich daher in den vom HS-Übereinkommen gezogenen Grenzen bewegen. Insofern könnten auch neue Positionen oder Unterpositionen nur auf Ebene der WCO entwickelt und in das HS (und damit die KN) eingefügt werden.

Allerdings erlaubt - wie bereits dargelegt - Art. 3 Abs. 2 des HS-Übereinkommens den Vertragsparteien des HS-Übereinkommens,

such textual adaptions as may be necessary to give effect to the HS in its domestic law.

Insofern bliebe eine Verortung neuer Legaldefinitionen **in den Zusätzlichen Anmerkungen der KN** auf europäischer Ebene nur möglich, wenn diese zur effektiveren Umsetzung des Sinngehalts des HS innerhalb der EU erforderlich wären.

So ließe sich überlegen, ob dies z.B. einen gangbaren Weg für die Einfügung einer Legaldefinition des **Begriffs „andere nicht alkoholhaltige Getränke" i.S. der Position 2202** sein könnte, um die damit einhergehenden Rechtsanwendungsschwierigkeiten (vgl. Ausführungen unter *Kapitel 4. A II.2.c. „„Getränke" der Position 2202"*) zu reduzieren. Eine solche müsste sich einerseits in den Grenzen des Sinngehalts des HS bewegen, andererseits aber auch eine Abgrenzung zu den Begriffen „Lebensmittel" und „Arzneimittel" ermöglichen.

Insofern müsste die Legaldefinition zunächst dem Umstand Rechnung tragen, dass es sich bei dem Begriff „Getränk" um einen **Sammelbegriff** handelt.[846] Eine Definition „anderer nicht alkoholhaltiger Getränke" i.S. der Position 2202 müsste daher so formuliert sein, dass nicht nur eine konkrete Ware darunter subsumiert werden kann, sondern unterschiedliche, sich aber in bestimmten Aspekten ähnelnde Waren gleichermaßen erfasst werden können.

Zudem müsste diese Definition eine Abgrenzung zu „Lebensmitteln" und „Arzneimitteln" ermöglichen und die Konsistenz eines jeden „Getränks" daher **(dick-)flüssig** sein.[847]

In Abgrenzung zu „Wasser" i.S. der Position 2201 müssten „andere nicht alkoholhaltige Getränke" **zubereitet** sein.

Weiterhin müsste es **zur Einnahme durch den Menschen bestimmt** sein.[848]

---

846 Vgl. BFH, Urteil vom 30.3.2010, Az. VII R 35 / 09, BStBl II 2011, 74, Rn. 8.

847 Vgl. EuGH, Urteil vom 26.3.1981, Rs. 114 / 80 (Ritter / Oberfinanzdirektion Hamburg), Slg. 1981, 895, Rn. 8; BFH, Urteil vom 30.3.2010, Az. VII R 35 / 09, BStBl II 2011, 74, Rn. 8.

848 Vgl. EuGH, Urteil vom 26.3.1981, Rs. 114 / 80 (Ritter / Oberfinanzdirektion Hamburg), Slg. 1981, 895, Rn. 8; BFH, Urteil vom 3003.2010 - Az. VII R 35 / 09, BStBl II 2011, 74, Rn. 13.

Da jedoch allein anhand dieser rein objektiven Merkmale und Eigenschaften der einzureihenden Ware eine klare Bestimmung des Begriffs „Getränke" und insbesondere eine Abgrenzung zu dem Begriff „Arzneimittel" der Position 3004 noch nicht zweifelsfrei möglich erscheint, müsste zugleich auch auf die Art und Weise der Verwendung und den Verwendungszweck in die Legaldefinition abgestellt werden.[849] Insofern müsste ergänzend festgehalten werden, dass nur die **orale Einnahme** erfasst sei und der Verzehr **nicht therapeutischen oder prophylaktischen Zwecken**, sondern allein der **Stillung des Durstes** dienen soll.[850]

Geht man davon aus, dass sich diese Vorgaben (noch) in den Grenzen des Sinngehalts des HS bewegen und zu einer effektiveren Umsetzung erforderlich seien, könnte eine **mögliche Legaldefinition des Begriffs „Getränke nicht alkoholhaltige Getränke" i.S. der Position 2202** in den Zusätzlichen Anmerkungen der KN auf europäischer Ebene wie folgt lauten:

Vorschlag 1:
Unter dem Begriff „andere nicht alkoholhaltige Getränke" i.S. der Position 2202 sind zubereitete Flüssigkeiten zur oralen Einnahme durch den Menschen (z.B. Limonaden) zu verstehen, die nicht therapeutischen oder prophylaktischen Zwecken, sondern der Stillung des Durstes dienen oder als reines Genussmittel getrunken werden.

Mit Blick auf vorgenannte Regelungslücken und Widersprüche, die weder durch Auslegung noch durch richterliche Rechtsfortbildung geschlossen bzw. aufgelöst werden können, bleibt folglich eine **Neuregelung** (sei es auf Ebene des HS oder sei es auf Ebene der KN) unumgänglich. Auf Ebene der KN könnte diese nach Art. 12 VO (EG) Nr. 2658 / 87 (mit der Veröffentlichung der vollständigen Fassung der KN zusammen mit den entsprechenden autonomen und vertragsmäßigen Zollsätzen des Gemeinsamen Zolltarifs der EU) von der Kommission im Amtsblatt der EU in Form einer Verordnung i.S. der Art. 288 UAbs. 2 AEUV vorgenommen werden.

Hinsichtlich der Frage der Einreihung einer **Ware aus einem Bestandteil mit verschiedenen Funktionen** dürfte es, da weitere spezielle Regelungen (wie z.B. Anmerkung 3 zu Abschnitt XVI oder Anmerkung 5 E zu Kapitel 84) stets nur

---

849 Anders insofern die Feststellungen des EuGH, Urteil vom 26.3.1981, Rs. 114 / 80 (Ritter / Oberfinanzdirektion Hamburg), Slg. 1981, 895, Rn. 8.

850 Anders insofern die Feststellungen des EuGH, Urteil vom 26.3.1981, Rs. 114 / 80 (Ritter / Oberfinanzdirektion Hamburg), Slg. 1981, 895, Rn. 8; vgl. aber die Erläuterungen zum HS zur Position 3004.

eine partielle Lösung bieten, letztlich sinnvoll sein, die AV 3b) um eine weitere Regelung zu ergänzen.

Insofern könnte eine **Ergänzung der AV 3b)** wie folgt lauten:

Vorschlag 2:
Kommen für die Einreihung von Waren bei der Anwendung der Vorschrift 2b) oder in irgendeinem anderen Fall zwei oder mehr Positionen in Betracht, so wird wie folgt verfahren: [...]
b) Mischungen, Waren, die aus verschiedenen Stoffen oder Bestandteilen bestehen und für den Einzelverkauf aufgemachte Warenzusammenstellungen, die nach der Vorschrift 3 a) nicht eingereiht werden können, werden nach dem Stoff oder Bestandteil eingereiht, der ihnen den wesentlichen Charakter verleiht, wenn dieser Stoff oder Bestandteil ermittelt werden kann. Waren, die zwei oder mehr tariflich relevante Funktionen oder Verwendungsmöglichkeiten aufweisen, werden nach der Funktion eingereiht, die sich aus der Gesamtbetrachtung ihrer Funktionen oder Verwendungsmöglichkeiten ergibt und ihr den wesentlichen Charakter verleiht.

Aus rein praktischer Sicht könnte zudem ein **Pop-Up-Fenster oder Banner** sinnvoll sein, dass beim Öffnen des **Taric** „aufploppt" und den Rechtsanwender und Nutzer dieser elektronischen Datenbank darauf hinweist, dass es sich bei dem Gemeinsamen Zolltarif der EU um eine Rechtsnorm handelt und der Taric nur ein Hilfsmittel zur Anwendung dieser Rechtsnorm darstellt. Dadurch könnte in der Praxis das Bewusstsein für den Charakter des Gemeinsamen Zolltarifs der EU als Rechtsnorm und die Notwendigkeit juristischer Methoden bei seiner Anwendung geschärft werden.

Ein solches Pop-Up könnte wie folgt lautet:

Vorschlag 3:
Der Gemeinsame Zolltarif der EU stellt eine Rechtsnorm dar. Die vorliegende Datenbank dient nur als Hilfsmittel zur Anwendung dieser Rechtsnorm. Eine juristische Subsumtion wird IT-basiert nicht vorgenommen.

Kapitel 6: Fazit

Im Laufe der vorliegenden Untersuchung hat sich herauskristallisiert, dass der Gemeinsame Zolltarif der EU trotz einiger typischer Charakteristika letztlich kein Normativakt wie jeder andere ist. Dieser Annahme liegen die folgenden fünf im Laufe der vorliegenden Untersuchung näher beleuchteten Feststellungen zu Grunde:

(1.) Der Gemeinsame Zolltarif ist zweifelsohne ein Normativakt bestehend aus Rechtsnormen mit Tatbestand und einer konditional angeordneten Rechtsfolge.[851]

(2.) Als solche bedarf der Umgang mit dem Gemeinsamen Zolltarif (wie der Umgang mit jedem anderen Normativakt auch) klassischer juristischer Methodik, nämlich der Subsumtion und ggf. der Auslegung.[852]

(3.) Der Gemeinsame Zolltarif jedoch fasst die Rechtsnormen nicht nur in Wörter, sondern auch in Zahlen, die als Positionen und Unterpositionen angelegt die konditional angeordnete Rechtsfolge darstellen.[853]
Sein Aufbau unterscheidet sich optisch von anderen (typischer erscheinenden) Normativakten.

(4.) Besondere Herausforderungen und Schwierigkeiten für den Rechtsanwender entstehen im Umgang mit dem Gemeinsamen Zolltarif der EU.[854]
So muss er z.B. zwischen Tat- und Rechtsfrage unterscheiden und im Rahmen der Sachverhaltsermittlung u.U. aufwändige (technische, chemische

---

851 S. 63 ff.; sowie *Bleihauer / Schulte*, in: Witte / Henke, Fallsammlung Europäisches Zollrecht, S. 289; *Bleihauer / Schulte*, in: Witte / Wolffgang, Lehrbuch des Europäischen Zollrechts, S. 452, Rn. 1353; *Bleihauer*, Der Gemeinsame Zolltarif der EU, AW-Prax 5 / 96, 175 (178); vgl. abstrakt zum Konditionalschema *Rüthers / Fischer*, Rechtstheorie, S. 78, Rn. 115f.

852 S. 72 ff.; sowie *Bleihauer*, Der Gemeinsame Zolltarif der EU, AW-Prax 5 / 96, 175 (178); *Bleihauer, / Schulte* in: Witte / Wolffgang, Lehrbuch des Europäischen Zollrechts, S. 452, Rn. 1353f.; *Bleihauer*, in: Hübschmann / Hepp / Spitaler, Kommentar AO / FGO, Band XIV, Art. 20 ZK, Rn. 76; *Bleihauer*, „Marginalien“ zur Zolltarifrechtsausbildung, ddZ 7-8 / 2002, F41 (F41).

853 S. 69 ff.; vgl. *Bleihauer*, in: Hübschmann / Hepp / Spitaler, Kommentar zur AO / FGO, Band XIV, Art. 20 ZK, Rn. 8.

854 S. 119 ff.; sowie *Bleihauer*, in: Hübschmann / Hepp / Spitaler, Kommentar AO / FGO, Band XIV, Art. 20 ZK, Rn. 76ff.

oder biologische) Untersuchungen vornehmen, um eine warenkundliche Beurteilung der Einreihung voran zu stellen.[855]

Zudem muss der Rechtsanwender Verweisungsketten nachvollziehen, die Aktualität der mittels Verweisung genannten Rechtsakte und rechtlich nicht verbindlicher Regelungen zur Hilfe nehmen.[856]

(5.) Diese spezifischen Anwendungsschwierigkeiten werden dadurch verstärkt, dass der Gemeinsame Zolltarif der EU nicht auf einer Regelung, sondern aus Gründen der Praktikabilität, der Anpassungsfähigkeit und der Aktualität der KN zielführender auf mehreren Rechtsakten basiert.[857]

Konsequenz dieser Feststellungen ist, dass der Normativakt „Gemeinsamer Zolltarif der EU" - wenngleich seine Rechtsnormen in mancher Hinsicht typische Eigenschaften einer Rechtsnorm aufweisen - doch in anderer Hinsicht atypisch oder sogar einzigartig ist.[858]

Atypisch ist, dass der Gemeinsame Zolltarif der EU – wie unter *Kapitel 3 C. II. „Für einen Normativakt untypische Eigenschaften des Gemeinsamen Zolltarifs der EU"* resümiert — eine warenkundliche Bewertung vor die eigentliche Einreihung stellt und mit den AV Regelungen für den Subsumtionsvorgang vorgibt.

Einzigartig — wie unter *Kapitel 3 C. III. „Einzigarte Eigenschaften des Gemeinsamen Zolltarifs der EU"* zusammengefasst — ist, dass ein Erlass des Gemeinsamen Zolltarifs der EU einer integrierenden Verordnung insbesondere im Ergebnis weniger sinnvoll erscheint als der Erlass in mehreren, (kurzfristiger) anpassungsfähigeren Rechtsakten.

Als Fazit ist daher abschließend festzuhalten, dass sich die Hauptthese der vorliegenden Untersuchung als zutreffend herauskristallisiert hat:

Der Gemeinsame Zolltarif der EU ist
ein Normativakt ganz eigener Gattung,
ein Normativakt *sui generis*!

855 S. 120 ff.; sowie *Bleihauer / Schulte*, in Witte / Wolffgang, Lehrbuch des Europäischen Zollrechts, S. 452f., Rn. 1355ff.

856 S. 174 ff.

857 S. 176 ff.

858 S. 117 ff.

Literaturverzeichnis

Kommentare:

***Calliess**, Christian / **Ruffert**, Matthias* (Hrsg.), EUV / AEUV: das Verfassungsrecht der Europäischen Union mit Europäischer Grundrechtecharta, Kommentar, 5. Auflage, Verlag C. H. Beck oHG, München 2016, zit.: Bearbeiter, in: Calliess / Ruffert, EUV / AEUV, Kommentar, Art., Rn.

***Calliess**, Christian / **Ruffert**, Matthias* (Hrsg.), Verfassung der Europäischen Union, Kommentar der Grundlagenbestimmungen (Teil I), Verlag C. H. Beck oHG, München 2006, zit.: Bearbeiter, in: Calliess / Ruffert, Verfassung der Europäischen Union, Art., Rn.

***Rüsken**, Reinhard* (Begr.) / ***Dorsch**, Eberhard* (Hrsg.), Zollrecht – Recht des grenzüberschreitenden Warenverkehrs, Kommentar, 3. Auflage, Loseblattsammlung, 166. Lfg. 1 / 2017, Stollfuß, Bonn, zit.: Bearbeiter, in: Dorsch, Zollrecht, Kommentar, Art., Rn.

***Geiger**, Rudolf / **Khan**, Daniel-Erasmus / **Kotzur**, Markus* (Hrsg.), EUV / AEUV, Vertrag über die Europäische Union und Vertrag über die Arbeitsweise der Europäischen Union, Kommentar, 6. Auflage, Verlag C. H. Beck oHG, München 2017, zit.: Bearbeiter, in: Geiger / Khan / Kotzur, EUV / AEUV, Kommentar, Art., Rn.

***Grabitz**, Eberhard / **Hilf**, Meinhard / **Nettesheim**, Martin* (Hrsg.), Das Recht der Europäischen Union, Loseblattsammlung, 60. Lfg. 10 / 2016, Verlag C. H. Beck oHG, München, zit.: Bearbeiter, in: Grabitz / Hilf / Nettesheim, Das Recht der Europäischen Union, Band, Art., Rn.

***Hübschmann**, Walter / **Hepp**, Ernst / **Spitaler**, Armin* (Hrsg.), Kommentar zur Abgabenordnung und Finanzgerichtsordnung, Loseblattsammlung, Band XIV, 240. Lfg. 11 / 2016, Verlag Otto Schmidt, Köln, zit.: Bearbeiter, in: Hübschmann / Hepp / Spitaler, Kommentar AO / FGO, Band XIV, Art., Rn.

***Kilian**, Wolfgang / **Heussen**, Benno* (Hrsg.), Computerrechts-Handbuch, Informationstechnologie in der Rechts- und Wirtschaftspraxis, Loseblattsammung, 33. Lfg. 2 / 2017, Verlag C. H. Beck oHG, München, zit.: Bearbeiter, in: Kilian / Heussen, Computerrechts-Handbuch, Abschnitt, Teil, Rn.

***Lenz**, Carl Otto / **Borchardt**, Klaus-Dieter* (Hrsg.), EU-Verträge, Kommentar nach dem Vertrag von Lissabon, 6. Auflage, Bundesanzeiger

Verlagsgesellschaft mbH, Köln 2012, zit.: Bearbeiter, in: Lenz / Borchardt, EU-Verträge, Art., Rn.

Schwarz**, **Ottfried** / **Wockenfoth**, **Kurt (Begr.), Zollrecht - Zollkodex, Zollverwaltungsgesetz, Gemeinsamer Zolltarif, EG-Vertrag, Marktordnungsrecht, Einfuhrumsatzsteuer, Abgabenordnung – Kommentar, Texte und Entscheidungssammlung, Band 1 / 1 Kommentar, 3. Auflage, Loseblattsammlung, 79. Lfg. 2 / 2016, Carl Heymanns Verlag, Köln, zit.: Bearbeiter, in: Schwarz / Wockenfoth, Zollrecht, Band 1 / 1, Art., Rn.

Schwarze**, **Jürgen (Hrsg.), EU-Kommentar, 3. Auflage, Nomos Verlagsgesellschaft, Baden-Baden 2012, zit.: Bearbeiter, in: Schwarze, EU-Kommentar, Art., Rn.

Staudinger**, **J. von (Hrsg.), Kommentar zum Bürgerlichen Gesetzbuch mit Einführungsgesetzen und Nebengesetzen, Einleitung zum Bürgerlichen Gesetzbuch; Buch 1, Sellier de Gruyter, Berlin 2013, zit.: Bearbeiter, in: Staudinger, BGB, Buch 1, Abschnitt, Rn.

Stelkens**, **Paul** / **Bonk**, **Joachim** / **Sachs**, **Michael (Hrsg.), Verwaltungsverfahrensgesetz, Kommentar, 8. Auflage, Verlag C. H. Beck oHG, München 2014, zit.: Bearbeiter, in: Stelkens / Bonk / Sachs, §, Rn.

Streinz**, **Rudolf (Hrsg.), EUV / AEUV, Vertrag über die Europäische Union und Vertrag über die Arbeitsweise der Europäischen Union, 2. Auflage, Verlag C.H. Beck oHG, München 2012, zit.: Bearbeiter, in: Streinz, EUV / AEUV, Art., Rn.

von der Groeben**, **Hans** / **Schwarze**, **Jürgen** / **Hatje**, **Armin (Hrsg.), Europäisches Unionsrecht, Vertrag über die Europäische Union, Vertrag über die Arbeitsweise der Europäischen Union, Charta der Grundrechte der Europäischen Union, Band 1, 7. Auflage, Nomos Verlagsgesellschaft, Baden-Baden 2015, zit.: Bearbeiter, in: von der Groeben / Schwarze / Hatje, Europäisches Unionsrecht, Band I, Art., Rn.

Witte**, **Peter (Hrsg.), Zollrecht, Kommentar, 6. Auflage, Verlag C.H. Beck, München 2013, zit.: Bearbeiter, in: Witte, Zollkodex, Art., Rn.

Wolffgang**, **Hans-Michael** / **Simonsen**, **Olaf** / **Rogmann**, **Achim (Hrsg.), AWR-Kommentar, Kommentar für das gesamte Außenwirtschaftsrecht, Band 2, Loseblattsammlung, 46. Lfg. 11 / 2015 Bundesanzeiger-Verlag, Köln, zit.: Bearbeiter, in: Wolffgang / Simonsen / Rogmann, AWR-Kommentar, Band II, S., Rn. [*Hinweis*: Ab der 47. Lfg. 5 / 2016 enthält der Band 2 die neuen Regelungen des UZK, indes (noch) keine Kommentierung dazu. Daher bleiben die Lfg. 47. - 50. Lfg. hier unberücksichtigt.]

Handbücher, Sammelwerke, etc.:

Bongartz, Matthias (Hrsg.), Europa im Wandel, Rechtsfragen aus Lehre und Forschung des Finanzbereichs der Fachhochschule des Bundes zum europäischen Integrationsprozess, Carl Heymanns Verlag KG, Köln / Berlin / Bonn / München 2000, zit.: Bearbeiter, Titel des Beitrags, in: Bongarzt, Europa im Wandel, Beginn des Beitrags (Seite), S.

Dauses, Manfred A. (Hrsg.), Handbuch des EU-Wirtschaftsrechts, Loseblattsammlung, 40. Lfg. 6 / 2016, Verlag C.H. Beck oHG, München, zit.: Bearbeiter, in: Dauses, Handbuch des EU-Wirtschaftsrechts, Band, Abschnitt, Rn.

Frenz, Walter (Hrsg.), Handbuch Europarecht, Band 5, Wirkungen und Rechtsschutz, Springer-Verlag Berlin, Heidelberg 2010, zit.: Frenz, Handbuch Europarecht, Band V, S., Rn.

Koszinowski, Gerda (Hrsg.), Unionszollkodex und Entwicklungen im internationalen Handel, Tagungsband des 26. Europäischen Zollrechtstags des EFA am 26. und 27. Juni 2014 in Esslingen, Mendel Verlag GmbH & Co. KG, Witten 2105, zit.: Bearbeiter, Titel des Beitrags, in: Koszinowski, Unionszollkodex und Entwicklungen im internationalen Handel, Beginn des Beitrags (Seite), S.

Klemmer, Paul (Hrsg.), Handbuch Europäische Wirtschaftspolitik, Verlag Franz Vahlen GmbH, München 1998, zit.: Bearbeiter, Titel des Beitrags, in: Klemmer, Handbuch Europäische Wirtschaftspolitik, S.

Lerch, Kent D. (Hrsg.), Die Sprache des Rechts, Studien der interdisziplinären Arbeitsgruppe Sprache des Rechts der Berlin-Brandenburgischen Akademie der Wissenschaften, Band 3, Recht vermitteln, Strukturen, Formen und Medien der Kommunikation im Recht, Walter de Gruyter GmbH & Co. KG, Berlin 2005, zit.: Bearbeiter, Titel des Beitrags, in: Lerch, Die Sprache des Rechts, Band III, S.

Regul, Rudolf (Hrsg.),Gemeinschaftszollrecht, Nomos Verlagsgesellschaft, Baden-Baden 1982, zit.: Bearbeiter, in: Regul, Gemeinschaftszollrecht, S.

Riesenhuber, Karl (Hrsg.), Europäische Methodenlehre, Handbuch für Ausbildung und Praxis, 3. Auflage, De Gruyter, Berlin 2015, zit.: Bearbeiter, in: Riesenhuber, Europäische Methodenlehre, S.

Schulze, Reiner / Zuleeg, Manfred / Kadelbach, Stefan (Hrsg.), Europarecht, Handbuch für die deutsche Rechtspraxis, 3. Auflage, Nomos Verlagsgesellschaft, Baden-Baden 2015, zit.: Bearbeiter, in: Schulze / Zuleeg / Kadelbach, Europarecht, S., Rn.

Witte, Peter / Wolffgang, Hans-Michael (Hrsg.), Lehrbuch des Europäischen Zollrechts, 8. Auflage, Verlag Neue Wirtschafts-Briefe GmbH & Co.

KG, Herne 2016, zit.: Bearbeiter, in: Witte / Wolffgang, Lehrbuch des Europäischen Zollrechts, S., Rn.

Monographien:

Asakura, Hionori, World History of the Customs and Tariffs, Customs Cooperation Council (World Customs Organization), Brüssel 2003, zit.: Asakura, World History of the Customs and Tariffs, S.

Bast, Jürgen, Grundbegriffe der Handlungsformen der EU entwickelt am Beschluss als praxisgenerierter Handlungsform des Union- und Gemeinschaftsrechts, Springer Berlin / Heidelberg / New York, Heidelberg 2006, zit.: Bast, Grundbegriffe der Handlungsformen der EU, S.

Bieber, Roland / Ress, Georg, Die Dynamik des Europäischen Gemeinschaftsrechts / The dynamics of EC-law, Die Auslegung des Europäischen Gemeinschaftsrechts im Lichte nachfolgender Praxis der Mitgliedstaaten und der EG-Organe, Nomos-Verlagsgesellschaft, Baden-Baden 1987, zit.: Bearbeiter, Titel des Beitrags, in: Bieber / Ress, Die Dynamik des Europäischen Gemeinschaftsrechts, S.

Blank, Jürgen E. / Clausen, Hartmut / Wacker, Holger, Internationale ökonomische Integration, Von der Freihandelszone zur Wirtschafts- und Währungsunion, Verlag Franz Vahlen GmbH, München 1998, zit.: Blank / Clausen / Wacker, Internationale ökonomische Integration, S.

Bydlinski, Franz / Bydlinski, Peter, Grundzüge der juristischen Methodenlehre, 2. Auflage, Facultas Verlags- und Buchhandels AG, Wien 2012, zit.: Bydlinski / Bydlinski, Grundzüge der juristischen Methodenlehre, S.

Creifelds, Karl [Begr.] / ***Weber, Klaus*** [Hrsg.], Rechtswörterbuch, 22. Auflage, Verlag C. H. Beck oHG, München 2017, zit.: Creifelds / Weber, Rechtswörterbuch, Begriff, S.

Dieckheuer, Gustav, Internationale Wirtschaftsbeziehungen, 5. Auflage, Oldenbourg Wissenschaftsverlag GmbH, München 2010, zit.: Dieckheuer, Internationale Wirtschaftsbeziehungen, S.

Dierksmeier, Markus, EG-Zollrecht im Konflikt mit dem Recht der WTO, Mendel Verlag OHG, Witten 2007, zit.: Dierksmeier, EG-Zollrecht im Konflikt mit dem Recht der WTO, S.

Engisch, Karl, Einführung in das juristische Denken, 11. Auflage, Verlag W. Kohlhammer, Stuttgart 2010, zit.: Engisch, Einführung in das juristische Denken, S.

Gellert, Lothar, Zolltarifrecht, Aufbauschemata, Mendel Verlag GmbH & Co KG, Witten 2014, zit.: Gellert, Zolltarifrecht, S.

Haratsch, Andreas / Koenig, Christian / Pechstein, Matthias, Europarecht, 10. Auflage, Mohr Siebeck, Tübingen 2016, zit.: Haratsch / Koenig / Pechstein, Europarecht, S., Rn.

Herrmann, Christoph / Weiß, Wolfgang / Ohler, Christoph, Welthandelsrecht, 2. Auflage, Verlag C. H. Beck oHG, München 2007, zit.: Herrmann / Weiß / Ohler, Welthandelsrecht, S., Rn.

Heß, Reinhold, Grundrechtskonkurrenzen, Zugleich ein Beitrag zur Normstruktur der Freiheitsrechte, Duncker & Humbolt GmbH, Berlin 2000, zit.: Heß, Grundrechtskonkurrenzen, S.

Hoffacker, Regina, Voraussetzungen und Rechtswirkungen der Auskunftsansprüche im Zollrecht, Mendel Verlag OHG, Witten 2003, zit.: Hoffacker, Voraussetzungen und Rechtswirkungen der Auskunftsansprüche im Zollrecht, S.

Kelsen, Hans, Reine Rechtslehre, Mit einem Anhang: Das Problem der Gerechtigkeit, 2. Auflage, Verlag Franz Deuticke, Wien 1960, zit.: Kelsen, Reine Rechtslehre, S.

Larenz, Karl, Methodenlehre der Rechtswissenschaft, Springer-Verlag, Berlin, Heidelberg, New York, Tokio, 1991, 6. Auflage, zit.: Larenz, Methodenlehre der Rechtswissenschaft, S.

Lasok, Dominik, The Trade and Customs Law of the European Union, 3rd edition, Kluwer Law Inter-national 1998, zit.: Lasok, The Trade and Customs Law of the EU, S.

Lenaerts, Koen / Nuffel, Piet van / Bray, Robert, Constitutional Law of the European Union, 2nd edition, Sweet & Maxwell Limited, London 2005, zit.: Lenaerts / van Nuffel / Bray, Constitutional Law of the Euorpean Union, S., Rn.

Lyons, Timothy, EC Customs Law, 2nd edition, Oxford University Press, New York 2008, zit.: Lyons, EC Customs Law, S.

Müller, Friedrich / Christensen, Ralph, Juristische Methodik, Band I – Grundlegung für die Arbeitsmethoden der Rechtspraxis, 11. Auflage Duncker & Humblot, Berlin 2013, zit.: Müller / Christensen, Juristische Methodik, Band I, S., Rn.

Möller, Thomas / Schumann, Gesa / Sibum, Peter, ZollPraxis, Verlag Wissenschaft & Praxis Dr. Brauner GmbH, Sternenfels 2010, zit.: Möller / Schumann / Sibum, ZollPraxis, S.

Muthorst*, *Olaf, Grundlagen der Rechtswissenschaft, Methode – Begriff – System, Verlag C. H. Beck oHG, München 2011, zit.: Muthorst, Grundlagen der Rechtswissenschaft, S., Rn.

Niedobitek*, *Matthias, Europarecht – Grundlagen der Union, Walter De Gruyter GmbH, Berlin 2014, zit.: Bearbeiter, Titel des Beitrags, in: Niedobitek, Europarecht, S., Rn.

Oppermann*, *Thomas* / *Classen*, *Claus Dieter* / *Nettesheim*, *Martin, Europarecht, Ein Studienbuch, 7. Auflage, Verlag C. H. Beck oHG, München 2016, zit.: Oppermann / Classen / Nettesheim, Europarecht, S.

Röhl*, *Klaus F.* / *Röhl*, *Hans Christian, Allgemeine Rechtslehre – Ein Lehrbuch, 3. Auflage, Carl Heymanns Verlag GmbH, Köln München 2008, zit.: Röhl / Röhl, Allgemeine Rechtslehre, S.

Rüthers*, *Bernd* / *Fischer*, *Dirk* / *Birk*, *Axel, Rechtstheorie mit Juristischer Methodenlehre, 9. Auflage, Verlag C. H. Beck, München 2016, zit.: Rüthers / Fischer / Birk, Rechtstheorie, S., Rn.

Stange*, *Astrid Martina, Zollunion versus Gemeinsamer Markt, Eine disaggregierte Makro-analyse der Integration von Güter- und Faktormärkten, Duncker & Humblot, Berlin 1994, zit.: Stange, Zollunion versus Gemeinsamer Markt, S.

Streinz*, *Rudolf* / *Ohler*, *Christoph* / *Herrmann*, *Christoph, Der Vertrag von Lissabon zur Reform der EU, Einführung mit Synopse, 3. Auflage, Verlag C. H. Beck oHG, München 2010, zit.: Streinz / Ohler / Herrmann, Der Vertrag von Lissabon zur Reform der EU, S.

Vaulont*, *Nikolaus, Die Zollunion der Europäischen Wirtschaftsgemeinschaft, Sammlung „Europäische Perspektiven“ Brüssel, EGKS – EWG – EAG, Brüssel / Luxemburg 1980, Luxemburg: Amt für amtliche Veröffentlichungen der Europäischen Gemeinschaften, zit.: Vaulont, Die Zollunion der EWG, S.

von Bogdandy* / *Bast*, *Jürgen, Principles of European Constitutional Law, 2nd edition, Verlag C. H. Beck oHG, München 2010, zit.: Bearbeiter, in: von Bogdandy / Bast, Principles of European Constitutional Law, S.

Weerth*, *Carsten, Einheitliche Anwendung des Gemeinsamen Zolltarifs beim Zugang zum Europäischen Binnenmarkt? Anwendungsprobleme der zolltariflichen und statistischen Nomenklatur und deren wirtschaftliche und fiskalische Auswirkungen, Sierke Verlag Göttingen, 2007, zit.: Weerth, Einheitliche Anwendung des Gemeinsamen Zolltarifs beim Zugang zum Europäischen Binnenmarkt?, S.

Witte*, *Peter* / *Henke*, *Reginhard, Fallsammlung Europäisches Zollrecht, Mit Hinweisen zur Klausurtechnik und 400 Wiederholungsfragen, 3. Auflage,

Verlag Neue Wirtschafts-Briefe, Herne / Berlin 2011, zit.: Witte / Henke, Fallsammlung Europäisches Zollrecht, S.

Zippelius, Reinhold, Juristische Methodenlehre, 11. Auflage, Verlag C.H. Beck oHG, München 2012, zit.: Zippelius, Juristische Methodenlehre, S.

Aufsätze:

Bleihauer, Hans-Jürgen, „Marginalien" zur Zolltarifrechtsausbildung, in: ddZ 2002, Heft 7-8, Fachteil 41, zit.: Bleihauer, „Marginalien" zur Zolltarifrechtsausbildung, ddZ 7-8 / 2002, F 41 (F.)

Bleihauer, Hans-Jürgen, Der Gemeinsame Zolltarif der EU, Eine Einführung unter Bezugnahme auf den Deutschen Gebrauchszolltarif (DGebrZT), in: AW-Prax 1996, Heft 5, S. 175ff., zit.: Bleihauer, Der Gemeinsame Zolltarif der EU, AW-Prax 5 / 96, 175 (S.)

Bleihauer, Hans-Jürgen, Zum Verhältnis zwischen Zusätzlichen Anmerkungen und Positionswortlauten des Zolltarifs, in: ZfZ 2014, Heft 6, S. 137ff., zit.: Bleihauer, Zum Verhältnis zwischen Zusätzlichen Anmerkungen und Positionswortlauten des Zolltarifs, ZfZ 6 / 2014, 137 (S.)

Buerstedde, Wolfgang / Gelse, Boris, Überraschungen – Anmerkungen zum BFH-Urteil vom 18.12.2001 zur zolltariflichen Einreihung von Überraschungseier-Figuren und der Besprechung von Rudolf Hülsmeier in: ZfZ 2002 Nr. 10, in: ZfZ 2003, Heft 9, S. 298ff., zit.: Buerstedde / Gelse, Überraschungen – Anmerkungen zum BFH-Urteil vom 18.12.2001 zur zolltariflichen Einreihung von Überraschungseier-Figuren und der Besprechung von Rudolf Hülsmeier in: ZfZ 2002 Nr. 10, ZfZ 9 / 2003, 298 (S.)

Eyl, Eberhard, EuGH-Rechtsprechung zum Gemeinsamen Zolltarif (GZT) und zur Kombinierten Nomenklatur (KN): 1979-1998, in: ZfZ 2000, Heft 6, S. 182ff., zit.: Eyl, EuGH-Rechtsprechung zum Gemeinsamen Zolltarif (GZT) und zur Kombinierten Nomenklatur (KN): 1979-1998, ZfZ 6 / 2002, 182 (S.)

Frey, Kurt, Grundsätzliches zur Tarifierung von Teilen und Zubehör in den Zolltarif - Fortsetzung von ddZ Nr. 2 / 81 Seite F 13, in: ddZ 1981, Heft 3, Fachteil 31, zit.: Frey, Grundsätzliches zur Tarifierung von Teilen und Zubehör in den Zolltarif, ddZ 3 / 1981, F 31 (F.)

Gellert, Lothar / Hoell, Franziska, Unzulänglichkeiten der Einreihung von Waren mit mehreren tariflich relevanten Funktionen – Zugleich eine Auseinandersetzung mit der Einreihungsverordnung (EG) Nr. 717 / 2009 für „Smartphones", in: BdZ 2017, Fachteil 3, zit.: Gellert / Hoell,

Unzulänglichkeiten der Einreihung von Waren mit mehreren tariflich relevanten Funktionen, BdZ F3 / 2017, F 9 (F.)

Gellert**, **Lothar** / **Hoell**, **Franziska, Unzulänglichkeiten der Einreihung von Waren mit mehreren tariflich relevanten Funktionen – Zugleich eine Auseinandersetzung mit der Einreihungsverordnung (EG) Nr. 717 / 2009 für „Smartphones", Fortsetzung aus BDZ Fachteil 3 / 2017, in: BdZ 2017, Fachteil 4, zit.: Gellert / Hoell, Unzulänglichkeiten der Einreihung von Waren mit mehreren tariflich relevanten Funktionen, BdZ F4 / 2017, F 17 (F.)

Herrmann**, **Christoph, Die Reichweite der gemeinschaftsrechtlichen Vorlagepflicht in der neueren Rechtsprechung des EuGH, in: EuZW 2006, S. 231ff., zit.: Herrmann, Die Reichweite der gemeinschaftsrechtlichen Vorlagepflicht in der neueren Rechtsprechung des EuGH, EuZW 2006, 231 (S.)

Herrmann**, **Christoph** / **Michl**, **Walther, Grundzüge des europäischen Außenwirtschaftsrechts, in: ZEuS 2008, Heft 1, S. 81ff., zit.: Herrmann / Michl, Grundzüge des europäischen Außenwirtschaftsrechts, ZEuS 1 / 2008, 81 (S.)

Hülsmeier**, **Rudolf, Erkenntnisprobleme bei der zolltariflichen Einreihung einer Ware - zugleich eine Anmerkung zum Urteil des Bundesfinanzhofs vom 18.12.2001, in: ZfZ 2002, Heft 10, S. 326ff., zit.: Hülsmeier, Erkenntnisprobleme bei der zolltariflichen Einreihung einer Ware- zugleich eine Anmerkung zum Urteil des Bundesfinanzhofs vom 18.12.2001, ZfZ 10 / 2002, 326 (S.)

Jäger**, **Adelheid, Revisionsrechtliche Besonderheiten bei Entscheidungen in Zolltarifsachen, in: ZfZ 2008, Heft 9, S. 240ff., zit.: Jäger, Revisionsrechtliche Besonderheiten bei Entscheidungen in Zolltarifsachen, ZfZ 9 / 2008, 240 (S.)

Kroll-Ludwigs**, **Kathrin** / **Ludwigs**, **Markus, Die richtlinienkonforme Rechtfortbildung im Gesamtsystem der Richtlinienwirkungen – Zugleich Besprechung von BGH, Urt. V. 26.11.2008 – VIII ZR 200 / 05 (Quelle), Teil 2, in: ZJS 2009, Heft 2, S. 123ff., zit.: Kroll-Ludwigs / Ludwigs, Die richtlinienkonforme Rechtsfortbildung im Gesamtsystem der Richtlinienwirkungen, 2. Teil, ZJS 2 / 2009, 123 (S.)

Leidenmuehler**, **Franz, Is there a Closed System of Legal Acts of the European Union after the Lisbon Treaty? The Example of Unspecified Acts in the Union Policy on the Environment, in: ICL-Journal, Vol 4 2 / 2020, S. 191ff., zit.: Leidenmuehler, Is there a Closed System of Legal Acts of the European Union after the Lisbon Treaty?, ICL-Journal, vol 4, 2 / 2010, 191 (S.)

Lux**, **Michael, Zollrecht und Völkerrecht in der EU, in.: ZfZ 2005, Heft 8, S. 254ff., zit.: Lux, Zollrecht und Völkerrecht in der EU, ZfZ 8 / 2005, 254 (S.)

Lux, Michael, Einführung in den Zollkodex der Union (UZK) – Teil I, in: ZfZ 2014, Heft 7, S. 178ff., zit.: Lux, Einführung in den UZK – Teil I, ZfZ 7 / 2014, 178 (S.)

Möllers, Thomas M. J., Doppelte Rechtsfortbildung contra legem? - Zur Umgestaltung des Bürgerlichen Gesetzbuches durch den EuGH und nationale Gerichte, in: EuR 1998, Heft 1, S. 20ff., zit.: Möllers, Doppelte Rechtsfortbildung contra legem?, EuR 1 / 1998, 20 (S.)

Müller, Walter, Die Zollpolitik der deutschen Bundesstaaten nach dem Wiener Kongreß (1814 / 1815) bis zur Gründung des Deutschen Zollvereins (1834), in: ZfZ 1991, Heft 2, S. 59f., zit.: Müller, Die Zollpolitik der deutschen Bundesstaaten, ZfZ 2 / 1991, 59 (S.)

Müller, Walter, Der Deutsche Zollverein (1834 bis 1871), in: ZfZ 1991, Heft 8, S. 268ff., zit.: Müller, Der Deutsche Zollverein, ZfZ 8 / 1991, 268 (S.)

Ovie, Talke, Das Europäische Zollrecht, Teil 5: Zollkodex (Abgabenrecht – Fortsetzung), in: AW-Prax 2007, Heft 12, S. 517ff., zit.: Ovie, Das Europäische Zollrecht, Teil 5, AW-Prax 12 / 2007, 517 (S.)

Röhl, Klaus F., Das Recht nach der visuellen Zeitenwende, in: JZ 2003, Heft 7, S. 339ff., zit.: Röhl, Das Recht der visuellen Zeitenwende, JZ 7 / 2003, 339 (S.)

Rösch, Franziska, Die Handlungsformen der EU nach dem Vertrag von Lissabon, in: Verwaltungsrundschau 2008, Heft 11, S. 361ff., zit.: Rösch, Die Handlungsformen der EU nach dem Vertrag von Lissabon, VR 11 / 2008, 361 (S.)

Schoenfeld, Christoph, Rechtsschutz gegen verbindliche Zolltarifauskünfte – Inhaber von vZTA-Entscheidungen müssen umdenken, AW-Prax 2017, Heft 1, S. 3ff., zit.: Schoenfeld, Rechtsschutz gegen verbindliche Zolltarifauskünfte, AW-Prax 1 / 2017, 3 (S.)

Schwarze, Jürgen, Soft Law im Recht der Europäischen Union, in: EuR 2011, Heft 1, S. 3ff., zit.: Schwarze, Soft Law im Recht der Europäischen Union, EuR 1 / 2011, 3 (S.)

Stelkens, Ulrich, Die „Europäische Entscheidung“ als Handlungsform des direkten Unionsrechtsvollzugs nach dem Vertrag über eine Verfassung für Europa, in: ZEuS 2005, Heft 1, S. 61ff., zit.: Stelkens, Die „Europäische Entscheidung“ als Handlungsform des direkten Unionsrechtsvollzugs nach dem Vertrag über eine Verfassung für Europa, ZEuS 1 / 2005, 61 (S.)

Stobbe, Erhard, Von der Warenbezeichnung zur Codenummer, Der Zoll auf dem Weg ins Internet, in: ZfZ 1997, Heft 12, S. 430ff., zit.: Stobbe, Von der Warenbezeichnung zur Codenummer, Teil 1, ZfZ 12 / 1997, 430 (S.)

Stobbe*, *Erhard, Von der Warenbezeichnung zur Codenummer, Der Zoll auf dem Weg ins Internet, Teil 2, in: ZfZ 1998, Heft 1, S. 13ff., zit.: Stobbe, Von der Warenbezeichnung zur Codenummer, Teil 2, ZfZ 1 / 1998, 13 (S.)

Weerth*, *Carsten, 50 Jahre EWG, 40 Jahre EWG-Zollunion / Zolltarifunion – ein Grund zum Feiern? Eine kritische Bestandsaufnahme und Analyse, in: ZfZ 2008, Heft 7, S. 178ff., zit.: Weerth, 50 Jahre EWG, 40 Jahre EWG-Zollunion / Zolltarifunion, ZfZ 7 / 2008, 178 (S.)

Weerth*, *Carsten, Europäische Rechtsquellen des Zollrechts – Erörterungen des rechtlichen Status der „Leitlinien für Zollverfahren mit wirtschaftlicher Bedeutung", in: AW-Prax, 2002, Heft 3, S. 102ff., zit.: Weerth, Europäische Rechtsquellen des Zollrechts, AW-Prax 3 / 2002, 102 (S.)

Zeilinger*, *Anton, Der Unionszollkodex – des Kaisers neue Kleider?, in: ZfZ 2013, Heft 6, S. 141ff., zit.: Zeilinger, Der Unionszollkodex, ZfZ 6 / 2013, 141 (S.)

www.ingramcontent.com/pod-product-compliance
Ingram Content Group UK Ltd.
Pitfield, Milton Keynes, MK11 3LW, UK
UKHW021132041026
8980IPUK00034B/1697

9 783631 771990